公益慈善学系列教材

丛书主编 周如南

公益慈善法律教程

Charity Law and
Public Interest Law

主 编 陆 璇

副主编 林文漪 应南琴 谭 玥

西安交通大学出版社

国家一级出版社
全国百佳图书出版单位

XI'AN JIAOTONG UNIVERSITY PRESS

图书在版编目(CIP)数据

公益慈善法律教程 / 陆璇主编. —西安:西安交通大学
出版社,2022.6
ISBN 978 - 7 - 5693 - 1536 - 3

Ⅰ.①公… Ⅱ.①陆… Ⅲ.①慈善法-中国-高等学校-
教材 Ⅳ.①D922.182.3

中国版本图书馆 CIP 数据核字(2020)第 002186 号

书　　名	公益慈善法律教程	
	(Gongyi Cishan Falü Jiaocheng)	
主　　编	陆　璇	
责任编辑	赵怀瀛	
责任校对	王建洪	
封面设计	任加盟	

出版发行	西安交通大学出版社
	(西安市兴庆南路 1 号　邮政编码 710048)
网　　址	http://www.xjtupress.com
电　　话	(029)82668357　82667874(市场营销中心)
	(029)82668315(总编办)
传　　真	(029)82668280
印　　刷	陕西奇彩印务有限责任公司

开　　本	787mm×1092mm　1/16　　印张 16.5　　字数 360 千字
版次印次	2022 年 6 月第 1 版　　2022 年 6 月第 1 次印刷
书　　号	ISBN 978 - 7 - 5693 - 1536 - 3
定　　价	49.80 元

如发现印装质量问题,请与本社市场营销中心联系。
订购热线:(029)82665248　(029)82667874
投稿热线:(029)82668133
读者信箱:xj_rwjg@126.com

编　委　会

丛书主编：周如南

编委会成员：

马庆钰　国家行政学院教授、博士生导师

徐家良　上海交通大学国际与公共事务学院教授、博士生导师，
　　　　上海交通大学中国公益发展研究院院长

邓国胜　清华大学公共管理学院教授、博士生导师，清华大学公
　　　　益慈善研究院副院长

朱健刚　南开大学周恩来政府管理学院教授、博士生导师

周如南　中山大学传播与设计学院、医学院双聘副教授，中山大
　　　　学残疾人事业发展研究中心副主任，中山大学国家治
　　　　理研究院研究员

李　健　中央民族大学管理学院教授、博士生导师

谢晓霞　西南财经大学社会发展研究院副教授，北京德力社会
　　　　组织评估与服务中心主任、理事长

俞祖成　上海外国语大学国际关系与公共事务学院副教授、公
　　　　共管理系执行主任

王银春　东华大学马克思主义学院副教授，上海交通大学中国
　　　　公益发展研究院兼职研究员

杨志伟　北京师范大学珠海分校法律与行政学院社会工作系主
　　　　任，宋庆龄公益慈善教育中心主任

陆　璇　上海复恩社会组织法律研究与服务中心理事长，华东
　　　　政法大学政治学与公共管理学院兼职副教授，上海市
　　　　法学会慈善法治研究会理事、副秘书长

随着时代的进步,慈善事业在经济社会发展方面越来越发挥着不可忽视的作用。欧美国家慈善事业的发展也经历了由宗教和国家主导的"福利型慈善"到社会主导的慈善的转变。二战后,慈善作为一种社会性力量前所未有地登上历史舞台,并发生了由传统向现代的转变。"慈善"发展到今天,已经不再仅是政府行为,还包括社会或民间行为。在我国改革开放初期,当时世界主要发达国家已经进入慈善组织和慈善事业兴盛的年代。20 世纪七八十年代,韦斯布罗德(Burton A. Weisbrod)的政府失灵理论、汉斯曼(Hansmann)的市场失灵理论以及萨拉蒙(Lester M. Salamon)的志愿失灵理论共同构成了西方慈善事业的经典理论,这些理论认为无论是政府部门、市场部门,还是慈善部门,它们的存在是因为其他部门在应对人类需要的时候具有某种内在缺陷,导致某一部门无法完全满足人类的需求。作为有别于国家社会保障的一种制度安排,慈善事业运作模式应由社会主导,动员资源主要来自社会,是一种对国家和市场履行自身功能的补充。

当前我国正处在经济社会转型的重要战略机遇期,慈善事业在参与民生保障、调节收入分配、弥合贫富差距等方面发挥了不可替代的作用,是建设民生和发展社会事业的重要力量,是提升国家文化软实力的重要载体、完善国家治理体系的关键环节和实施大国战略的有效补充。尤其在经历 2008 年汶川地震救灾以后,我国慈善事业发展取得了长足进步。国家不断鼓励民间力量投入医疗、养老等产业,中央财政继续支持社会组织发展,使公益慈善机构在各项社会服务事业中扮演着越来越重要的角色。随着各级政府审批权限的下放和社会组织与网络治理的兴起,特别是大量具有民间背景、公民自发成立的公益慈善组织和社会服务机构的涌现,其在社会基本公共服务补充供给及相关社会问题解决等方面发挥着越来越重要的作用,已经成为参与社会治理的重要力量。

2016 年 3 月 16 日,中华人民共和国第十二届全国人民代表大会第四次会议通过了《中华人民共和国慈善法》，并于 2016 年 9 月 1 日起正式施行。这标志着中国公益慈善事业走上规范发展的快车道。当前我国公益慈善事业发展呈现出几个重要趋势。

一是从传统计划慈善走向现代全民公益。改革开放以来，随着计划经济政策下"总体性社会"的逐步解体，由市场经济建设和社会转型需要所推动的各类公益慈善组织逐步恢复生机并蓬勃发展。官办计划慈善逐步让位给民间自下而上基于需求而涌现的慈善力量，慈善事业带动全民参与的社会氛围开始形成。

二是从传统感性慈善走向现代专业公益。随着慈善事业的发展和成熟，慈善不再局限于好人好事和捐赠，而是以社会创新思维和行动系统解决社会问题。其中包括慈善组织管理专业化、项目管理专业化、财务管理专业化、品牌管理专业化、评估专业化、人力资源管理专业化等，因此，一套系统教材的产出也成为时代的需求。

三是从传统个人慈善走向现代组织慈善，再走向互联网与跨界创新公益。技术进步是这个时代最大的变量之一。互联网技术的日新月异不但改变了人们接收和传播信息的方式，更颠覆性地重构了组织形态和社会关系。在这个意义上，互联网时代的慈善如何实践？甚至，我们对于"慈善"概念的理解也要有所拓宽。公众与政府、企业、传统媒体以及公益组织的力量形成对接与整合是现代公益的必然趋势，一个"共享慈善"的时代正在到来。

面对突飞猛进的时代变化，作为研究者和行动者的我们必须有所回应。更让我们奋进的是，《中华人民共和国慈善法》明确提出："学校等教育机构应当将慈善文化纳入教育教学内容。国家鼓励高等学校培养慈善专业人才，支持高等学校和科研机构开展慈善理论研究。"在这个共识基础上，本套教材丛书在各位作者的精诚协作下初现雏形。各位作者均为长期关注公益慈善不同层面和领域的优秀青年学者，大多拥有相关专业教育背景和公益实践经历，从而能够在理论与实践结合、国际与本土结合等方面做到较好平衡。

本丛书是《中华人民共和国慈善法》颁布以来针对公益慈善学专业的系列教材，采用崭新的知识体系，涵盖公益慈善学的各个方面。 教材的出版离不开各位作者的辛勤与努力，也要感谢西安交通大学出版社赵怀瀛编辑对出版本套教材的支持。因为水平和时间有限，本套教材肯定有很多不完善的地方甚至纰漏，敬请大家谅解并提出改进建议。

周如南

于中山大学

感谢上海水莲慈善基金会资助本书出版

前 言
Foreword

中华民族自古以来就有扶贫济困、乐善好施的优良传统，"仁者爱人""老吾老以及人之老，幼吾幼以及人之幼""出入相友，守望相助，疾病相扶持"不仅是儒家先贤的经典语录，也一直被中国人作为世代传承的家风美德。党的十九届四中全会首次把"按劳分配为主体、多种分配方式并存"确定为基本经济制度，并首次提出要"重视发挥第三次分配作用，发展慈善等社会公益事业"，在弘扬中国传统美德的基础上，明确了第三次分配在我国经济和社会发展中的重要地位，并把"发展慈善等社会公益事业"作为实现第三次分配的主要形式，具有极其重要的意义。

随着经济社会的发展，公益慈善事业已经成为我国当代社会治理结构中必不可少的组成部分，并逐渐成为影响人民生活品质和社会建设水平的重要因素之一。在公益慈善组织数量不断增加以及公益慈善领域不断扩展的趋势下，我国的公益慈善事业也逐渐成为社会公众高度关注和参与的事业，成为人们生活的一部分。《中华人民共和国慈善法》（以下简称《慈善法》）自 2016 年 3 月 16 日通过，2016 年 9 月 1 日施行后，我国进入了"依法行善"的新时代，与公益慈善事业相关的法治建设日益完善、健全。

在整个公益慈善法律体系日趋完整的同时，及时跟进公益慈善法律的研究与教育也同样重要。目前对公益慈善法律领域的系统研究以及实践中对公益慈善法律的教育仍稍显不足。正是在这样的背景下，上海水莲慈善基金会资助了上海复恩社会组织法律研究与服务中心编撰了这一本《公益慈善法律教程》。

教材共计十五个章节。教材从慈善法基本理论出发，讨论了公益慈善组织、慈善捐赠和募捐、慈善信托、慈善财产、志愿服务、信息公开、税收优惠和行政监管等要点内容，同时以公益慈善的不同专业领域为立足点，分析了各个领域所涉及的公益慈善法内容。这部教材既有对理论知识的分析探讨,也有对实际问题的归纳总结,学术与实践兼备;既梳理了国内公益慈善法律体系,又展示了国外公益慈善法律现状,国内与国外视野并存。整本书文笔流畅,逻辑严谨,内容翔实,相信可以帮助到每一位有志于学习和研究公益慈善法律的读者。

这样一本系统且完整的《公益慈善法律教程》,不仅对公益行业人才的培养有重要的意义,同时又有利于慈善文化的传播与发扬,希望可以提升社会公众的慈善意识,推动我国公益慈善事业的发展。

谢雨微

上海水莲慈善基金会理事长

二〇二一年二月

本书中有关法律、法规、规章、司法解释、国际公约名称缩略表

文件效力	文件全称	简称
法律	《中华人民共和国宪法》	《宪法》
法律	《中华人民共和国立法法》	《立法法》
法律	《中华人民共和国民法典》	《民法典》
法律	《中华人民共和国慈善法》	《慈善法》
法律	《中华人民共和国残疾人保障法》	《残疾人保障法》
法律	《中华人民共和国大气污染防治法》	《大气污染防治法》
法律	《中华人民共和国反不正当竞争法》	《反不正当竞争法》
法律	《中华人民共和国妇女权益保障法》	《妇女权益保障法》
法律	《中华人民共和国个人所得税法》	《个人所得税法》
法律	《中华人民共和国公司法》	《公司法》
法律	《中华人民共和国公益事业捐赠法》	《公益事业捐赠法》
法律	《中华人民共和国行政处罚法》	《行政处罚法》
法律	《中华人民共和国行政强制法》	《行政强制法》
法律	《中华人民共和国行政诉讼法》	《行政诉讼法》
法律	《中华人民共和国红十字会法》	《红十字会法》
法律	《中华人民共和国环境保护法》	《环境保护法》
法律	《中华人民共和国环境保护税法》	《环境保护税法》
法律	《中华人民共和国环境影响评价法》	《环境影响评价法》
法律	《中华人民共和国境外非政府组织境内活动管理法》	《境外非政府组织境内活动管理法》
法律	《中华人民共和国就业促进法》	《就业促进法》
法律	《中华人民共和国劳动法》	《劳动法》
法律	《中华人民共和国老年人权益保障法》	《老年人权益保障法》
法律	《中华人民共和国民事诉讼法》	《民事诉讼法》
法律	《中华人民共和国企业所得税法》	《企业所得税法》
法律	《中华人民共和国社会保险法》	《社会保险法》
法律	《中华人民共和国社区矫正法》	《社区矫正法》
法律	《中华人民共和国水土保持法》	《水土保持法》
法律	《中华人民共和国土地管理法》	《土地管理法》
法律	《中华人民共和国网络安全法》	《网络安全法》
法律	《中华人民共和国未成年人保护法》	《未成年人保护法》
法律	《中华人民共和国消费者权益保护法》	《消费者权益保护法》
法律	《中华人民共和国信托法》	《信托法》

文件效力	文件全称	简称
法律	《中华人民共和国刑法》	《刑法》
法律	《中华人民共和国刑事诉讼法》	《刑事诉讼法》
法律	《中华人民共和国全国人民代表大会和地方各级人民代表大会选举法》	《选举法》
法律	《中华人民共和国野生动物保护法》	《野生动物保护法》
法律	《中华人民共和国预防未成年人犯罪法》	《预防未成年人犯罪法》
行政法规	《中华人民共和国个人所得税法实施条例》	《个人所得税法实施条例》
行政法规	《中华人民共和国企业所得税法实施条例》	《企业所得税法实施条例》
行政法规	《中华人民共和国土地增值税暂行条例实施细则》	《土地增值税暂行条例实施细则》
行政法规	《中华人民共和国印花税暂行条例》	《印花税暂行条例》
部门规章	《关于慈善组织开展慈善活动年度支出和管理费用的规定》	《慈善组织支出和管理费用规定》
部门规章	《中华人民共和国社区矫正法实施办法》	《社区矫正法实施办法》
部门规章	《最高人民法院关于加强和规范人民法院国家司法救助工作的意见》	《司法救助工作的意见》
司法解释	《最高人民法院关于审理环境民事公益诉讼案件适用法律若干问题的解释》	《环境公益诉讼解释》
司法解释	《最高人民法院 最高人民检察院关于检察公益诉讼案件适用法律若干问题的解释》	《检察公益诉讼解释》
司法解释	《关于适用〈中华人民共和国民事诉讼法〉的解释》	《民诉解释》
司法解释	《最高人民法院关于审理消费民事公益诉讼案件适用法律若干问题的解释》	《消费公益诉讼解释》
国际公约	《消除对妇女一切形式歧视公约》	《妇女公约》

目录
Contents

第一章　公益慈善法的基本理论 ························· (001)

　第一节　公益与公益法 ······························· (001)

　第二节　慈善与慈善法 ······························· (008)

　第三节　中国公益慈善法体系 ······················· (012)

第二章　公益慈善组织 ································· (018)

　第一节　公益慈善组织概述 ··························· (018)

　第二节　非营利组织 ································· (021)

　第三节　公益性社会组织 ····························· (023)

　第四节　中国的慈善组织 ····························· (027)

第三章　慈善募捐与捐赠 ······························· (031)

　第一节　慈善募捐 ··································· (031)

　第二节　慈善捐赠 ··································· (039)

第四章　慈善信托 ····································· (046)

　第一节　慈善信托概述 ······························· (046)

　第二节　慈善信托在中国 ····························· (051)

第五章　慈善财产 ····································· (060)

　第一节　慈善财产的性质 ····························· (060)

　第二节　慈善财产的使用 ····························· (062)

　第三节　慈善财产的保值增值 ······················· (070)

第六章　志愿服务 ····································· (076)

　第一节　志愿服务概述 ······························· (076)

　第二节　志愿服务的法律关系 ······················· (080)

第七章　信息公开 ……………………………………………… (086)
　　第一节　社会组织信息公开概述 …………………………… (086)
　　第二节　社会组织信息公开的法律规范 …………………… (091)
　　第三节　社会组织信息公开与企业信息公开 ……………… (101)

第八章　税收优惠 ……………………………………………… (105)
　　第一节　公益慈善事业税收优惠政策 ……………………… (105)
　　第二节　我国慈善税收优惠的立法现状 …………………… (109)

第九章　行政监管 ……………………………………………… (121)
　　第一节　社会组织行政监管概述 …………………………… (121)
　　第二节　我国社会组织行政监管的体系 …………………… (123)

第十章　社会福利 ……………………………………………… (129)
　　第一节　老年人权益保障 …………………………………… (129)
　　第二节　妇女权益保障 ……………………………………… (133)
　　第三节　未成年人权益保障 ………………………………… (139)
　　第四节　残障人士权益保障 ………………………………… (143)

第十一章　环境保护 …………………………………………… (150)
　　第一节　自然资源保护法 …………………………………… (150)
　　第二节　污染防治法 ………………………………………… (157)

第十二章　公益诉讼 …………………………………………… (167)
　　第一节　公益诉讼概述 ……………………………………… (167)
　　第二节　消费者公益诉讼 …………………………………… (175)
　　第三节　环境公益诉讼 ……………………………………… (179)

第十三章　法律救助 …………………………………………… (189)
　　第一节　法律救助概述 ……………………………………… (189)
　　第二节　司法救助 …………………………………………… (190)
　　第三节　法律援助 …………………………………………… (196)
　　第四节　公共法律服务 ……………………………………… (206)

第十四章　企业社会责任与社会创新 ························· (214)

　第一节　企业社会责任 ································· (214)

　第二节　ESG 在中国的发展 ··························· (217)

　第三节　社会企业 ··································· (222)

　第四节　社会影响力投资 ····························· (228)

第十五章　境外非政府组织 ····························· (233)

　第一节　境外非政府组织概述 ························· (233)

　第二节　对境外非政府组织的监督和管理 ················· (237)

　第三节　对境外非政府组织管理的实践 ··················· (244)

后记 ·· (247)

第一章　公益慈善法的基本理论

本章内容概要

　　扶贫济困、乐善好施是中华民族的传统美德,慈善文化更是中华民族传统文化的重要组成部分,它内涵丰富,源远流长。本章将从公益与慈善的概念出发,探讨慈善法和公益法的起源与发展,并分别对《中华人民共和国慈善法》颁布前后我国的公益慈善法律体系进行介绍。

第一节　公益与公益法

一、公益

(一)公益的概念

　　公益的全称是"公共利益"(public interest)。要界定公共利益的概念和外延都不是一项容易的工作。对于如何理解"公共利益",一直以来都是众说纷纭且未有定论;理解公共利益的概念及内涵甚至涉及法哲学、公民社会等内容。

　　从词源上说,"公共利益"是舶来品,并非发源于本土。鲁迅在《准风月谈·外国也有》中提到"只有外国人说我们不问公益,只知自利,爱金钱,却还是没法辩解"。

　　一直以来各个领域对"公共利益"是否存在、什么是"公共利益"进行了探讨,结果却是莫衷一是,并未形成相对一致的结论。

　　《布莱克法律大词典》将"公共利益"定义为:①得到认可和保护的公共一般福利;②与公众整体都相关的事情,尤指一种为政府调控正当性的利益。而这样的定义仍然是晦涩难懂的,同时并没有真正解决公共利益的概念和核心。其中"公共利益"中的"利益"相对来说没有引发学者们的广泛讨论,而何为"公共"则引发了许多的争论和思考。我们尝试着下一个定义:"公共利益"是社会公众的公共性和普遍性的利益,和"社会利益"在更多时候具有同样的含义①。

　　为进一步理解公共利益的概念,我们将公共利益与其他相关概念进行比较,来进一步明确公共利益的概念。

---

　　① 当然,也有学者将"公共利益"与"社会利益"进行了严格的区分。

1. 公共利益与私人利益

"公共利益"总是和另一个词"私人利益"相对应。去界定公共利益不是一件容易的事情,但是将公共利益与私人利益做区分、比较,则相对而言变得具有操作性。

私人利益并非"个人利益",是指单个人或单个群体的利益,而并非一个人的利益,也可能是多个人,甚至很多人的利益。

对于"公共利益"的解释和辨析也多是基于"私人利益","公共利益"只能产生于"私人利益","公共利益"既不是"个人利益"的简单集合,也不是"个人利益"的让渡。其中,法学家博登海默在《法理学:法律哲学与法律方法》中指出,"公共利益不是单个人利益的总和,也不是人类的整体利益,而是一个社会通过个人的合作而生产出来的事物价值的总和"[①]。

2. 公共利益与共同利益

共同利益是多人共同的利益,也就是利益的并集,而且其中的多人既可以是两个人,也可以是很多人或所有人。例如,企业中股东的共同利益就是营利。

共同利益与公共利益最本质的区别在于,公共利益是社会性与共有性的,共同利益可能是私人性质的,也可能是公共性质的。

3. 公共利益与集体利益

所谓集体利益,其利益和价值取向具有很强的特殊性。相比之下,公共利益是集体利益中具有共性部分的综合,是集体利益中具有公共性和普遍性的利益。如工会的利益是集体利益,而不是公共利益。

4. 公共利益与国家利益

国家利益一般指基于国家权力、主权或领土而产生的利益,含有更强的政治意味,内容相对来说也更加有限;公共利益不单是国家利益,也包括某些社会利益[②]。

(二)公共利益使用的限制

尽管对于"公共利益"的定义莫衷一是,但是我们可以发现"公共利益"这四个字活跃在我国的法律法规以及政策文件中。当然,这种情况并非中国立法独有的,各国均会在法律中使用"公共利益"的表述,且多出现在行政法的表述中。

正如前文所述,"公共利益"的概念和外延均有不甚清晰的解释,当一部法律中出现"为了公共利益""公共利益目的"等用词,事实上是为司法和行政的自由裁量权提供了依据。在处理具体事件时,行政部门则有了进行"公共利益"衡量的权力。如果不限定"公共利益"的适用,则会造成"公共利益"的泛滥和对"私人利益"的过分挤压。

---

① 博登海默.法理学:法律哲学与法律方法[M].邓正来,译.北京:中国政法大学出版社,2004:298.
② 余少祥.什么是公共利益:西方法哲学中公共利益概念解析[J].江淮论坛,2010(2):87-98.

（三）我国法律中的公益概念

我国法律对公益的外延进行解释的法律主要有《中华人民共和国公益事业捐赠法》（以下简称《公益事业捐赠法》）、《中华人民共和国信托法》（以下简称《信托法》），另外《中华人民共和国境外非政府组织境内活动管理法》（以下简称《境外非政府组织境内活动管理法》）中也有涉及。

我国最早对于公益的外延进行阐述的法律是1999年施行的《公益事业捐赠法》，该法规定："本法所称公益事业是指非营利的下列事项：（一）救助灾害、救济贫困、扶助残疾人等困难的社会群体和个人的活动；（二）教育、科学、文化、卫生、体育事业；（三）环境保护、社会公共设施建设；（四）促进社会发展和进步的其他社会公共和福利事业。"

2001年施行的《信托法》中对"公共利益"采取了以下定义："为了下列公共利益目的之一而设立的信托，属于公益信托：（一）救济贫困；（二）救助灾民；（三）扶助残疾人；（四）发展教育、科技、文化、艺术、体育事业；（五）发展医疗卫生事业；（六）发展环境保护事业，维护生态环境；（七）发展其他社会公益事业。"

2017年施行的《境外非政府组织境内活动管理法》中也对"公益事业"进行了简单的描述："境外非政府组织依照本法可以在经济、教育、科技、文化、卫生、体育、环保等领域和济困、救灾等方面开展有利于公益事业发展的活动。"

通过对"公益活动""公益事业"的描述，我们可以发现，以上对于"公益"的定义都留下了开放性的概括表述——"发展其他社会公益事业""促进社会发展和进步的其他社会公共和福利事业"，同时列举了扶贫济困、赈灾救灾、教育、科技、文化、艺术、体育、环保、卫生等领域。随着时代的不断变化，"公益"的概念不断变化，不断发展，正因为如此，所有的法律基本上采取了列举和概括性的立法，既列举属于公共利益的内容，又概括地称"公益目的是促进社会公益事业"，而本质上并未进行任何实质性解释。

我国法律对于公益领域的界定并不是十分清晰，其中的领域和内容也并非全部属于"公益"，例如促进教育、科技、文化、艺术、体育事业的发展，也可以以商业的方式推动，或者以商业和公益的方式混合进行。当关注点落在"社会企业""企业社会责任""社会影响力投资"等新兴的交叉方式上时，公益性的判别似乎更加成为一件不容易的事。例如，社会企业用商业的方式来解决社会公益方面的问题，是不是也可被认为属于公益活动？

（四）公共利益产品或服务的提供主体

公共利益的实现需要通过提供公共产品或服务的方式进行[①]。根据以上对公益（或公共利益）的概念分析以及我国法律对于公益事业的界定，在国家、市场、社会多元共治的背景下，提供公共服务的主体可以是政府、市场或第三部门[②]。

根据卢梭的社会契约理论，政府提供公共服务的主要原因是由于政府向人民征税，所以

---

① 杨立春.公共利益论：基于我国公共产品提供的视角分析[D].上海：复旦大学，2011.
② 赵立波.公益事业、社会事业、公共事业辨析[J].山东社会科学，2017(1)：77-85.

政府应提供符合公共利益的公共服务。其中政府主要提供的是社会保障、劳动就业和义务教育、科技、公共文化、公共卫生、公共体育等公共事业。同时在转变政府职能、简政放权的背景下,政府可以通过举办、供养事业单位(尤其是公益类事业单位)的方式,或者通过政府购买服务、PPP(公共私营合作制)①的方式提供相应的公共服务②。

市场也能生产和提供相应的公共服务,例如营利性公司可以参与公益事业。但是由于市场主体总是以追逐利益为首要目的,如果全由市场机制提供公共服务,公共利益的提供可能是失灵的。

在这种情况下,第三部门(即非营利性组织)便成为公共服务的主要提供者。同时,第三部门在提供公共服务上不是政府职能的补充,而是重要的社会建设主体。社会组织基于自身的愿景与使命,向社会提供相应公益服务,并通过参与式民主、专业性服务来推动社会治理方式的变革。

狭义的"公益"是仅指第三部门提供的公共利益。而对于第三部门"公益性"的判定,一直以来都缺乏明确的标准。我们认为,第三部门提供的"公益"至少需要满足两个条件:①公共性,即解决公共的需求;②非私人性,使不特定人群受益,而非满足私人利益。同时我国法律对于公益性的判定是要求非营利性地从事公益领域的行为,因此还增加了一个"非营利性"的要求。

二、公益法

公益法(public interest law)是指在"非营利"条件下,为帮助贫困人群或边缘化人群,或为公共利益改变社会政策而采取的公益法律实践。有时,它专指为保护公共利益而在法院提起的法律诉讼。公益法不是一个法律体系或一个法律领域,而是法律人从事的一种法律活动。它不是为强大的经济利益服务,而是去捍卫其他代表性不足或弱势群体的利益,特别是那些贫困人群。它已经发展到涵盖范围更广的活动,如公民权利和自由、妇女权利、消费者权利、环境保护等。然而,越来越多的国家的公益法律人的共同伦理仍然是"为小人物而战"。

狭义的公益法就是一种法律实践活动,不是一类法律部门。公益法在诞生之初就和法律人的身份紧密联合在一起,包含了法律人实践公益的相关内容。

所以,本书的核心思路就是基于公益法的精神与思路去谈慈善法,将公益相关的法律实践活动与公益慈善事业相关的法律规范本身结合在一起加以研究,既关注法律制定,又关注法律实施;不仅介绍法律条文,还对实践中的法律问题与案例加以研究。

(一)现代公益法的产生和发展

1.现代公益法的产生

通常来说,现代公益法产生并发展于 20 世纪早期的美国③。而提到当时的公益法,则一

---

① PPP 指政府公共部门在与私营部门合作过程中,允许非公共部门所掌握的资源参与提供公共产品和服务,从而实现合作各方比单独行动预期更为有利的结果。陶传进.公益 PPP 与政府购买公益组织的服务[J].中国机构改革与管理,2016(3):41-42.

② 赵立波.公益事业、社会事业、公共事业辨析[J].山东社会科学,2017(1):77-85.

③ 杨晓雷,刘东华.实践中的公益法[M].北京:法律出版社,2012:5.

定要提到路易斯·布兰代斯（Louis Brandeis）。路易斯·布兰代斯是最早明确提出公益法的概念基础的人之一，是公益律师的先行者，也是现代美国公益法的奠基人。其后来成为联邦最高法院的大法官。

布兰代斯被称为"人民的律师"，其提出的核心概念是"律师应当帮助社会解决问题"；布兰代斯提出"才华横溢的律师们未能在财富和公众利益之间保持独立的地位和保持平衡，却在很大程度上放任自己成为大企业的附庸，忽视利用自身能力维护公众利益的责任""美国律师界的最佳机会现在是，将来也是，重拾其过往既追求财富，又做好准备维护公众利益的立场"。布兰代斯在不断鼓励美国律师投身于公共利益维护的实践中，提醒他们不应当放任自身成为大企业的附庸[①]。

布兰代斯不断免费提供法律服务，开创了经典的公益法实践模式 pro bono。pro bono 是 pro bono public 的简称，该拉丁语的意思是"为了公益"，其中布兰代斯通过代理有偿的法律案件来获取收入，同时免费服务于公益事业。

2. 公益法的发展

在布兰代斯的带领下，20 世纪早期，公益法得到逐渐发展和完善，大量律师投身于公益法的实践，丰富了公益法的形式和法律工具。具体的公益法实践见下面的"公益法在美国的实践"。

同时美国的 pro bono 制度趋于完善，使得这种公益服务实践已经成为美国和世界一些国家众多律师事务所成熟的实践模式。

最后，公益法的发展也影响到了法学院，许多法学院会专门开设"公益法"的课程。例如，哈佛大学法学院设立的"公益法咨询办公室"专门指导法律专业学生和律师参与公益法实践。

（二）公益法在美国的实践

公益法的实践在美国已经相对成熟，主要有以下几种方式。

1. 通过典型案件解决深远社会问题的非政府组织形式

其中具有典型的代表意义的是美国有色人种协进会（National Association for the Advancement of Colored People，NAACP），其成立目标是为了解决长期以来、根深蒂固的非裔美国人遭遇不平等的问题。该组织除了运用社会研究和分析的方法开展活动，还发展了以集体诉讼的方式来解决多数人受到压迫的问题，其中最为有名的案件为布朗诉教育委员会案件，该案件为历史上有名的宪政案件。

当然这种实践方式也存在一定的质疑声音，即委托人的个人利益和公共利益之间会发生一定的冲突。

在这类机构中，律师需要与社会学家、社会工作者紧密无间地合作，以开展工作。

---

① 杨晓雷，刘东华. 实践中的公益法[M]. 北京：法律出版社，2012：83 – 85.

2. 代理不受欢迎群体的事务

在美国,所谓的不受欢迎群体主要是少数族裔、代表少数观点者或者是罪行严重的罪犯,律师代理这些案件将面临很大的社会压力,甚至会影响其正常生活和事业发展。其中的一个典型代表是当时著名的辩护律师克莱伦斯·丹诺(Clarence Darrow)①。

3. 法律援助:代理弱势群体的事务

法律援助是各国都很常见的公益法律形式,主要是向因贫困、孤苦、年老等原因请不起律师的群体提供免费的法律服务。法律援助作为一项公共利益,其特殊性在于它同时也是政府提供的公共服务之一。因此在实践中,有的法律援助是由政府或公共资金提供的,有的法律援助则是由公益机构或律师自发提供的。

4. 环境法:关注政府和商业机制尚不能解决的社会问题

20 世纪 60 年代,环保运动兴起。许多律师开始与非政府组织合作,投身于环境保护法事业。他们通过不断地提起诉讼,促进环保领域的立法;在法律颁布后,通过新的诉讼促进法律的实施和解释。除了诉讼,他们还会使用听证会以及信息公开等工具推动环境保护法的发展。

5. "原告律师"

20 世纪晚期,原告法(plaintiffs law)成为公益事业发展的一种全新的模式,也推动了美国法律体系的进一步发展。原告律师的客户包括:遇到汽车安全隐患或食品问题的个人;因企业经营而蒙受损失的股东;消费者;遭遇就业歧视的人;发现政府欺骗行为和帮助政府反贪腐的"举报人"。

原告律师一词通常用来指那些即便当事人在案件中可能失败也愿意冒险为其代理案件的律师。

成功的原告律师通常也是富有的原告律师。律师与当事人约定风险代理收款的,可以按照固定金额收费,也可以按照当事人最终实现的债权或减免的债务金额的一定比例收费。"风险代理收费"给原告律师带来了丰厚的报酬,因此其"公益性"也受到一定程度的挑战②。

6. 公共公民:发展法律以使公众和律师能够促进社会发展

拉尔夫·纳德(Ralph Nader)对布兰代斯模式进行了发展,他提出每个人都可以运用法律,每位公民都应该有公共意识,成为公共公民(public citizen)。研究并提倡公益法的学生、年轻律师和公民被称为"纳德突击队"和"公众公民"。纳德致力于研究汽车安全问题,并通过设立公益组织的方式不断壮大"公共公民"的队伍③。

① 杨晓雷,刘东华.实践中的公益法[M].北京:法律出版社,2012:97-103.
② 杨晓雷,刘东华.实践中的公益法[M].北京:法律出版社,2012:117-124.
③ 杨晓雷,刘东华.实践中的公益法[M].北京:法律出版社,2012:114-117.

三、我国公益法的实践

（一）我国公益法发展的历程

我国公益法的产生和发展经历了一个漫长的过程，即从"个人维权"式的公益法实践，到公益组织和法律人士参与的多种方式的公益法实践。

（二）我国公益法的主要实践方式

1. 公益诉讼

公益诉讼的概念是相对私益诉讼而提出的，公益诉讼最为显著的特征是诉讼目的是为了保护公共利益。广义的公益诉讼是指为保护社会公共利益而提出的所有诉讼，而狭义的公益诉讼仅指《中华人民共和国民事诉讼法》（以下简称《民事诉讼法》）中规定的"有权主体"提出的公益诉讼。在广义的公益诉讼中，既有向政府提出信息公开和正确行使行政权力的诉讼，针对公共企事业单位的垄断行为进行的诉讼，针对社会公共危害行为进行的诉讼，也有针对反歧视和追求权利平等的诉讼。

自 2012 年在《民事诉讼法》中加入"公益诉讼"的内容以来，我国对公益诉讼的提出主体、公益诉讼的领域等内容进行了细化的规定。我国现行的"公益诉讼"制度，适用主体为省级以上消费者协会、符合法定条件的环保组织以及各级人民检察院，所保护的公共领域是生态环境与资源保护、国有资产保护和国有土地使用权出让等公共领域，针对的是损害国家利益或社会公共利益的行为。

同时，我国的公益诉讼制度中，公益诉讼又可以分为行政公益诉讼和民事公益诉讼。行政公益诉讼是指人民检察院对行政机关违法行使职权或者不作为行政机关损害国家利益或者公共利益提出的公益诉讼；民事公益诉讼是指人民检察院、有关组织对破坏生态环境和资源保护、侵害众多消费者合法权益等损害社会公共利益的行为提起的公益诉讼。

本书的第十二章会对公益诉讼进行详细的介绍。

2. 主动参与法律的制定、修改

参与法律的制定、修改又被称为"公益上书"，主要包括以现有立法途径，通过促进立法、修改法律来解决社会问题。其中狭义的概念是指主动参与立法和游说；广义的概念还包括发布调查报告、发布论文、培训决策者，甚至包括公关游说、动员群众进行说明。

法律人主动参与立法，提出对法律的合法性审查的建议书，参与法律公开征求意见等[1]，都属于适用该种法律工具参与公益法实践。

3. 法律援助

法律援助是我国使用最广泛且历史悠久的公益法律实践工具。除了社会组织和个人，

---

[1]　立法的公开征求意见系统：http://zqyj.chinalaw.gov.cn/index.

政府在法律援助领域也投入了许多力量。这部分所指的法律援助主要是指律师为无法支付律师费或无法获得政府法律援助的群体提供免费的法律服务。

法律援助具有很强的"扶贫济困"的属性,在某种程度上可以认为是律师捐赠了律师费用给弱势群体。

4. 法律倡导与教育

法律倡导与教育是指社会组织相关法律专业人士,对职权部门或者公众开展与法律知识相关的活动,以提高公众利用法律保护自己的能力,并呼吁公众关注社会公益事业。

思考题

法律人从事公益法实践还有哪些途径?

第二节 慈善与慈善法

一、慈善

(一)慈善的传统概念

慈善(charity)的概念一直深植于中华民族的传统文化与精神中。无论是儒家的"仁爱",墨家的"兼爱",还是其他学说中都蕴含着"慈善"的内核。许慎在《说文解字》中对"慈"和"善"进行了解释,"慈,爱也""善,吉也"。传统的慈善包括了两大特点:一是"老吾老以及人之老,幼吾幼以及人之幼",熟人优先,以己推人;二是"雪中送炭",更强调"扶贫救困"等内容。

西方国家中"慈善"(charity)则更多从宗教角度出发去理解。"慈善"在拉丁文中最早可追溯至单词 caritas,意指人类之博爱。因此,"慈善"更多与"善""博爱""大爱"等联系在一起。

(二)法律中"慈善"的含义

要理解现代法律中"慈善"的含义,我们需要追溯到英国对"慈善"的界定方式、慈善目的的内容,以及英美法系各国对英国慈善界定形式的继受。

1. 英国对"慈善"界定的发展历程

为鼓励私人捐赠,英国最早为慈善立法,1957 年制定的《慈善用益法》(*The Charitable Uses Act*),在其序言中列举了一系列具体的慈善目的和慈善活动。而 1601 年修订后的《慈善用益法》,其序言中继续沿用了列举的方式,罗列了一系列慈善目的和慈善活动。1601 年的《慈善用益法》被认为是第一次对慈善目的进行法律上的定义。

《慈善用益法》使用列举的方法列举慈善目的,既缺乏相应的归纳,也缺乏对慈善目的内涵的确定。因此,之后的几百年,英国通过判例法的方式对慈善目的的内容进行发展和完善。

首先,英国法院致力于将《慈善用益法》序言中的具体慈善目的进行归纳和整理,最终在1891年的Pemsel案件中,麦克奈特大法官将序言中的慈善目的整理为以下四类:救济贫困、促进教育、促进宗教、有利于社群的其他目的①。

麦克奈特大法官解决了慈善目的的分类问题,而后在经历了反复的学术研究和法院实践之后,英国慈善目的的内涵问题得以确定,并在2006年《英国慈善法》(Charities Act)中正式予以确立②。

慈善目的的内涵被定位为"公益原则"。公益原则包括两方面的内容——公共性与有益性。

公共性是指慈善的最终受益者应当是全体或部分公众,而不是特定的个人。我们可以发现这一点与"公共利益"的内容基本是相似的。

有益性是指效用上慈善目的的对象无论是全体,还是部分公众,必须能给予他们可辨识的客观利益。首先,有益性必须是客观的,即慈善目的所能够产生的利益应当是客观可辨的;其次,有益性要求有益必须大于损害③。

2.《英国慈善法》对慈善目的的规定

2006年与2011年的《英国慈善法》明确规定,慈善目的应满足以下两个条件。

(1)属于法律规定的13类活动目的。《英国慈善法》中规定的13类活动目的如下:

(a)防治或救济贫困;

(b)促进教育事业;

(c)促进宗教事业;

(d)促进健康与生命救助;

(e)促进公民权与社区发展;

(f)促进艺术、文化、历史遗产或科技事业的发展;

(g)促进业余体育运动;

(h)促进人权、争端解决;

(i)促进环境保护或改善;

---

① 吕鑫.当代中国慈善法制研究:困境与反思[M].北京:中国社会科学出版社,2018:23-30.

② 由于1601年的《慈善用益法》对"慈善目的"的规定在序言中而不在法律主体内容中,因此并不构成制定法的一部分;所以,2006年的《英国慈善法》首次对"慈善目的"在法律上进行定义。

③ 吕鑫.当代中国慈善法制研究:困境与反思[M].北京:中国社会科学出版社,2018:30-33.

(j)救助因年幼、高龄、不健康、残疾、经济困难或者其他劣势而需要帮助者；

(k)促进动物福利；

(l)促进皇家军队的效能或者警察、防火、营救服务或救护服务机构的效能；

(m)其他慈善目的。

(2)满足公益原则。以上13种活动目的还需要满足公益原则才能视为符合慈善目的，在判断是否满足公益原则时，不得假定以上13种活动目的是具有公益目的的[1]。

3. 其他一些国家对慈善目的的继受

(1)针对慈善的分类。其他一些国家由于历史传统原因，一直以来使用的均是"救济贫困、促进教育、促进宗教、有利于社群的其他目的"的四大分类和1601年《慈善用益法》中的规定。但是，这些国家对慈善目的的分类和对公益原则的适用采用了不同的路径。

一种是保留传统四大分类，而对"有利于社群的其他目的"进行适当扩展，这种模式主要见于澳大利亚、新西兰、爱尔兰和加拿大等国。在这些国家里还是保留了传统四大分类，因此它们对于"救济贫困、促进教育、促进宗教"这三类不需要进行任何的公益原则的审查，而对于"有利于社群的其他目的"的扩展慈善目的需要进行公益原则的审查。"救济贫困、促进教育、促进宗教"在效力上高于其他的"慈善目的"[2]。

另一种是完全突破了传统的四大分类模式，对慈善目的进行全面扩展，施行这种模式就是英国。2006年的《英国慈善法》和2011年的《英国慈善法》中，对于13类慈善目的均需要进行公益原则的审查，不得假定任何慈善目的有公益原则。

(2)禁止性规则的发展[3]。

另外，一些国家在实践中使用禁止性规则从反面进一步界定"慈善"，即哪些行为不属于"慈善"。

第一，非政策性规则，即慈善不得与公共政策相违背。

第二，非政治性规则，即慈善不得将政治作为主要目的。

第三，非营利性规则，即慈善不得以营利作为主要目的。

第四，非政府性规则，即慈善相对于政府应保持独立性。

4. 我国法律中慈善的概念

根据《中华人民共和国慈善法》(以下简称《慈善法》)的规定，慈善活动，是指自然人、法人和其他组织以捐赠财产或者提供服务等方式，自愿开展的下列公益活动：

---

[1] 见2011年《英国慈善法》的"4. The public benefit requirement"。

[2] 吕鑫. 当代中国慈善法制研究：困境与反思[M]. 北京：中国社会科学出版社，2018：35-37.

[3] 吕鑫. 当代中国慈善法制研究：困境与反思[M]. 北京：中国社会科学出版社，2018：39-41.

（1）扶贫、济困；

（2）扶老、救孤、恤病、助残、优抚；

（3）救助自然灾害、事故灾难和公共卫生事件等突发事件造成的损害；

（4）促进教育、科学、文化、卫生、体育等事业的发展；

（5）防治污染和其他公害，保护和改善生态环境；

（6）符合本法规定的其他公益活动。

在《慈善法》的立法过程中，"慈善"含义也是被历次讨论的。总体来说，慈善有狭义和广义之分。"小慈善"即狭义的慈善，主要是指扶贫、济困、扶老、助残、赈灾等，是我国传统慈善事业的主要内容；"大慈善"即广义的慈善概念，除涵盖狭义的慈善概念外，促进教育、科学、文化、卫生、体育等事业的发展，防治污染和其他公害，保护和改善生态环境等促进公益事业发展的内容也被囊括在内。而后出于与我国经济社会发展相适应、与实践发展同步、与我国现行法律相衔接的目的，我国慈善法中的"慈善"采用了"大慈善"的概念[1]。

可以看出，我国慈善法，所有的慈善目的的效力具有平等性，未将"扶贫、济困、扶老、助残、赈灾"等传统慈善内容的效力高于其他慈善内容。

同时，我们需要注意到，我国慈善法立法过程中并未对慈善的内涵进行明确，对慈善的定义是将慈善作为一种公益活动，但对什么是公益活动也未进行继续判定。对于慈善的性质既未使用公益原则进行判定，也未使用禁止性规则对公益原则进行反向判定。

二、慈善法

所有规范慈善活动的法律均为慈善法。广义上说，我国的慈善法并不仅仅指 2016 年通过并实施的《慈善法》，而是所有调整慈善活动和慈善事业发展的法律规范。我国关于公益慈善相关最早的立法可以追溯到 1999 年的《公益事业捐赠法》。

具体的公益慈善法体系见本章第三节。

三、公益与慈善的关系

通过以上对于"公益"和"慈善"的解读，我们可以发现由于对"慈善"和"公益"均未进行明确的定义，而是进行列举，所以造成在法律上和实践中，"广义的慈善"与公益的含义基本上是一致的。但是，《慈善法》中"慈善是一种公益活动"和"慈善信托属于公益信托"的表述，又在强调"慈善外延"小于"公益外延"。

英美法系各国将慈善目的通过"公益原则"和"非禁止规则"来体现，从而对"慈善"进

---

① 阚珂.中华人民共和国慈善法释义[M].北京:法律出版社,2016:14-16.

行了判定,同时将"公益"与法律中的"慈善"相区分。因此,只有符合"慈善目的"的内容才是"慈善活动",而不符合"慈善目的"的活动是公益活动而非慈善活动。

由于我国已经制定了《慈善法》,现在需要对慈善目的进行进一步明确,厘清"公益""慈善"的内容。

思考题

慈善法与公益法的异同有哪些?

第三节　中国公益慈善法体系

一、《慈善法》颁布前的立法情况

从 20 世纪 80 年代开始,我国的慈善立法事业开始逐步走向蓬勃发展,全国及各省市立法部门或授权部门陆续制定和颁布了与慈善行业相关的法律法规,大致可分为五类。

一是关于规范捐赠组织主体资格,如 1988 年发布的《基金会管理办法》(2004 年颁布和实施《基金会管理条例》后废止),1993 年颁布的《中华人民共和国红十字会法》(以下简称《红十字会法》)(2009 年和 2017 年进行了修订),1998 年颁布的《社会团体登记管理条例》(2016 年进行了修订)、《民办非企业单位登记管理暂行条例》。

二是关于规范慈善捐赠行为及对慈善财产的管理,如 1999 年颁布的《公益事业捐赠法》,2005 年颁布的《救灾捐赠管理暂行办法》。

三是关于税收优惠方面,如在《中华人民共和国企业所得税法》(以下简称《企业所得税法》)、《中华人民共和国个人所得税法》(以下简称《个人所得税法》)及相关配套法律法规,以及 2015 年颁布的《慈善捐赠物资免征进口税收暂行办法》中规定了税收优惠的相关政策。

四是关于规范社会公民的基本救助和保障,如 2010 年颁布的《中华人民共和国社会保险法》(以下简称《社会保险法》),2014 年发布的《社会救助暂行办法》。

五是各地省市出台的地方性法规,如 1994 年发布的《广东省基金会管理条例》,1995 年发布的《上海市红十字会条例》,1997 年发布的《上海市华侨捐赠条例》,1998 年发布的《广东省社会救济条例》,2000 年发布的《江苏省华侨捐赠条例》,2010 年发布的《江苏省慈善事业促进条例》《湖南省募捐条例》,2011 年发布的《宁波市慈善事业促进条例》,2012 年发布的《长沙市慈善事业促进条例》。

尤为值得提及的是《公益事业捐赠法》,该法设定了"公益事业"的法定范畴,对捐赠和受赠、捐赠财产的使用和管理、优惠措施、法律责任等问题都做出了原则性规定,是我国慈善立法日趋成熟的标志性成果。

但随着我国经济社会的进一步发展,过往分散性立法、片面性立法的状况已经不能适应公益事业的整体发展水平,存在以下几个方面的问题:一是立法层级较低,尚未形成完整的法律体系;二是公益组织准入机制不合理;三是税收优惠与激励机制不健全;四是对公益组织的监督管理不完善①。时代与现实的发展亟待出台一部更完整、更具统摄性的慈善基本法。2016 年 9 月 1 日,《慈善法》的实施,开启了我国慈善事业的法治时代。同时随着慈善组织认定、慈善募捐、慈善信托、信息公开、保值增值等多项配套措施的出台,慈善法律体系不断完善,为推进慈善事业发展提供了有力的法律保障。

二、《慈善法》颁布后的立法情况

2016 年十二届全国人大四次会议表决通过了《慈善法》。当代中国慈善基本法的立法动态可以追溯至 2005 年,温家宝总理在当年的政府工作报告中首次明确提出要"支持慈善事业的发展",为慈善法正式进入立法程序奠定了良好的基础。2005 年 9 月,民政部正式向全国人大和国务院法制办提出慈善法的立法建议,并开始着手起草慈善法立法草案。但由于慈善立法涉及诸多部门利益,各部门往往从自身角度出发考虑问题,在许多重大问题上难以形成一致意见,导致慈善立法进程迟迟不能推进。而在这期间,自 2008 年以来,共有 800 多人次全国人大代表提出了制定慈善法的议案 27 件、建议 29 件,体现了社会呼吁积极推进慈善法治化进程的热情。作为对这一社会呼声的回应,2009 年民政部向国务院法制办正式提交了慈善法立法草案。

结合各方的建议并结合以往的立法经验,十二届全国人大常委会立法规划中明确了慈善法的牵头起草和提请审议单位是全国人大内务司法委员会。此后立法进程明显加快,2014 年 2 月底,全国人大内务司法委员会成立并召开了第一次慈善法立法领导小组会议,不仅确定了慈善法的立法时间和法律框架,而且确立了"开门立法"的指导思路。随后在征求多方意见建议的情况下开始草案的起草工作,并于 2015 年 10 月提请十二届全国人大常委会第十七次会议审议。同年 12 月,全国人大法律委员会向十二届全国人大常委会第十八次会议提交了慈善法草案二审稿并提请审议。2016 年 1 月,经过全国人大常委会两次审议修改后的慈善法草案送交全国人大代表征求意见,同时在中国人大网向社会公开征集意见。最终,十二届人大第四次会议经审议后于 2016 年 3 月 16 日最终正式通过了《慈善法》②。

作为一部综合性立法,《慈善法》不仅有具体规定,也有一些原则性和授权性规定。为了

---

① 周秋光,曾桂林.中国慈善立法:历史、现状及建议[J].南京社会科学,2014(12):141-148.

② 王作全.解读《慈善法》:过程、内容、亮点与问题[J].中国农业大学学报(社会科学版),2016,33(6):113-123.

真正将《慈善法》落到实处,在前期《慈善法》准备施行阶段及《慈善法》出台后的一段时期,民政部会同相关部门出台了一系列配套规则,作为《慈善法》的补充。这些规章和规范性文件主要包括以下内容。

(1)慈善组织认定与登记:《慈善组织认定办法》(2016年9月1日实施);

(2)慈善募捐:《慈善组织公开募捐管理办法》(2016年9月1日实施),《公开募捐平台服务管理办法》(2016年9月1日实施);

(3)慈善信息公开:《慈善组织信息公开办法》(2018年9月1日实施);

(4)慈善信托:《关于做好慈善信托备案有关工作的通知》(2016年8月25日实施),《慈善信托管理办法》(2017年7月10日实施);

(5)慈善组织慈善活动支出与管理费用:《关于慈善组织开展慈善活动年度支出和管理费用的规定》(2016年10月11日实施);

(6)慈善组织保值增值:《慈善组织保值增值投资活动管理暂行办法》(2019年1月1日实施)。

这些配套法规或规范性文件涉及直接登记注册、慈善组织认定、公开募捐资格、互联网公开募捐、慈善信托管理、慈善活动支出和管理费用等各方面,并在慈善募捐信息平台建设、慈善信息公开、慈善资产保值增值及志愿服务等方面都迈出了新步伐,这些新举措进一步推动了中国慈善法治进程和有序发展。

三、地方立法情况

《慈善法》颁布之前,为呼应公益慈善事业的不断发展,各地纷纷开展了与公益慈善相关的地方立法实践,规制公益慈善事业各主体的行为,保障其合法利益,推进公益慈善事业的蓬勃有序发展(参见表1-1)。可以看出,在华侨比较集中的福建、浙江、广东等地,随着华侨捐赠公益事业热情的不断增长,20世纪90年代早期的地方立法主要针对规范和保护华侨捐资捐款的慈善行为,涉及的对象和捐赠主体还比较狭窄。随着《公益事业捐赠法》于1999年的颁布,围绕该法的落地与具体实施,各地开始了新一轮的立法热潮。其中,围绕募捐行为,由于在《慈善法》出台前,湖南、宁波、广州、上海、汕头分别出台了规范慈善募捐活动的地方性法规和规章,一定程度上承载了地方慈善法规的职能。这些地方募捐政策文件不仅对哪些组织可以进行慈善募捐以及如何获得募捐资格做出规定,同时也规范了相关组织的信息公开义务、资产管理规范乃至税收优惠待遇等方面的内容。

表 1－1 《慈善法》颁布前地方慈善立法情况概览（部分）

效力层级	地域	文件名称	实施时间
地方性法规	福建省	《福建省华侨捐赠兴办公益事业管理条例》	1990 年 10 月 1 日 （2002 年、2010 年修订）
		《福建省接受台湾同胞捐赠管理办法》	1997 年 1 月 1 日 （2010 年修订）
	浙江省	《浙江省华侨捐赠条例》	1995 年 10 月 12 日 （2004 年修订）
	广东省	《广东省华侨捐赠兴办公益事业管理条例》	1997 年 1 月 18 日 （2014 年修订）
	深圳市	《深圳经济特区捐赠公益事业管理条例》	1998 年 3 月 1 日
	江苏省	《江苏省华侨捐赠条例》	2000 年 4 月 1 日
	黑龙江省	《黑龙江省实施〈中华人民共和国公益事业捐赠法〉办法》	2002 年 2 月 1 日
	四川省	《四川省华侨捐赠条例》	2002 年 11 月 1 日 （2015 年修订）
	厦门市	《厦门市华侨捐赠兴办公益事业管理条例》	2003 年 8 月 1 日
	海南省	《海南省华侨捐赠公益事业若干规定》	2008 年 1 月 1 日
	安徽省	《安徽省华侨捐赠条例》	2009 年 10 月 1 日
	湖南省	《湖南省华侨捐赠若干规定》	1995 年 2 月 1 日 （2002 年修订）
		《湖南省募捐条例》	2011 年 5 月 1 日
	宁波市	《宁波市慈善事业促进条例》	2011 年 10 月 1 日
	宁夏回族自治区	《宁夏回族自治区慈善事业促进条例》	2011 年 11 月 1 日
	广州市	《广州市募捐条例》	2012 年 5 月 1 日 （2015 年修订）
	上海市	《上海市华侨捐赠条例》	1997 年 6 月 1 日 （已被 2016 年 12 月 1 日起施行的《上海市华侨权益保护条例》替代）
		《上海市募捐条例》	2012 年 9 月 1 日
	长沙市	《长沙市慈善事业促进条例》	2012 年 9 月 1 日
	汕头市	《汕头经济特区募捐条例》	2014 年 4 月 24 日
	贵州省	《贵州省华侨捐赠公益事业条例》	2016 年 9 月 1 日

续表

效力层级	地域	文件名称	实施时间
地方政府规章	甘肃省	《甘肃省慈善捐助管理办法》	2006 年 5 月 1 日
	北京市	《北京市促进慈善事业若干规定》	2014 年 1 月 1 日

《慈善法》颁布后,为有效推动《慈善法》的落实,部分地方也结合各地的特点和实践启动了地方立法层面的探索(参见表1-2)。其中江苏省制定了《江苏省慈善条例》,浙江省、安徽省、江西省、陕西省四省分别制定了《慈善法》的实施办法,这五部规范均由省级人大常委会通过,效力较高,并各具特色。

表 1-2 《慈善法》颁布后地方慈善立法概况

效力层级	地域	文件名称	实施时间
地方性法规	江苏省	《江苏省慈善条例》	2018 年 3 月 1 日
	浙江省	《浙江省实施〈中华人民共和国慈善法〉办法》	2019 年 1 月 1 日
	安徽省	《安徽省实施〈中华人民共和国慈善法〉办法》	2019 年 2 月 1 日
	江西省	《江西省实施〈中华人民共和国慈善法〉办法》	2019 年 7 月 1 日
	陕西省	《陕西省实施〈中华人民共和国慈善法〉办法》	2019 年 9 月 1 日
地方政府规章	中山市	《中山市慈善事业促进办法》	2019 年 4 月 7 日
	北京市	《北京市促进慈善事业若干规定》	2020 年 1 月 1 日

关于《慈善法》涉及的公益慈善法律规范的具体内容,将在本书第二章到第九章中详细展开。

思考题

(1)我国公益慈善法律体系中存在哪些不足?

(2)双重管理体制的形成原因及影响有哪些?

本章重点概念

(1)公共利益,指社会公众的公共性和普遍性的利益,和社会利益在更多时候具有同样的含义。

(2)私人利益,指单个人或单个群体的利益。私人利益并非是一个人的利益,也可能是多个人,甚至很多人的利益。

(3)公益法,指在"非营利"条件下,为帮助贫困人群或边缘化人群,或为公共利益改变社会政策而采取的公益法律实践。有时,它专指为保护公共利益而在法院提起的法律诉讼。

（4）慈善法，指所有规范慈善活动的法律。广义上说，我国的慈善法并不仅仅指 2016 年通过并实施的《慈善法》，而是所有调整慈善活动和慈善事业发展的法律规范。我国关于公益慈善相关最早的立法可以追溯到 1999 年的《公益事业捐赠法》。

拓展阅读

[1]杨晓雷.实践中的公益法[M].北京:法律出版社,2012.

[2]刘东华,杨晓雷.公益法律研究[M].北京:法律出版社,2010.

[3]非营利组织译汇(三):英国慈善法[M].金锦萍,译.北京:社会科学文献出版社,2017.

[4]吕鑫.当代中国慈善法制研究:困境与反思[M].北京:中国社会科学出版社,2018.

[5]英国慈善委员会.英国慈善委员会指引[M].林少伟,译.北京:法律出版社,2017.

第二章　公益慈善组织

本章内容概要

本章将对各类公益慈善组织进行介绍。通过比较非营利组织、公益性社会组织以及其他公益慈善组织在不同国家的认定标准，并结合各国法律法规对相应公益慈善组织的解释来明确它们各自的内涵，对容易混淆的概念进行区分。

第一节　公益慈善组织概述

一、公益慈善中的组织概念

在公益慈善事业中我们往往会听到非营利性组织、非营利组织、非政府组织、社会组织、慈善组织等概念。在某些情况下，这些概念所指代的对象是同一种机构，往往能够相互替代，表达同一个意思。例如，非营利组织（non-profit organization）在英美等国常常也可以用非政府组织（non-government organization）代替。前者强调该主体的非营利性，即不对收入利润进行分配；而后者强调其非政府性，表明其并非政府部门。著名的比尔及梅琳达·盖茨基金会（Bill & Melinda Gates Foundation）既可以称其为非营利组织，也可以称其为非政府组织。但就非营利组织和慈善组织两个概念而言，两者在中国有着明显的不同，非营利组织并非都是慈善组织。例如，为数众多的校友会是非营利组织，但其中绝大部分并不是以开展公益慈善活动为宗旨，不能称之为慈善组织。为了更好地理解和学习公益慈善法律，有必要对其中类似的概念加以区分。由于不同国家地域对这些概念的定义有所不同，为了更加清晰准确地对这些概念进行介绍，本章的内容均以中国的定义为主，其他国家或地区的定义为补充。

在中国公益慈善事业中涉及较多的机构组织概念主要有非营利组织、社会组织和慈善组织三个。

非营利组织，是指为了公益目的或者其他非营利目的成立，不向出资人、设立人或者会员分配所取得利润的组织。非营利组织中的"非营利"是指组织的成立完全基于非营利的目的。需要注意的是,"非营利"并不意味着该组织不能参加任何经营活动,而是指其收入和利润不得分配给成员或发起人,必须用于公益慈善事业,以保证其公益目的以及相关财产不会被私人利用[①]。

我们要强调一下,非营利组织的"营利",与"赢利""盈利"是不可混用的,要加以区别。赢利中的"赢"意为"赚",相对于"赔"。赢利是指赚得了利润,或者指利润本身,是一个静态的表达。盈利中的"盈"意为"充满""多余",盈利即指利润,或者较多的利润,属于财会专业术语。营利中的"营"意为"谋求","营利"相应地是指谋求利润,"营利目的"或"营利性"就是指以谋求利润为目的。

在美国,衡量一个组织是否是非营利组织的一个最重要的标准是其是否可以根据《美国联邦税法》第501条C款第3项的规定享有免费联邦税权。该条款指出,社区福利基金、基金会或者其他组织为宗教、慈善、科学、公共安全、文学或教育等目的而成立,并且不将收入分配给股东或个人的可以享受免税待遇。中国的非营利组织的概念包含了《中华人民共和国民法典》(以下简称《民法典》)中的非营利法人的概念,即以下四类:事业单位法人、社会团体法人、基金会法人和社会服务机构法人;除此之外,还包括非法人型的其他非营利组织,例如境外非政府组织代表处。

从国际角度来看,除了中国的事业单位法人可能会被认为是公法人,中国的民间非营利组织的概念与国际上非营利组织的通行概念是基本一致的。

社会组织,是区别于政府组织、企业组织的具有非政府性、非营利性等特征的新的组织形态[②]。根据相关法律法规的规定,社会服务机构、基金会、社会团体是社会组织的三种法律上的组织形式。此处的社会团体即为上文中的社会团体法人,而基金会和社会服务机构则同属于捐助法人(即传统民法上的财团法人)。

慈善组织,是以慈善和社会福祉为目标的非营利组织。在《慈善法》颁布前,慈善组织这个概念已在各项赈灾、扶贫和救助活动中被频繁使用,而当《慈善法》颁布后,法律进一步明确其指符合面向社会以开展慈善活动为宗旨的非营利性组织,可以采取基金会、社会团体、社会服务机构等组织形式。在《慈善法》第五十二条规定中,强调了慈善组织的非营利性属性:慈善组织的财产应当根据章程和捐赠协议全部用于慈善目的,不得在发起人、捐赠人以及慈善组织成员中进行分配,即慈善组织存在非营利的分配禁止机制,慈善组织成员,如理事,或其他机构管理者及员工不得从慈善组织的财产及运作中获取利益。

---

① 郑功成.《中华人民共和国慈善法》解读与应用[M].北京:人民出版社,2016:43.
② 王名.社会组织论纲[M].北京:社会科学文献出版社,2013:2.

二、非营利组织、社会组织和慈善组织的关系

非营利组织是社会组织的上位概念，社会组织必然是非营利组织。基金会、社会团体和社会服务机构作为社会组织三种主要的组织形式，它们在中国相关法律法规中的定义均使用了与非营利组织相类似的概念。《民办非企业单位登记管理暂行条例》规定，民办非企业单位是从事非营利性社会服务活动的社会组织；《社会团体登记管理条例》规定，社会团体是指中国公民自愿组成，为实现会员共同意愿，按照其章程开展活动的非营利性社会组织；《基金会管理条例》规定，基金会是指利用自然人、法人或者其他组织捐赠的财产，以从事公益事业为目的，按照本条例的规定成立的非营利性法人。"非营利性社会活动的社会组织""非营利性社会组织"和"非营利性法人"这三个表述表明了社会组织的非营利性是法定的。社会组织必然是非营利组织，而非营利组织是社会组织的上位概念。

在中国，非营利组织并非都是社会组织。非营利组织除了基金会、社会团体及社会服务机构以外，还可以是事业单位和宗教活动场所，而事业单位与宗教活动场所并不是社会组织。《事业单位登记管理暂行条例》中明确规定事业单位是由国家为了社会公益目的设立，并利用国有资产举办的。《民法典》中则规定依法设立的宗教活动场所，具备法人条件的，可以申请法人登记，取得捐助法人资格。也就是说，宗教活动场所基于自愿原则可以依法申请获得法人资格，作为非营利法人。

慈善组织则是一种身份属性，并非一种新的社会组织形式。《慈善法》第八条规定："本法所称慈善组织，是指依法成立、符合本法规定，以面向社会开展慈善活动为宗旨的非营利性组织。慈善组织可以采取基金会、社会团体、社会服务机构等组织形式。"由此可以看出慈善组织本身并不是一种新的组织形式，而是特定的社会组织的身份资质。一个组织是否是慈善组织取决于其活动运营是否以开展慈善活动或者谋求社会福祉为宗旨。作为非营利组织的下位概念，慈善组织自然具有非营利组织的基本特征：组织性、民间性、自治性、志愿性、利润非分配性。而非营利组织作为慈善组织的上位概念，其外延必然大于慈善组织。例如，非营利组织中以满足组织内部成员利益为目标的互益性组织，如校友会等，也不是慈善组织①。

我们可以通过图2-1更加清楚地归纳总结非营利组织、社会组织和慈善组织之间的关系。非营利组织作为社会组织的上位概念，表明社会组织必须具有非营利性。社会服务机构、基金会和社会团体是社会组织的三种组织形式，其中以举办慈善活动为宗旨的机构可以被认定为慈善组织，相应地享受税收优惠等政府优惠措施。

---

① 郑功成.《中华人民共和国慈善法》解读与应用[M].北京：人民出版社，2016：44.

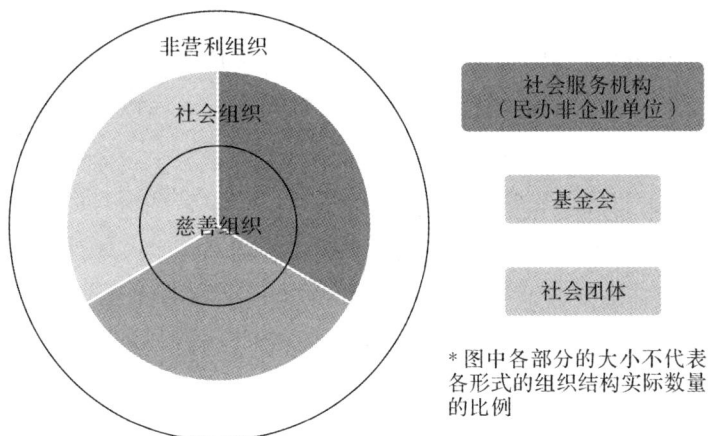

图 2-1　非营利组织、社会组织和慈善组织之间的关系

思考题

如何区分非营利组织、社会组织和慈善组织的概念？

第二节　非营利组织

一、国际上非营利组织的概念

非营利组织涵盖了所有慈善组织、非政府组织（NGO）、私人志愿组织（private voluntary organization）、民间组织（civil society organization）等。换言之，慈善组织是非营利组织的一个下位概念，而非营利组织具有更为广泛的外延。比起慈善组织，"非营利组织"这一术语更明确地强调了设立组织并非以谋取私利为目的的特性。

基于各国的不同国情，非营利组织在各国的形态均不同。例如，在美国，非营利组织的基本形态有公共慈善组织、私人基金会、其他在国内税务局登记的非营利组织（如商会等）、宗教团体、未登记的非营利组织等[①]；而英国的非营利组织的主要形态有英国慈善法人团体（charity）、合作社（cooperatives）、住房协会（housing association）和社会企业（social enterprise）等[②]。

---

① 王名,李勇,黄浩明.美国非营利组织[M].北京:社会科学文献出版社,2012:43.
② 王名,李勇,黄浩明.美国非营利组织[M].北京:社会科学文献出版社,2012:45.

二、"非营利性"问题

非营利性是非营利组织的一个核心特征。对于非营利性的内涵,当今学术界认可度较高的是知名学者莱斯特·M.塞拉蒙教授(Lester M. Salamon)的观点。其观点可以总结成以下几点①。

第一,不以营利为目的。非营利组织的宗旨始终是不以营利为目的,而以实现一定的公共利益为最终目的。换言之,非营利组织的设立目的应当是为了一定的社会福祉、社会目的和公益事业。但这并不意味着非营利组织不能在经营时收取一定的费用。智家喜憨儿成长关爱中心是一家在深圳市设立登记的社会服务机构,它主要通过招聘心智障碍者,让他们以提供传统洗车服务的方式,来获得不低于最低工资标准的工资,同时推动心智障碍者融入社会,实现他们的社会价值。由此可以看出,营利活动并不会必然影响组织的非营利性,但这并不能排除某些非营利组织声称不以营利为目的而实际进行营利性商业活动并进行分配的可能性。至于具体如何判断这种非营利性是否有效,应当结合具体情况具体分析②。总而言之,一般情况下,营利行为并不会必然导致营利性。

第二,不得将剩余利润用于成员(包括组织发起人、组织管理者等)之间的分红。基于非营利组织以实现一定的公共利益为目标的根本宗旨,它在经营过程中所取得的利益收入应当继续投入公益性的活动中,或用于组织自身的发展建设中,以实现公共利益。

第三,不得将组织的资产以任何形式转化为私人资产。非营利组织的资产一般来源于政府的财政资助与拨款、民间的捐助以及非营利组织在经营过程中所获得的利润。非营利组织资产来源的多样性和设立目的的公益性决定了其资产的所有权必然不归属于非营利组织本身,也不属于私人资产。非营利组织的资产是属于社会的资产,是一定意义上的"公益或互益资产"③。正因为非营利组织资产产权归属的特殊性,在组织终止并注销时,其剩余财产也只能转交给政府、其他从事公益事业的组织或者同类非营利组织等,并且只能用于与其宗旨相类似的公益活动。

按照《中华人民共和国企业所得税法实施条例》第八十四条的规定,《企业所得税法》中第二十六条第(四)项所称符合条件的非营利组织,是指同时符合下列条件的组织:(一)依法履行非营利组织登记手续;(二)从事公益性或者非营利性活动;(三)取得的收入除用于与该组织有关的、合理的支出外,全部用于登记核定或者章程规定的公益性或者非营利性事业;(四)财产及其孳息不用于分配;(五)按照登记核定或者章程规定,该组织注销后的剩余财产用于公益性或者非营利性目的,或者由登记管理机关转赠给与该组织性质、宗旨相同的组织,并向社会公告;(六)投入人对投入该组织的财产不保留或者享有任何财产权利;(七)工

① 王名,王超.非营利组织管理[M].北京:中国人民大学出版社,2016:2.
② 曾军,梁琴.非营利性组织的营利行为有效性判断[J].西南政法大学学报,2009(6):98.
③ 王名,李勇,黄浩明.英国非营利组织[M].北京:社会科学文献出版社,2009:45.

作人员工资福利开支控制在规定的比例内,不变相分配该组织的财产。这些标准,与国际通行的"非营利性"认定标准是基本一致的。

这是中国税法上对非营利组织的标准,与最新的《民法典》中的标准,还是有一点区别的。区别在于,对于公益法人之外的非营利法人(学术上可以称为"互益法人")的剩余财产,《民法典》并未直接要求不得向出资人、设立人或者会员分配剩余财产,将剩余财产仍然用于性质宗旨相同或相似的组织,而是允许根据章程的规定与互益法人的权力机构的决议处理互益法人剩余财产。

思考题

简述"非营利性"的内涵。

第三节 公益性社会组织

一、不同国家对社会组织的界定

社会组织(civil organization)是一个较为宽泛的概念。它属于独立于国家体系中的党政部门、市场体系中的企业等营利组织之外的民间组织部门或第三部门[1]。与社会组织相似的概念有"非营利组织"(NPO)、"非政府组织"(NGO)、"第三部门组织"(third sector)等。由于各国的国情和发展历史各不相同,所以难以给社会组织明确一个统一的概念。下文将尝试以美国、英国、法国、日本和中国为例,探讨不同国家对社会组织这一概念的界定。

美国通常将社会组织称为非营利组织,分为非营利公司、信托、基金会和未登记为非营利公司的协会。美国没有针对社会组织颁布一部专门的法律,而是分散在各种法律之中对其进行了规范。根据《美国联邦税法》第501条C款第3项的规定,可以将美国非营利组织的判断标准概括为以下四点:①非营利组织的形式可以为企业、社区福利基金、基金会或者其他组织;②组织的宗旨必须是该规定中提及的,为了宗教、慈善、科学、公共安全、文学或教育等目的而设立的;③不得将全部或者部分净收益分配给股东或者个人;④不得进行游说或者干预任何法律法规的制定。

英国的社会组织也称为"志愿部门",主要起源于英国1601年出台的慈善法和救济法[2]。在英国的社会组织中,发展最为完善、规模最为壮大、管理最为有效的是英国的慈善组织,因

---

① 王名.社会组织论纲[M].北京:社会科学文献出版社,2013:15.
② 樊欢欢.对外国社会组织规范管理的国际比较研究[EB/OL].[2019-07-24].http://www.chinanpo.gov.cn/700108/92675/newswjindex.html.

此国内外许多学者都将英国的慈善组织等同于它的社会组织①。

法国的社会组织包括社团（associations）、基金会（foundations）、留本基金（endowment funds）、同业公会、专业团体、合作机构、相互保险公司等。其中最为主要的是社团、基金会和留本基金②。在法国的社会组织中，社团是最具有影响力的组织，1901年通过的《非营利社团法》（又译《协会组织法》）对社团的成立等进行了规制。

日本对社会组织的认定标准是不以营利为目的，且其净收入不得分配给其成员。日本社会组织的主要工作集中在医疗卫生保健、社会福利和国际合作等领域。开展国际合作领域方面的工作主要是对发展中国家进行的救援和援助活动③。1998年日本《特定非营利活动促进法》的第二条对非营利组织的活动目的做出了规定。但不同于英国和美国的立法形式，日本采用的是否定式和肯定式相结合的列举方式，对以下几种社会组织设立方式进行了否定：①传播宗教教义、举行仪式和培养信徒；②促进、支持或者反对任何政治学说和政策；③推荐、支持或反对任何候选人担任某一特定公职。由此可以看出，日本不承认宗教组织是社会组织的一部分。

中国的社会组织分为三类，分别为基金会、社会团体和社会服务机构。基金会是一种基于一定财产关系形成的财团性组织，其特点是以财产及公益关系为基础。社会团体是一种基于一定社会关系而形成的会员制组织，其特点是以人及其社会关系为基础。社会服务机构原称为民办非企业单位，《慈善法》将原先属于非营利性质的民办非企业单位改称为社会服务机构④。这一变化使得这类型的社会组织的定义更加准确，改变了此前否定式的定义——"非企业"。因为基金会和社会团体同样都是"非企业"组织，因此民办非企业单位这一概念显然是不准确的。而它应该是指那些由民间出资成立的各种社会服务机构，它们与社会团体、基金会最主要的区别在于其是一种直接提供各种社会服务的实体性机构⑤。目前，中国社会组织涵盖了扶贫济困、扶老救孤、恤病助残、自然灾害、科教文化、卫生、体育、环境保护等众多领域。社会组织通过整合和动员社会资源、提供社会服务等方式发挥其特有的作用，填补了公共领域的空缺与不足。

中国现行的社会组织法律法规散见于《民法典》《基金会管理条例》《社会团体登记管理条例》与《民办非企业单位登记管理暂行条例》及其他配套法规中。2016年开始实施的《慈善法》则专门针对具有慈善组织属性的社会组织进行管理。由于法条分散，导致部分

---

① 国际司：英国、法国社会组织发展与管理体制情况介绍[EB/OL].[2019 - 07 - 24]. http://gjs. mof. gov. cn/pindaoliebiao/cjgj/201308/t20130821_980382. html.

② 国际司：英国、法国社会组织发展与管理体制情况介绍[EB/OL].[2019 - 07 - 24]. http://gjs. mof. gov. cn/pindaoliebiao/cjgj/201308/t20130821_980382. html.

③ 王名，王超. 非营利组织管理[M]. 北京：中国人民大学出版社，2016：5.

④ 配套规定（例如《上海市民办学校分类许可登记管理办法》等）将原先意欲从事营利性业务却碍于当时的规定作为民办非企业单位登记的实体如社会力量办学转为工商登记。

⑤ 王名. 社会组织论纲[M]. 北京：社会科学文献出版社，2013：17.

规定存在空缺或者模糊不清等问题。《社会组织登记管理条例(草案征求意见稿)》已于2018年9月1日截止了公开意见征求,希望不久之后中国的第一部统一规范社会组织的法律可以出台。

二、各类社会组织的特征

(一)基金会

基金会,是指利用自然人、法人或者其他组织捐赠的财产,以提供扶贫、济困、扶老、救孤、恤病、助残、救灾、助医、助学、优抚服务,促进教育、科学、文化、卫生、体育事业发展,防治污染等公害和保护、改善生态环境,推动社会公共设施建设等公益慈善事业为目的,按照其章程开展活动的非营利法人,如爱佑慈善基金会、南都公益基金会和上海复旦大学教育发展基金会等。

基金会作为公益性组织,能够在较短时间内聚集数量较大的财富用于公益慈善事业。同时,基金会偏向于资金的集合,与社会团体和社会服务机构相比,对人员的依赖性较弱,这也有利于基金会的持久发展。

基金会是具有公益性、非营利性和非政府性的一类特别的社会组织。首先,基金会的公益性主要体现在以下三个方面:①基金会的基础资金募集形式是通过各种公益捐赠的形式完成的;②基金会的宗旨明确地体现了捐赠人的公益意图、目的和希望达到的结果;③基金会的资金具有明确的公益用途[1]。这些都决定了基金会是一种公益性社会组织。其次,由于社会组织属于非营利组织,故作为社会组织的基金会必然具有非营利性。此外,基于我国的国情和社会组织设立方式的独特性,基金会的非政府性也可通过其在决策体制、治理结构和运作机制上与政府机构的差异中体现出来。决策体制上,基金会具有一定的自治权,可以独立自主地对基金会运作中的重大决策进行决定;治理结构上,基金会具有明显的民主和公开透明的特点;运作机制上,基金会具有市场竞争性,符合市场优胜劣汰的原则。

在以德国为代表的大陆法系国家中,基金会是基于捐赠行为而设立的财团法人,即法律上为特定目的财产集合赋予民事权利能力而形成的法人,仅限于公益法人[2]。捐赠人将财产转移给受托人,受托人遂即成为财产的所有权人,享有对该财产的处分权,但同时也有一定的限制。由于受捐赠的财产同时也承载了捐赠人希望受托人能将其财产用于公益事业的意思表示,故受托人在行使对该份财产处分权时,必须依捐赠人的意思,将财产用于且只用于特定的公益事业中,并将该份财产用于不特定的受益人群中。

在以英国和美国为代表的英美法系国家中,基金会表现为公益信托,是基于社会信用而设立、以公益为目的而形成的特殊财产关系[3]。在公益信托关系中,三大主体的名称与大陆

① 王名.社会组织论纲[M].北京:社会科学文献出版社,2013:202.
② 王名.社会组织论纲[M].北京:社会科学文献出版社,2013:199.
③ 王名.社会组织论纲[M].北京:社会科学文献出版社,2013:199.

法系国家三大主体的名称有些许差异,通常为委托人、受委托人和受益人(包括人群)。公益信托涉及的产权自委托人与受托人订立信托合同且信托成立之日起转移给受托人,受托人严格依据委托人具体的意思表示,对所涉财产及其孳息财产进行处分,由委托人指定的,特定受益人(包括人群)获得该份财产的受益权。

(二)社会服务机构

社会服务机构在《慈善法》颁布之前被称为民办非企业单位,指自然人、法人或者其他组织为了公益目的,利用非国有资产捐助举办,按照其章程提供社会服务的非营利法人,主要类型有非营利的民办教育机构、民办医疗机构、社工服务机构等。社会服务机构中面向广大公众、弱势群体提供慈善服务的属于慈善组织[1],如陕西妇源汇性别发展中心、上海静安区方德瑞信社会公益创新发展中心等。

随着经济的发展和人口老龄化的日渐严重,社会对于提供养老、助残等服务的需求也逐渐加剧,单凭政府无法完全承担此类服务。社会服务机构以其灵活性、服务内容的多样性更能满足不同人群的需求。

(三)社会团体

社会团体,是指中国公民自愿组成,为实现会员共同意愿,按照其章程开展活动的非营利法人。国家机关以外的组织可以作为单位会员加入社会团体,主要类型有协会、学会、研究会、促进会、联合会、校友会等。社会团体中,以社会公共利益为宗旨而不是服务于会员群体利益的,属于慈善组织,如中华慈善总会、广东省扶贫开发协会等[2],主要服务于团体会员的社会团体不属于慈善组织,如行业协会、商会等。

中国红十字会是中国社会团体中的重要一员,并且是免于登记的社会团体。《红十字会法》规定中国红十字会是中华人民共和国统一的红十字组织,是从事人道主义工作的社会救助团体。红十字会是社会团体,同时也是慈善组织,其除了适用《红十字会法》以外,当然也适用《慈善法》。在《慈善法》实施之后,《红十字会法》也相应进行了修改,主要体现在其第十九条规定红十字会进行募捐活动应当符合《慈善法》的有关规定,例如红十字会应当向捐赠人开具捐赠发票,捐赠人有权对捐赠财产设定特殊用途,同时有权查询捐赠财产的使用情况等。

三、公益性社会组织的概念

在《慈善法》出台之前,中国对开展公益慈善活动的组织也是有相关法律界定的。《公益事业捐赠法》将这类组织称为公益性的社会团体和公益性的非营利的事业单位。其中所称的公益性的社会团体包括以发展公益事业为宗旨的基金会、慈善组织等,而公益性的非营利

① 于建伟.《中华人民共和国慈善法》学习问答[M].北京:中国法制出版社,2016:45.
② 于建伟.《中华人民共和国慈善法》学习问答[M].北京:中国法制出版社,2016:44.

的事业单位则包括从事公益事业的、不以营利为目的的教育机构、科学研究机构、医疗卫生机构、社会公共文化机构、社会公共体育机构和社会福利机构等。可见《公益事业捐赠法》中所称的公益性的社会团体,是一个广义的概念,既包括了《社会团体登记管理条例》中所定义的社会团体,也包括了从事公益事业的基金会和民办非企业单位。

2006 年党的十六届六中全会上通过的《关于构建社会主义和谐社会若干重大问题的决定》,第一次提出了我们现在所熟知的社会组织概念,取代了之前所用的广义的"社会团体"或"民间组织"的概念。

在今天的与财税相关的法律文件中,已经用公益性社会组织的概念来代替公益性的社会团体的说法。财政部、民政部发布的《关于进一步明确公益性社会组织申领公益事业捐赠票据有关问题的通知》(财综〔2016〕7 号)就提到"在民政部门依法登记,并从事公益事业的社会团体、基金会和民办非企业单位(以下简称公益性社会组织)";财政部、税务总局发布的《关于公益慈善事业捐赠个人所得税政策的公告》也写明了"前款所称境内公益性社会组织,包括依法设立或登记并按规定条件和程序取得公益性捐赠税前扣除资格的慈善组织、其他社会组织和群众团体"。所以,在中国,在目前认定或登记的慈善组织数量不多的情况下,公益性社会组织的概念尤为重要,更具有包容性,可以将更多的从事公益慈善事业的社会组织涵盖其中。根据《民法典》,我们相信未来《社会组织登记管理条例》通过之后,全部的基金会、社会服务机构以及公益性社会团体将会是公益性社会组织的主要组织形式。

思考题

列举你身边的分别属于基金会、社会服务机构、社会团体、慈善组织的组织。

第四节 中国的慈善组织

一、国外对慈善组织的认定和定义

当提及对于慈善组织的认定,不得不提的是《英国慈善法》。依据 2011 年修订的《英国慈善法》第一章第一条的规定,英国的慈善组织须满足两个条件:①只能用于慈善目的;②在高等法院对慈善组织行使司法管辖权时受高等法院的控制。对于慈善目的,《英国慈善法》在第一章第三条中有明确列举:防治或者救济贫困;促进教育事业;促进宗教事业;促进健康;促进公民权或社区发展;促进艺术、文化、历史遗产或科技事业的发展;促进业余体育运动;促进人权、争端解决;促进环境保护或改善;对于弱势群体提供帮助;促进动物福利;提高皇家军队的效能或者警察、防火、营救服务或救助服务机构的效能;其他慈善目的。同时,慈善目的除了上述列举出的 13 个目的之外,还需要满足公益要求,即公共利益。

美国未对慈善组织作明确的定义,而是通过在《美国联邦税法》第 501 条 C 款中规定了免税资格的认定标准,通过对免税资格的认定来衡量慈善组织的身份。根据此条款可以将美国慈善组织的定义大致总结为收入无需交税,而且其捐助者可以因其捐款而获得税收减免的组织①。

虽然英国和美国对于慈善组织的认定,在立法形式、活动范围和法定程序上均存在不同之处,但是两国均对慈善组织的公益性做出了一定的要求。

日本的慈善组织具有较长的历史,有专门的慈善法律、法规,主要由《关于公益社团法人和公益财团法人的认定等的法律》(以下简称《公益认定法》)对公益社团法人、公益财团法人和依据特别法律设立的其他各种公益法人进行规范。与英国和美国相同,日本也同样规定了公益法人须以实施公益目的事业为主要目的。此外,《公益认定法》第二条还对公益目的事业做出了以下规定:①以学术及科学技术振兴为目的的事业;②以文化及艺术振兴为目的的事业;③致力于支援或帮助残疾人或生活极度贫困或受到事故、自然灾害、犯罪等伤害的人的相关事业;④以推进老年人福利为目的的事业;⑤致力于为有劳动意愿者提供就业服务支持的相关事业;⑥以改善公共卫生为目的的事业;⑦以健全儿童或青少年成长发育为目的的事业;⑧以改善劳动者福利为目的的事业;⑨以通过教育、运动等提高国民身心健全发展,或培养丰富的人性为目的的事业;⑩以预防犯罪或维护社会治安为目的的事业;⑪以预防事故或灾害发生为目的的事业;⑫以预防及杜绝因种族、性别或其他任何理由而引起的不公正的歧视或偏见为目的的事业;⑬以尊重或倡导思想自由、信仰自由以及言论自由为目的的事业;⑭致力于形成男女共同参与筹划政策事业等活动的社会,推动创造更加美好社会的相关事业;⑮致力于促进国家间的相互理解,以及推进与发展中的海外地区的经济合作的事业;⑯致力于保卫地球环境或保护及整顿自然环境的相关事业;⑰致力于整顿及保护国家土地资源利用的相关事业;⑱以帮助确保国家政府的健全管理为目的的事业;⑲以完善健全地区社会为目的的事业;⑳致力于通过确保、促进或活跃公正且自由的经济活动机会,推进人民生活安定的相关事业;㉑致力于确保稳定提供国民生活不可或缺的物资、能量的相关事业;㉒以维护或提高普通消费者权益为目的的事业;㉓除以上记载的各项事业外,与公益相关的事业被制定于政府法令中。

二、中国慈善组织的概念

《慈善法》颁布后,曾一度引起了公益慈善行业内对于其是否定义了一种新的社会组织形式的热烈讨论。根据前文对《慈善法》第八条的分析,慈善组织本身并非是一种新的组织形式,而是一种属性。

虽然有学者提出,企业也可以成为慈善组织的组织形式,但实际上这不仅在实践中不存在,在法律理论上也存在问题。因为按照《慈善法》的规定,慈善组织必须是非营利性组织;而依照《民法典》的规定,企业法人属于营利法人,直接否定了企业成为慈善组织的可能性。

---

① 韦祎.中国慈善基金会法人制度研究[M].北京:中国政法大学出版社,2010:29.

根据《慈善法》立法目的与顶层设计,慈善组织应是慈善事业的具体实施者,是慈善事业赖以存在与发展的基础。从这一设想出发,中国慈善事业的发展完善,依赖于专业的慈善组织的涌现。鼓励设立和发展慈善组织,并同时规范慈善组织的内部治理和行为,才能促进慈善事业的健康发展。

具体到慈善组织的成立条件,根据《慈善法》其应当符合下列条件:以开展慈善活动为宗旨;不以营利为目的;有自己的名称和住所;有组织章程;有必要的财产;有符合条件的组织机构和负责人;符合法律、行政法规规定的其他条件。

那什么是中国法律下的慈善活动呢?依照《慈善法》第三条的规定,慈善活动,是指自然人、法人和其他组织以捐赠财产或者提供服务等方式,自愿开展的下列公益活动:(一)扶贫、济困;(二)扶老、救孤、恤病、助残、优抚;(三)救助自然灾害、事故灾难和公共卫生事件等突发事件造成的损害;(四)促进教育、科学、文化、卫生、体育等事业的发展;(五)防治污染和其他公害,保护和改善生态环境;(六)符合本法规定的其他公益活动。

三、慈善组织的登记与认定

由于慈善组织并不是一种新的组织类型,仅仅是一种身份属性,而《慈善法》颁布以来,又尚未出现社会组织以外的其他类型的慈善组织。因此,截至目前,慈善组织的成立主要分两条路径:一是按照三大条例的规定成立社会组织,在成立过程中依据《慈善法》登记为慈善组织;二是已经成立的存量社会组织依据《慈善法》及《慈善组织认定办法》的规定,申请认定为慈善组织。目前,社会组织的成立主要采用双重管理制度,其中属于行业协会商会类、科技类、公益慈善类和城乡社区服务类的社会组织可以直接向登记管理机关申请登记而无须事先取得业务主管单位的同意。相应地,有业务主管单位的社会组织申请认定为慈善组织时,除了获取登记管理机关的同意,也需要获得其业务主管单位的同意。

思考题

简述中国慈善组织的概念。

本章重点概念

(1)非营利组织,是指为了公益目的或者其他非营利目的成立,不向出资人、设立人或者会员分配所取得利润的组织。它具有更广泛的外延,包括了非营利法人以及非法人型的其他非营利组织。

(2)社会组织,是区别于政府组织、企业组织的具有非政府性、非营利性等特征的新的组织形态,它一般区别于国家体系中的政府组织和市场体系中的企业组织。在中国,通常是指社会团体、社会服务机构与基金会这三类组织。

(3)慈善组织,是指依法成立,面向社会以开展慈善活动为宗旨的非营利组织,它可以采取基金会、社会团体、社会服务机构等组织形式。

拓展阅读

[1]郑功成.《中华人民共和国慈善法》解读与应用[M].北京:人民出版社,2016.

[2]王名.社会组织论纲[M].北京:社会科学文献出版社,2013.

[3]王名,李勇,黄浩明.美国非营利组织[M].北京:社会科学文献出版社,2012.

[4]王名,李勇,黄浩明.英国非营利组织[M].北京:社会科学文献出版社,2009.

[5]王名,王超.非营利组织管理[M].北京:中国人民大学出版社,2016.

[6]陈伟斌.《中国社会组织法》专家建议稿与理由说明[M].北京:中国法制出版社,2015.

[7]张向前.中国特色社会组织发展战略研究[M].北京:经济日报出版社,2019.

[8]韦祎.中国慈善基金会法人制度研究[M].北京:中国政法大学出版社,2010.

第三章　慈善募捐与捐赠

本章内容概要

募捐与捐赠是两个重要的公益慈善活动,都是社会组织获得资金的主要方式,为社会组织的生存发展和慈善宗旨的实现提供了物质基础,也为社会公众参与公益慈善事业提供了重要途径。随着技术的发展,募捐与捐赠的形态和方式不断创新,在促进公益慈善事业发展的同时,也增加了监管的难度,成为社会关注的焦点。本章将从概念和我国的相关法律规定两个角度,对募捐和捐赠进行阐释。

第一节　慈善募捐

一、慈善募捐概述

简单而言,慈善募捐是指社会组织主动向捐赠人募集捐赠的活动。为了某一特定慈善目的,社会组织设计和组织募捐活动,鼓励捐赠人进行捐赠。与国外不同,在慈善事业发展的初期,中国从事募捐的多为具有政府背景的社会组织,行政色彩比较浓厚。

随着中国经济的发展,人们的收入持续增长,参与慈善的理念和能力都有很大的提升,而捐赠则是人们参与慈善最为普遍的一种方式。互联网技术的迅速发展也给人们提供了便捷的捐赠渠道。在此背景下,国家适时放开了募捐限制的政策,鼓励民间发起的社会组织加入慈善事业,组织募捐活动,以满足社会公众的慈善需求,同时实现对国民收入的第三次分配。但社会组织数量的增加也加剧了社会对慈善资源的竞争,仅仅依靠捐赠人的主动捐赠已经无法满足社会组织的发展需求,因此募捐逐渐成为社会组织的重要活动之一。尤其是对于具有公募资格的基金会而言,募捐策略的优劣直接决定了其对社会慈善资源的占有比例。因此现代营销理念被引入慈善公益募捐工作,将透明度、公信力、品牌影响力作为慈善组织追求的目标。国内由名人代言公益慈善活动的现象也愈加普遍。

随着竞争的不断加剧,社会组织渐渐意识到彼此之间的竞争会使得不同的社会组织对同一捐赠人进行重复劝募。但同一捐赠人的捐赠能力是有限的,重复捐赠不利于培育捐赠市场的积极性[①]。在此背景下,联合募捐的形式应运而生。联合募捐是指多家社会组织合

---

① 高鉴国.中国慈善捐赠机制研究[M].北京:社会科学文献出版社,2015:192.

作,通过专责募款的机构,有效地集结社会资源,并将所募资源按需分配给合格的社会组织①。这一方式既降低了上文中提到的重复劝募行为发生的概率,同时也有利于集中统一使用分散的捐款,降低成本。

社会的不断发展,促使慈善事业日益成熟。社会组织在获得发展契机的同时,也将面临愈加严峻的挑战。如果将募捐类比为市场化行为,那么募捐活动就类似于一种产品。产品的定位、质量、设计和宣传以及对消费人群和心理的分析等市场化活动中不可或缺的环节,对于募捐活动而言同样重要。而这一整套复杂的运作系统也对为其提供基本准则的法律法规提出了较高的要求,只有完善的法制才可以保证慈善事业的社会公信力。

二、我国对慈善募捐的规范

《慈善法》第二十一条规定慈善募捐是指慈善组织基于慈善宗旨募集财产的活动,包括面向社会公众的公开募捐和面向特定对象的定向募捐。但募捐这种行为其实早在《慈善法》出台之前就存在了,散见于当时的国家层面的法律法规以及若干地方性法规当中,其中包括《公益事业捐赠法》《红十字会法》和《民法典》"合同编"规定的赠与合同等。

《慈善法》规定的概念中包含了募捐的三个要件。

第一,慈善募捐的主体仅限于慈善组织。《慈善法》第二十一条将慈善募捐的主体限制为慈善组织,其主要原因是慈善组织相较于自然人、法人和其他组织而言,受到民政部门更为严格的监督管理,如年度报告、财务报告的审查和重大事项报告备案等多种方式。但此规定是否就意味着未依法申请被认定为慈善组织的公益性社会组织就不再具有从事慈善定向募捐的资格,法律需做出进一步说明,否则实践中可能会引起争议。

第二,慈善募捐的行为要基于慈善宗旨。《慈善法》第三条将慈善活动界定为扶贫、济困、扶老、救孤,促进教育、科学、文化、卫生、体育等公益活动,要求慈善活动既要有有益性,也要有公众性。因而仅是为某个特定个人的利益所进行的募捐,并不是法律意义上的慈善募捐。

一部分人误认为《慈善法》如此规定,禁止了个人求助行为。其实不然,这只说明了个人求助(包括乞讨、卖艺等)行为不属于《慈善法》所调整的慈善活动,而个人因自身或家庭成员出现困难,通过各种渠道、各种方式向社会求助,并没有被禁止,也不可能被禁止。目前"水滴筹""轻松筹"和"爱心筹"等都是服务于个人大病求助的网上平台,一般将其称之为"个人大病求助互联网服务平台"。

2016 年 8 月 30 日,为配合《慈善法》实施,民政部、国家新闻出版广电总局(现国家广播电视总局)、工信部和网信办联合印发了《公开募捐平台服务管理办法》。其中规定"个人为了解决自己或者家庭的困难,通过广播、电视、报刊以及网络服务提供者、电信运营商发布求助信息时,广播、电视、报刊以及网络服务提供者、电信运营商应当在显著位置向公众进行风险防范提示,告知其信息不属于慈善公开募捐信息,真实性由信息发布个人负责"。

---

① 高鉴国.中国慈善捐赠机制研究[M].北京:社会科学文献出版社,2015:192.

这条规定区分了慈善募捐行为和个人求助行为,同时也说明:在合法的公开募捐平台上,既有慈善组织发布的募捐信息,也会有个人发布的求助信息,而二者是有区别的,且责任主体也不一样。

第三,根据募捐对象是否特定,慈善募捐分为公开募捐和定向募捐。

在《慈善法》颁布之前,凡是涉及慈善募捐的地方性法规,全部都是指面向社会公众的公开募捐。例如,《上海市募捐条例》第三条规定:"本条例所称募捐,是指基于公益目的,向社会公开募集财产的劝募行为。"《广州市募捐条例》第二条规定:"本条例适用于募捐组织在本市行政区域内面向社会公众公开募集财产用于公益事业及相关的管理活动。"在《慈善法》对公开募捐和定向募捐进行区分后,"募捐"一词不再等同于之前的"公募",而是指广义的募捐,包含了公开募捐与定向募捐两种形式。

公开募捐的方式包含:①实地式募捐。例如,在公共场所设置募捐箱,举办面向社会公众的义演、义赛、义卖、义展、义拍、慈善晚会等。义演是指社会各界为支援灾区、扶持贫困地区、援救突发性灾害中遭遇困难的人们募集款物而举办的不以营利为目的的演出活动。义赛是指将广告赞助、门票收入、参赛者奖金等衍生收入的全部或部分,移交给慈善组织和受捐单位的文化体育赛事。义卖是指个人或团体以支持慈善事业为目的,无偿提供物品用于出售,将所获收益捐赠用于慈善事业的活动。②公共媒体募捐。例如,通过广播、电视、报刊、互联网等媒体发布募捐信息。无论是广播、电视、报刊等传统媒体形式,还是微博、微信等新媒体形式,都在扩大了募捐信息传播范围的同时,缩短了募捐信息传播和资金筹集的速度。③其他公开募捐方式,如上门募捐、街头募捐、发送劝募短信和邮件等方式。许多知名的国际非营利组织如 WCS(Wildlife Conservation Society),会对客户或会员的信息进行分析和筛选,再有针对性地通过电子邮件进行劝募,得到了许多捐赠人的积极回应。

除了面向公众进行公开募捐,慈善组织还可以在发起人、理事会成员和会员等特定对象的范围内开展定向募捐。从字面上看,《慈善法》规定的定向募捐的范围可能比之前的《基金会管理条例》所规定的"不得面向公众募捐"的"非公募"范围要窄。目前政府部门普遍持缩小解释的态度,如果慈善组织开展定向募捐,只能在发起人、理事会成员、会员等特定对象范围内进行。

当然,学术界也有不同看法,有部分学者认为定向募捐的范围不限于上面列举的三类对象,还可能包括其他对象,例如与慈善有特定利害关系的单位或者个人,如慈善组织的发起人所在的单位,与慈善组织经常发生交易关系的单位,等等①。

按照《慈善法》的规定,定向募捐不得采取或变相采取上文列举的公开募捐的方式,以此防范假借定向募捐之名行公开募捐之实,扰乱募捐秩序。然而实践中,义卖、义展、义拍、慈善晚会等这些方式,如果是面向特定对象的,同样可以采取定向募捐。但在进一步

---

① 阚珂.中华人民共和国慈善法释义[M].北京:法律出版社,2016:8.

的官方政策文件出台之前,慈善组织还是应该按照政府部门的意见严格约束自身的定向募捐行为。

(一)公开募捐

1.公开募捐资格

《慈善法》公布之前,只有红十字会和公募基金会可以依法进行公开募捐。其他各类社会团体、基金会和民办非企业单位的募捐行为并无统一的法律规范。各地方政府对此采取的措施不相一致,大致可分为备案制、许可制以及备案兼许可制。备案制要求募捐的组织要在开展募捐之前将募捐方案向活动所在地的民政部门进行备案,例如上海;许可制要求募捐组织在开展募捐活动前取得许可证,例如江苏;备案兼许可制,顾名思义,则是将两种制度相结合,根据不同的主体采取不同的制度,例如广州规定红十字会、慈善组织和公募基金会采用备案制,而其他主体适用许可制。

我国慈善组织数量多且良莠不齐,社会公信力普遍不是很高。为避免其中某些组织利用慈善名义做出挪用、滥用募捐的资金和物品等违法违规、降低社会公信力的行为,《慈善法》选择了较为严格的许可制以规范公募行为。

根据《慈善法》规定,获得公开募捐资格的方式有两种。

第一,在《慈善法》出台之前就已经根据《基金会管理条例》获得公开募捐资格的公募基金会等组织,会由民政部门直接下发公开募捐资格证书。

第二,《慈善法》出台后成立的慈善组织若能够在登记后依靠发起时的资金和定向募捐等收入顺利运营两年,并同时达到内部治理结构健全且运作规范的要求,方可向其登记的民政部门申请公开募捐资格。民政部发布的《慈善组织公开募捐管理办法》(自 2016 年 9 月 1 日起施行)对于何为"内部治理结构健全且运作规范"进行了明确和细化,其中包含了九个条件,具体如下:

(1)根据法律法规和本组织章程建立规范的内部治理结构,理事会能够有效决策,负责人任职符合有关规定,理事会成员和负责人勤勉尽职,诚实守信;

(2)理事会成员来自同一组织以及相互间存在关联关系组织的不超过三分之一,相互间具有近亲属关系的没有同时在理事会任职;

(3)理事会成员中非内地居民的数量不超过三分之一,法定代表人由内地居民担任;

(4)秘书长为专职,理事长(会长)、秘书长不得由同一人兼任,有与本慈善组织开展活动相适应的专职工作人员;

(5)在省级以上人民政府民政部门登记的慈善组织有三名以上监事组成的监事会;

(6)依法办理税务登记,履行纳税义务;

(7)按照规定参加社会组织评估,评估结果为 3A 及以上;

(8)申请时未纳入异常名录;

(9)申请公开募捐资格前二年,未因违反社会组织相关法律法规受到行政处罚,没有其他违反法律、法规、国家政策行为的。

对于不具有公开募捐资格的组织或者个人，法律也没有完全剥夺其基于慈善目的进行公开募捐的权利，但他们必须与具有公开募捐资格的慈善组织合作，并且由该慈善组织开展公开募捐并管理募得款物。

截至 2020 年 6 月 29 日，我国共有 8209 个慈善组织，其中具有公募资格的慈善组织有 3011 个，所占比例约为 36.7%。

2. 地域限制

《慈善法》草案的一审稿和二审稿中都对实地式募捐进行了地域限制，规定慈善组织的募捐活动只能在其登记的民政部门管辖区域内进行。但实践中，慈善组织的募捐活动往往会超出组织的注册辖区，尤其是具有公募资格的慈善组织与不具有公募资格的慈善组织合作时，很难保证双方都在同一个注册辖区。此外，全国各地经济发展水平高低的不同，导致慈善资源严重不平衡。若将募捐活动限制在注册辖区，很容易导致大量募捐活动集中在经济发达区，而经济欠发达区的慈善组织却无法募得足够的资金。因而最终出台的《慈善法》对此放开了限制，仅要求在注册辖区外进行募捐活动的慈善组织提前向活动所在地的县级以上人民政府民政部门备案，放宽了对募捐活动的地域限制，从而优化了慈善资源的配置。

3. 网络募捐

成本低、受众广、传播快等特点使得互联网募捐成为许多慈善组织开展募捐活动的首选，尤其是小型慈善组织。据统计，2018 年慈善组织通过腾讯公益募款 17.25 亿元，通过蚂蚁金服募款 6.7 亿元，通过阿里巴巴公益募款 4.4 亿元，通过新浪微公益、京东公益、公益宝、新华公益、轻松公益、联劝网、广益联募、美团公益、水滴公益等平台，募款金额均达千万元级[①]。相比传统的募捐方式，互联网募捐有其不可忽视的优势，但同时也存在着很多风险。各种有关募捐的虚构和欺诈性信息不断地在瓦解社会公众对于慈善组织和慈善事业的信任。首先，互联网的虚拟性使得募捐方与捐赠方的信息不对称。募捐信息的来源、募捐组织的资质以及善款的用途等都是捐赠方在捐赠前需要考量的重要信息，然而在互联网这个平台上是很难确认这些关键信息的真实性的。其次，互联网的创新性使得募捐形式越来越多元化。行走捐、阅读捐、积分捐等新形式层出不穷，在带动公众参与积极性的同时，也带来了许多新问题。因而一个合理有效的规范互联网的法律制度就显得很有必要了。

《慈善法》对于互联网募捐做出了两个方面的重要规定。

第一，互联网募捐信息必须在国务院民政部门统一或指定的慈善信息平台发布，是否在慈善组织自己的网站发布由慈善组织自己决定。这样一来，民政部门就很容易对平台进行集中统一的管理和审查，从而提升公众对于募捐活动的信任度。

---

① 民政部：2018 年互联网平台募捐善款超 31.7 亿元[EB/OL].（2019-04-05）. http://gongyi.people.com.cn/n1/2019/0405/c151132-31015085.html.

根据民政部公告第 434 号、459 号、478 号、485 号和 516 号文,我国一共有以下 30 个民政部指定的慈善组织互联网公开募捐信息平台(见表 3-1)

表 3-1　民政部指定的慈善组织互联网公开募捐信息平台

编号	平台名称	运营主体
1	腾讯公益	腾讯公益慈善基金会
2	阿里巴巴公益	阿里巴巴公益基金会
3	支付宝公益	蚂蚁科技集团股份有限公司
4	新浪微公益	北京微梦创科网络技术有限公司
5	轻松公益	北京轻松筹网络科技有限公司
6	京东公益	网银在线(北京)科技有限公司
7	中国社会扶贫网	社会扶贫网科技有限公司
8	百度公益	百度在线网络技术(北京)有限公司
9	公益宝	北京厚普聚益科技有限公司
10	新华公益	新华网股份有限公司
11	联劝网	上海联劝公益基金会
12	广益联募	广州市广益联合募捐发展中心
13	美团公益	北京三快云计算有限公司
14	滴滴公益	北京小桔科技有限公司
15	中银公益	北京中银慈善基金会
16	融 e 购公益	中国工商银行股份有限公司
17	水滴公益	北京水滴互保科技有限公司
18	苏宁公益	江苏苏宁易购电子商务有限公司
19	帮帮公益	中华思源工程扶贫基金会
20	易宝公益	易宝支付有限公司
21	字节跳动公益	北京字节跳动科技有限公司
22	小米公益	小米科技有限责任公司
23	亲青公益	中国青少年发展基金会
24	哔哩哔哩公益	上海宽娱数码科技有限公司
25	平安公益	深圳市平安公益基金会
26	360 公益	北京奇保信安科技有限公司
27	中国移动公益	中移在线服务有限公司
28	芒果公益	湖南快乐阳光互动娱乐传媒有限公司
29	慈链公益	佛山市顺德区慈善组织联合会
30	携程基金	上海携程商务有限公司

2018年,互联网募捐信息平台共为全国1400余家公募慈善组织发布募捐信息2.1万条,网民点击、关注和参与超过84.6亿人次,募集善款总额超过31.7亿元,同比2017年增长26.8%[①]。

第二,平台运营商要承担验证义务。广播、电视、报刊以及网络服务提供者、电信运营商,应当对利用其平台开展公开募捐的慈善组织的登记证书、公开募捐资格证书进行验证。在信息发布之前对发布者的资质进行审核,这可以有效避免虚构及欺诈性的募捐信息。

4. 程序性要求

慈善组织在举行公开募捐活动时,除了需要满足上述对于资格、地域及平台等前置性条件,还要遵守备案、信息公开等程序上的要求。

首先,慈善组织需要在开展活动10日之前将募捐方案报该组织登记的民政部门备案。若是在异地进行公开募捐,则需要在开展活动所在地的县级以上民政部门备案。根据《慈善法》规定,募捐方案包括募捐目的、起止时间和地域、活动负责人姓名和办公地址、接受捐赠方式、银行账户、受益人、募得款物用途、募捐成本、剩余财产的处理等。由于慈善组织在申请公募资格时已经接受过审核,因此法律在此处只要求了备案,以此促使慈善组织自主规范募捐活动,同时也为民政部对募捐活动的监督提供了依据。

其次,慈善组织还应对募捐信息进行公开。需要公开的信息包括组织名称、公开募捐资格证书、募捐方案、联系方式和募捐信息查询方法等。即使在募捐活动结束后,慈善组织依然负有公开信息的义务,以充分保证捐赠人的知情权。《慈善法》规定:"公开募捐周期超过六个月的,至少每三个月公开一次募捐情况,公开募捐活动结束后三个月内应当全面公开募捐情况。"

5. 禁止性规定

公信力是慈善组织及慈善事业得以发展的力量源泉。影响我国慈善组织公信力的因素有很多,比如慈善法律尚不完善、慈善组织官办色彩浓、慈善组织使命感丧失以及信息公开不充分等。为了提高捐赠人及潜在捐赠人进行慈善捐赠的积极性以及对慈善事业的公信力,《慈善法》还规定了三个方面的禁止性行为。

《慈善法》第三十一条规定:"开展募捐活动,应当尊重和维护募捐对象的合法权益,保障募捐对象的知情权,不得通过虚构事实等方式欺骗、诱导募捐对象实施捐赠。"第三十二条规定:"开展募捐活动,不得摊派或者变相摊派,不得妨碍公共秩序、企业生产经营和居民生活。"如有违反,依据《慈善法》的规定,相关责任方将会被行政处罚。

其实,这不是第一次有这样的规定了,因为摊派或者变相摊派严重违反了捐赠的自愿性原则。《公益事业捐赠法》第四条也规定:"捐赠应当是自愿和无偿的,禁止强行摊派或者变相摊派,不得以捐赠为名从事营利活动。"

---

① 民政部:2018年互联网平台募捐善款超31.7亿元[EB/OL]. (2019-04-05). http://gongyi. people. cn/n1/2019/0405/c151132-31015085. html.

此外,《慈善法》还禁止通过虚构事实等方式欺骗、诱导募捐对象实施捐赠,禁止任何组织或者个人假借慈善名义或者假冒慈善组织开展募捐活动,骗取财产。

(二)定向募捐

不同于公开募捐,慈善组织自登记之日起就可以开展定向募捐。定向募捐是慈善组织与生俱来的权利。之所以这样规定,是因为慈善组织在建立初期的内部制度管理及社会公信力都很难达到能够取得公募资格的要求标准,而起步阶段又往往是慈善组织运行的艰难期,无论是内部治理,还是对外开展活动都需要资金上的支持。如果不赋予慈善组织开展定向募捐的权利,就会在根源上限制慈善组织的发展。虽然《慈善法》规定的定向募捐范围较小,仅限在发起人、理事会成员和会员等特定对象的范围内进行,但还是在一定程度上缓解了慈善组织在建立初期的资金压力。

慈善组织在进行定向募捐时依然要遵守信息公开的相关规定,应向募捐对象说明募捐目的和募得款物用途等。

早期中国非公募基金会数量较少,主要原因包括:中国过去的经济发展水平较低,个人和企业的财力有限,而且慈善意识也比较薄弱;同时,政府对于非公募基金会并未提供充足的支持①。2004年《基金会管理条例》实施之后,非公募基金会慢慢地开始发展起来。2016年《慈善法》实施后,更进一步地取消了非公募基金会这个分类方式和公募权限制,向所有符合法定条件的基金会开放了公开募捐资格的申请。

(三)法律责任

依据《慈善法》第一百零一条的规定:"开展募捐活动有下列情形之一的,由民政部门予以警告、责令停止募捐活动;对违法募集的财产,责令退还捐赠人;难以退还的,由民政部门予以收缴,转给其他慈善组织用于慈善目的;对有关组织或者个人处二万元以上二十万元以下罚款:(一)不具有公开募捐资格的组织或者个人开展公开募捐的;(二)通过虚构事实等方式欺骗、诱导募捐对象实施捐赠的;(三)向单位或者个人摊派或者变相摊派的;(四)妨碍公共秩序、企业生产经营或者居民生活的。"

同样,依据上述第一百零一条的规定,广播、电视、报刊以及网络服务提供者、电信运营商未履行《慈善法》第二十七条规定的验证义务(包括查验慈善组织登记证书、公开募捐资格证书等)的,由其主管部门予以警告,责令限期改正;逾期不改正的,予以通报批评。

2018年11月30日,民政部印发了《公开募捐违法案件管辖规定(试行)》,对具有公开募捐资格的慈善组织在公开募捐活动中发生的违法案件、不具有公开募捐资格的慈善组织或者其他社会组织违法开展公开募捐活动的案件,以及社会组织以外的组织或者个人违法开展公开募捐活动的案件这三类公开募捐违法行为的管辖进行了规定,以便相应的民政部门及时查处相关违法行为,维护慈善募捐管理秩序。

---

① 马昕.非公募基金会及其管理体制研究[J].中国民政,2004(6):40.

思考题

(1)如何区分慈善募捐与个人求助行为？

(2)公开募捐和定向募捐各自的优缺点是什么？

第二节 慈善捐赠

一、慈善捐赠概述

捐赠为慈善事业提供了大量的资源,是其生存和发展的基础,同时捐赠水平也体现了公众参与慈善的程度。现代慈善捐赠作为"第三部门"资源,具有市场机制和公共财政所不可替代的独特功能,实现了对社会资源的第三次分配,以弥补市场的首次分配和政府第二次分配的不足,促进了社会公平①。

与发达国家相比,中国的慈善捐赠起步较晚,自 20 世纪 90 年代才得以发展。此后十多年来,社会捐赠在规模、形式、结构等方面有了一定的改善,但仍存在捐赠规模小、捐赠主体错位、慈善主体不明确、管理体制落后、公众参与率低等多种问题②。中国慈善联合会发布的《2020 年度中国慈善捐赠报告》中的数据显示,2020 年,我国共接受境内外慈善捐赠 2253.13 亿元人民币。其中,内地接受款物捐赠共计 2086.13 亿元。企业和个人仍然是我国慈善捐赠的主要力量,分别贡献了 1218.11 亿元、524.15 亿元,合计占捐赠总额的 83.52%。2020 年,美国共接受捐赠 4714.4 亿美元,其中个人捐赠占据了总捐赠的约 69%,共计 3241 亿美元③。

导致中西方慈善捐赠水平发展不同步的原因中,传统文化价值是不可忽视的重要因素之一。西方基督教文化强调个体应把自己的财富或收入的十分之一捐献给教会或救济穷人,即所谓的什一税传统。基督教认为个人只是上帝财富的委托保管者,当富人们的财富累积到一定数量后,应将一部分财富捐赠给社会,以回报上帝。因此西方的慈善捐赠中除了个人的选择,还存在一定的他律因素。而中国的慈善理念则多根植于以"仁爱"为中心的儒家文化。行善是为了积累善报,即所谓的"行善积德",但这种善行是建立在宗法血缘关系之上的,会随着血缘、族缘和地缘关系的亲疏而变化④。与西方相比,中国的传统文化具有纯粹自律导向性以及亲疏有别的差序格局等特点⑤,由此引发的慈善行为也会有所不同。近年来,中国经济迅速发展,捐赠领域也发生了诸多变化,主要体现为捐赠数额的大幅上升、非公

---

① 高鉴国.中国慈善捐赠机制研究[M].北京:社会科学文献出版社,2015:24.

② 高鉴国.中国慈善捐赠机制研究[M].北京:社会科学文献出版社,2015:8.

③ Giving USA Foundation 2020[EB/OL].[2021 - 11 - 06].http://givingusa.org/wp-content/up-loads/2021/06/GUSA2021_Infographic_Digital.pdf.

④ 周中之.当代中国慈善伦理的价值及其理论建构[J].齐鲁学刊,2013(1):64 - 68.

⑤ 高鉴国.中国慈善捐赠机制研究[M].北京:社会科学文献出版社,2015:142.

募基金会的快速崛起以及运行和管理体系的逐渐完善等。同时,新的困境与挑战也在不断涌现,如捐赠事业的专业化和职业化仍有待加强,以及捐赠的税收减免政策及其配套措施仍有待完善等。

二、我国对慈善捐赠的规范

《慈善法》所称慈善捐赠指自然人、法人和其他组织基于慈善目的,自愿、无偿赠与财产的活动。

慈善捐赠应具有以下特征:第一,自愿性。捐赠这一行为的发生是捐赠人个人或集体的意志的结果,而不是强行摊派,更不应该与"捐赠最低标准"等口号有所联系。第二,无偿性。与销售和买卖不同。捐赠人的捐赠行为是不以得到回报为要求的。但不要求回报并不等于没有动机或要求,例如,很多捐赠人在捐赠时都会与接受捐赠的机构或组织签订捐赠协议,并在其中明确规定捐赠财产的用途和适用范围,以确保其被合理使用,即所谓的定向捐赠。因此,区分的关键在于捐赠人的要求。有些捐赠方会以捐赠为企业形象、产品做广告,但这其实是赞助行为而非《慈善法》中的捐赠行为。第三,基于慈善目的。捐赠方为了帮助《慈善法》第三条规定的公益活动而进行的捐赠才属于慈善捐赠,否则只是一般的赠与行为。第四,捐赠的只能是财产。广义的捐赠中,除了捐赠钱财,还有很多其他帮助公益活动的方式,比如无偿贡献劳务。但捐赠劳务和捐赠财产两者存在较大差别,两者在管理和规范上会有很多不同,因而《慈善法》在此处对慈善捐赠做了狭义解释,而将捐赠劳务定义为慈善服务,另做了规定。

前文提到了"基于慈善目的"是区分慈善捐赠与一般赠与行为的重要因素。除此之外,还有三个因素可以帮助区分这两个概念。首先,民事赠与中受赠人一般即为受益人,而慈善捐赠中的受赠人却往往是慈善组织,受益人是该慈善组织资助的人,两者是独立分开的。但这一点讨论的只是大部分情况,并不是绝对的。有许多慈善捐赠者也会选择直接捐赠给受益人。虽然直接面向受益人的捐赠行为在实践中难以统计和监管,但为了鼓励捐赠行为,《慈善法》并没有将其排除在慈善捐赠的概念之外。其次,慈善捐赠中的捐赠人对受益人不能负有法定救助义务,而民事赠与则没有这一项要求。最后,根据《慈善法》规定,慈善捐赠的捐赠人和受赠的慈善组织均享有税收优惠,但民事赠与的参与者不享有此项优惠。慈善捐赠将优先适用《公益事业捐赠法》《慈善法》等特别法,在特别法中没有规定的情况下,适用一般法《民法典》。而民事赠与只适用《民法典》。

(一)捐赠人的义务和权利

1.捐赠财产的合法性

为保证第三人的合法权益,捐赠人只能对其合法取得的且拥有处分权的财产进行捐赠,否则捐赠行为无效。而有权处分不仅仅指捐赠人对捐赠财产享有处分权,还要求捐赠人具有处分该财产的完全行为能力。捐赠人捐赠的财产可以是货币,也可以是其他各种形式的财产,比如实物、证券和股权等。根据某些财产自身特定的性质,《慈善法》做出了进一步的规定。捐赠人捐赠作品的,由于作品不仅包含物权,还包含了著作权,因此捐赠人应在捐赠时对捐赠的权利做出明确规定。捐赠物为实物的,该物必须有使用价值,而且应当符合相关国家标准或行业标准,比如药品。新冠肺炎疫情等灾害发生后,药品、医疗器械等往往占据了捐赠物的大部分。这些药物和器械如果不符合国家标准或行业标准,反而会给灾区增加困难,与慈善目的相违背。若捐赠物为捐赠企业自己的产品,该产品除了要符合相关的国家标准和行业标准,捐赠企业还应为其产品承担质量安全责任和义务。同时,捐赠人还应保证其捐赠的财产不属于法律法规禁止的物品。《慈善法》特别规定了任何组织和个人不得利用慈善捐赠宣传烟草制品,以落实我国的控烟目标和联合国《烟草控制框架公约》的规定。

2. 受益人的合法性

实践中很多慈善捐赠都属于定向捐赠,即捐赠人会在捐赠时明确捐赠财产的用途或受益人。为避免捐赠人借机谋取私利,法律规定捐赠人不得指定其利害关系人作为受益人,否则受赠方可以拒绝。这一规定不仅保证了慈善捐赠的公益性,也杜绝了捐赠人以捐赠为由享受税收优惠的骗税行为。

3. 遵守捐赠协议

捐赠人在捐赠时可以要求与受赠人签署捐赠协议,以保障双方的合法权益,同时方便对捐赠财产的管理进行监督。

捐赠协议既可以是口头的,也可以是书面的。捐赠协议的内容由捐赠人和受赠人双方约定,但应包括捐赠人和慈善组织名称,捐赠财产的种类、数量、质量、用途、交付时间等内容。捐赠协议与民事赠与合同有一定的相似性,但也要注意区分。《民法典》第六百五十八条规定了"赠与人在赠与财产的权利转移之前可以撤销赠与",由此看出民事赠与合同属于实践性合同,在赠与财产权利转移之前是不产生效力的。而《慈善法》规定的捐赠协议属于诺成性合同,双方一旦签订即生效。

实践中,诺而不捐的现象时常发生,严重损害了社会公众对慈善事业的信任,不利于慈善事业的长远发展。因此,《慈善法》明确规定了捐赠人履行捐赠承诺的义务,并列明了受赠人可以依法向人民法院申请支付令或者提起诉讼的两种情况:第一,捐赠人通过广播、电视、报刊、互联网等媒体公开承诺捐赠的;第二,捐赠财产用于扶贫、济困,扶老、救孤、恤病、助残、优抚,救助自然灾害、事故灾难和公共卫生事件等突发事件造成的损害的慈善活动,并签订书面捐赠协议的。但是不可否认,捐赠人在做出捐赠承诺后经济情况显著恶化的可能性也会存在,因此法律允许捐赠人在这种情况下,经向公开承诺捐赠地或书面捐赠协议签订地的民政部门报告并向社会公开说明情况后,可以免除捐赠义务。

4. 权利及救济途径

对捐赠人权利的保护也就是对慈善捐赠行为的保障。在整个慈善捐赠过程中,最关键的就是保证捐赠财产用于规定的范围内,因而保障捐赠人的知情权和监督权就尤为重要了。一方面,法律规定了受赠人大量的信息公开义务,包括了向社会公开和向捐赠人反馈捐赠财产使用情况。另一方面,法律也赋予了捐赠人主动查询、复制其捐赠财产使用管理情况资料的权利。对于受赠人滥用捐赠财产或擅自改变用途的行为,捐赠人可要求其改正。受赠人拒不改正时,捐赠人可向民政部门投诉、举报或者向人民法院起诉。

捐赠财产的属性在学术界尚有争议,具体可见本书第五章"慈善财产"的内容。有学者提出,捐赠财产是社会公共财产,既不是个人财产、集体财产,也不是国有资产,它是属于社会权利范畴的一种公益产权。由于捐赠财产的社会公共属性,国际通行的原则是捐赠财产不返还捐赠人。《德国民法典》第534条规定:"合于道德上的义务或利益上所作考虑的赠与,不得请求返还和撤回。"

我国对于受捐赠方违反合同约定时,捐赠人是否拥有对捐赠财产的撤销权,目前仍存在不同看法。

一种意见认为,捐赠方拥有撤销权。

依据《民法典》第六百六十三条明确规定,在受赠方不履行赠与合同约定的义务时,捐赠方可以撤销赠与。依据《民法典》第一百五十七条的规定:"民事法律行为无效、被撤销或者确定不发生效力后,行为人因该合同取得的财产,应当予以返还;不能返还或者没有必要返还的,应当折价补偿。有过错的一方应当赔偿对方因此所受到的损失;各方都有过错的,应当各自承担相应的责任。法律另有规定的,依照其规定。"据此,在民事赠与中,如果受赠方不履行赠与合同约定的义务,捐赠方可以撤销赠与。

《慈善法》第四十二条规定,慈善组织违反捐赠协议约定的用途,滥用捐赠财产的,捐赠人可以要求其改正;拒不改正的,捐赠人有权向民政部门投诉、举报或者向人民法院提起诉讼。

就以上两条款内容本身而言,其主要是强调,除了司法救济之外,还有行政救济这种途径,法律并没有直接限制捐赠人本身享有的其他权利,包括撤销权。因而,在特别法中没有明确提出禁止的情况下,理论上捐赠人仍然享有《民法典》中的赠与撤销权。

在2000—2002年发生的美国妈妈联谊会与丽江妈妈联谊会之间的捐赠合同纠纷案中,法院的判决中肯定了捐赠人的撤销权。二审的云南省高级人民法院认为,一审法院丽江地区中级人民法院未按照《中华人民共和国合同法》(《民法典》通过后失效)中的撤销权原则判决返还,属于法律适用错误,最终判决丽江妈妈联谊会将未按照美国妈妈联谊会捐赠意愿使用的907890元返还给美国妈妈联谊会。

另一种意见则认为,捐赠方没有撤销权。因《慈善法》未明确赋予捐赠人撤销权,且《公益事业捐赠法》第二十八条又规定,受赠人未征得捐赠人的许可,擅自改变捐赠财产的性质、用途的,由县级以上人民政府有关部门责令改正,给予警告。拒不改正的,经征求捐赠人的意见,由县级以上人民政府将捐赠财产交由与其宗旨相同或者相似的公益性社会团体或者公益性非营利的事业单位管理。可见,目前在法律上,慈善捐赠和民事赠与存在区别,因而在受赠人违反捐赠协议的情况下,捐赠人仅可以选择采取《慈善法》和《公益事业捐赠法》中赋予捐赠人的行政救济或司法救济这两种途径,但不能要求返还捐赠财产,捐赠财产的性质和用途不能改变。

(二)受赠人的权利和义务

为保证慈善捐赠依法进行,受赠人有权对捐赠人及其捐赠财产进行审查,而且有权要求捐赠人出示相关证明材料。审查不合格的,受赠人有权拒绝捐赠人的捐赠行为。一旦捐赠人及其捐赠财产通过审查,被受赠人接受,受赠人就需要严格履行法律的规定以及捐赠协议约定的各种义务,包括信息公开、开具捐赠票据等。

向捐赠人开具财政部门统一监(印)制的捐赠票据是慈善组织作为受赠人的一项重要义务。依据《慈善法》和《公益事业捐赠票据使用管理暂行办法》的相关规定,捐赠票据应载明捐赠人、捐赠财产的种类及数量、慈善组织名称及经办人姓名等。之所以将开具捐赠票据作为一项法定义务,是因为捐赠票据不仅是捐赠行为的一种书面凭证,也是重要的会计核算原始凭证和财政、税务、审计、检查等部门进行监督检查的依据。

(三)通过经营性活动进行捐赠

随着慈善事业的发展,慈善组织不再是慈善领域内的唯一主角,越来越多的企业也参与到了慈善领域中来。企业的参与往往会给慈善事业及其自身带来双赢的结果。其中比较典型的就是通过经营性活动进行捐赠,即将通过销售、拍卖和演出等经营性活动获得的收入全部或部分捐赠于慈善事业。这不仅促进了慈善事业的发展,也给捐赠企业的品牌和声誉带来了一定好处。但实践中,很多企业在做出捐赠的声明、获得社会大众的好感并因此提高声誉后,就对捐赠的事项闭口不提了。为了防止企业这种只说不做的"搭便车"行为,《慈善法》特意做出了以下规定:第一,捐赠方应在举办活动前与受赠人签订捐赠协议,以证明捐赠的承诺是真实存在且有据可依的;第二,活动结束后,捐赠方应严格按照捐赠协议履行捐赠义务;第三,遵循信息公开的原则,捐赠方和受赠人要在捐赠后就捐赠情况向社会公开。

(四)公益专项基金

众所周知,我国法律对于基金会的设立要求、监督管理是比较严格的,这就导致了基金会的成立和运作成本比较高,因此一些大额资金捐赠者都会退而求其次,在基金会或公益性社会团体中成立专项基金会。

专项基金,是指基金会和具有公益性捐赠税前扣除资格的社会团体根据发起人意愿,在本组织设立、实行专款专用,为某一特定公益事业设立的专用资金池。专项基金一般由基金会托管,"基金会-专项基金"结构是最常见的形式。专项基金接受基金会和社会团体的统一管理,不具备独立的法人资格。

目前,与专项基金的设立、运作的监督管理最为相关的规定是民政部于2015年12月24日公布的《民政部关于进一步加强基金会专项基金管理工作的通知》(以下简称《专项基金通知》)。《专项基金通知》对专项基金的法律地位、设立、名称使用、管理、信息公开、退出机制等提出较详细的要求。

专项基金由于具有设立门槛低、运作机制灵活、运作成本低的优点,作为设立基金会的替代选择,成为企业与慈善家重要的慈善工具之一。许多著名的公益项目也是先设立专项基金,在项目发展成熟后,再设立基金会等形式。例如壹基金,原属于中国红十字会"李连杰壹基金计划",由中国红十字会"博爱大使"李连杰发起,是在中国红十字总会架构下独立运作的慈善计划和专案。2010年12月3日壹基金在深圳落地,获深圳市民政局批准,正式成立深圳壹基金公益基金会。

基金会或社会团体设立专项基金之前,可以对发起方进行尽职调查。同时在设立、管理专项基金时需要注意如下合规要点。

(1)专项基金的活动符合基金会和社会团体的宗旨和业务范围。专项基金本质上属于基金会和社会团体下设的项目,因此专项基金的活动不得超越基金会和社会团体的宗旨和业务范围。例如中国红十字会基金会嫣然天使基金,其设立宗旨是为了救助贫困家庭的唇腭裂患者,符合中国红十字会基金会"协助政府改善贫困地区的医疗卫生条件,关注和保护人的生命与健康"的业务范围。

(2)建立健全内部制度。基金会和社会团体设立专项基金前,应当制定专项基金管理制度,在其中具体规定专项基金的设立门槛、管理要求。基金会和社会团体应当加强其专项基金的名称使用管理。

(3)签订专项基金设立协议。设立专项基金,应以签订协议的方式明确专项基金的设立目的、财产使用方式、各方的权利责任、终止条件和剩余财产的处理等。

(4)定期清理整顿。定期对下设专项基金进行清理整顿,对于长期不开展活动、管理不善的专项基金要及时督促整改,必要时应当予以终止。

(5)专项基金财务上独立。专项基金的收支应当全部纳入基金会和社会团体的账户,不得使用其他单位、组织或个人账户,不得开设独立账户和刻制印章。专项基金下不得再设立其他专项基金。

对专项基金的设立和终止信息、管理架构和人员信息、开展的募捐和公益资助项目等信息应依照有关法律法规进行全面及时披露。基金会和社会团体通过年度工作报告和其他方式就专项基金的情况进行报告、接受监管。

思考题

(1)慈善捐赠与民事赠与的区别是什么?

(2)假设你是一个捐赠人,想要在某基金会设立专项基金,你会在设立前向基金会了解哪些信息?

本章重点概念

(1)慈善募捐,指慈善组织基于慈善宗旨募集财产的活动,包括面向社会公众的公开募捐和面向特定对象的定向募捐。

(2)公开募捐,指慈善组织以慈善为目的,向社会公众募集款物的行为。

（3）定向募捐，指慈善组织以慈善为目的，在发起人、理事会成员和会员等特定对象的范围内进行的募集款物的行为。

（4）慈善捐赠，指自然人、法人和其他组织基于慈善目的，自愿、无偿赠与财产的活动。

（5）专项基金，指基金会和具有公益性捐赠税前扣除资格的社会团体根据发起人意愿在本组织设立、实行专款专用、为某一特定公益事业设立的专用资金池。

拓展阅读

[1]陆璇，林文漪.中国慈善法手册[M].北京：法律出版社,2019.

[2]高鉴国.中国慈善捐赠机制研究[M].北京：社会科学文献出版社,2015.

[3]王振耀.中华人民共和国慈善法评述与慈善政策展望[M].北京：法律出版社,2016.

[4]罗伯特·伯姆纳.捐赠：西方慈善公益文明史[M].褚蓥,译.北京：中国法制出版社,2016.

第四章　慈善信托

本章内容概要

　　现代意义上的信托起源于 13 世纪英国的"用益"（use）制度，并且在 14 世纪末到 15 世纪初，该制度借衡平法院得到了进一步的完善和发展。之后同样在英国，为了应对当时社会上日益加剧的贫困问题，慈善信托应运而生。

　　中国的法律体系中不存在"衡平"的概念，因此，慈善信托在中国一直处于缓慢发展的阶段，直至 2016 年 3 月 16 日《慈善法》正式颁布。《慈善法》及其各项配套管理办法从慈善信托的定义、慈善目的、参与主体、备案制度、信息公开制度等各个维度均做了详细规定，为慈善信托的切实、规范运行提供了有力支撑。尽管如此，在法律规定层面上，中国信托财产的所有权归属不明确、独立性难以得到保障。在实践层面上，信托财产的产权登记难、税收优惠政策缺位等诸多问题表明中国慈善信托的发展仍存在很大的进步空间。

第一节　慈善信托概述

一、慈善信托的起源与发展

（一）信托的产生

　　信托是一项有关财产的制度，私有制出现后，财产所有人便面临着财产的管理、处分和继承等问题，而委托他人管理则是财产管理的众多方式之一。一般认为，有文字记载的最早的信托行为起源于距今数千年前的古埃及。在公元前 2548 年，古埃及人立下遗嘱，指定其妻继承财产，子女为受益人，即以遗嘱的方式将自己的财产传承给下一代。尽管该行为更类似于遗嘱继承，但从信托要素的角度看，立遗嘱人为委托人，其妻为受托人，其子女为受益人，信托财产即遗嘱中所涉及的相关财产，信托目的即传承财产，因此可视为一个完整的信托行为，但尚不足以构成一个完整的制度。

　　而真正的信托制度的起源有两种观点。一种观点认为信托制度起源于罗马法中的"遗产信托"制度。当时的罗马法规定，"外来人"、奴隶等不具有遗产继承权。为了避免这一问题，当时的人们选择将其财产托付给第三方，由第三方为其不具有遗产继承权的伴侣或子女的遗产进行管理。这一"遗产信托"制度已经比较符合现代意义上的信托，并且首次以法律的形式予以确定。

另一种观点则认为信托制度起源于英国法项下的"用益"(use)制度。中世纪的英国处于封建制度下的农业社会,土地是十分重要的财产,这引发了封建领主与教会的矛盾和封建领主与农民的矛盾。当时的封建领主除了有权向农民收取地租外,还有权在无继承人的农民死后将其土地收回。而且根据当时的"长子继承制",若拥有继承权的长子在其父死时尚未成年,则必须由封建领主对其进行监护并享有土地收益,直至该长子成年。在成年之时,该继承人还必须在规定期限内向领主交纳一笔不菲的土地继承税,否则该土地便归领主所有。另一方面,日益扩大的教会吸引了众多农民成为教徒,并将自己的土地捐给了教会,从而损害了封建领主的利益。国王因此颁发了"没收令",以禁止教徒向教会捐赠土地。农民和教徒为了规避封建赋税并保护自己对土地的所有权以及向教会捐赠土地的权利,便创造出了用益制度。通过用益制度,农民将土地转让给受让人,要求受让人管理土地,并将收益交给教会或者自己的子女。

此后,用益制度被广泛运用,但普通法院认为受让人为财产的绝对所有者,不承认转让人或者受益人的权益,导致受损害的人在受让人违背承诺的情况下无法得到救济。直至14世纪末15世纪初,衡平法院开始对用益制度提供了法律救济与保护,并且为用益的产生方式、受益人的资格、受益人的权益性质等各方面的完善和发展做出了巨大贡献。

针对用益制度的普及以及衡平法院的保护与救济,原有土地继承制度项下国王和封建领主的土地收益锐减。为了应对这一被动处境,亨利八世于1536年颁布了著名的《用益权法》(Statute of Uses),对用益制度加以限制。经过进一步的演化发展,现代意义上的信托制度在16世纪基本成型。

(二)慈善信托的起源

慈善信托是信托的一个子概念,同样也起源于英国。《用益权法》的颁布是英国信托制度发展的关键,自此用益开始向信托转变,而此时慈善用益已成为慈善捐赠对象获得慈善利益的唯一形式[①],因为在此之前通过的处理贫困问题的法案对乞讨行为实施了许可证制度,未经批准授权的乞讨和流浪将受到严厉的法律制裁。在用益制度稳定发展后,英国历史上最重要的慈善信托立法之一——1601年修订的《慈善用益法》(The Charitable Use Act)正式出台。

该法律第一次从法律视角描述了慈善的范围,即"救助年迈、体弱和贫穷的人们;照顾患病者与伤残的军人;维护学校,设立免费学校;修复桥梁、港口、避难所、堤坝、教堂和公路;资助孤儿的教育与成长;促进教养院的建立与维护;资助贫困仆役的婚姻;资助年轻的小商贩、手工业者和伤残人士;对囚犯和俘虏进行救济"等。尽管该法律被1888年的《永久营业权与慈善用益法》所取代,但该序言中所列的慈善目的,为英国法律制度中对"慈善目的"的定义提供了最初的基础,并在很大程度上通过判例法的方式得到了沿用。

---

① 中国信托业协会.慈善信托研究[M].北京:中国金融出版社,2016:12.

对于慈善信托的定义,英国在 2000 年《英国受托人法案》中规定为"慈善信托是为了慈善目的而持有财产的信托"[1],而与英国信托制度一脉相承的美国则在《美国信托法》中明确"慈善信托是关于财产的一种信赖关系,该财产是因当事人意思表示而设立,同时委托他人管理该财产,并使该人负有为慈善目的而处理该财产的权利"[2]。日本也将慈善信托翻译为公益信托,两者无实质差别。但在中国,根据《慈善法》的规定,慈善信托属于公益信托,指委托人基于慈善目的,将其财产委托给受托人,由受托人按照委托人意愿,以受托人名义进行管理和处分,开展慈善活动的行为。表 4-1 根据《信托法》和《慈善法》的相关规定,对慈善信托和公益信托进行了比较[3]。

表 4-1 根据《信托法》和《慈善法》对公益信托和慈善信托进行的比较

信托种类 / 比较项目	公益信托	慈善信托
法律依据	《信托法》	《慈善法》
目的	救济贫困;救助灾民;扶助残疾人;发展教育、科技、文化、艺术、体育事业;发展医疗卫生事业;发展环境保护事业,维护生态环境;发展其他社会公益事业	扶贫济困;扶老、救孤、恤病、助残、优抚;救助自然灾害、事故灾害和公共卫生事件等突发事件造成的损害;促进教育、科学、文化、卫生、体育等事业的发展;防止污染和其他公害,保护和改善生态环境;符合本法规定的其他公益活动
主管部门	公益事业管理机构	民政部门
设立方式	事前审批	事后备案,慈善信托文件签订之日 7 日内向民政部门备案
受托人	未明确规范,但须受公益事业管理机构审批	慈善组织、信托公司
受托人变更程序	由公益事业管理机构变更受托人	委托人可以变更受托人,但须重新备案
监察人	必须设置监察人,信托事务处理情况、财产报告、终止和清算报告须经监察人认可	监察人为可选项,信托事务处理情况、财产报告、终止和清算报告无须向监察人报告
税收优惠	无规定	不备案不可享受税收优惠
信息公开	至少每年一次报告信托事务处理和财产状况,经监察人认可、公益事业管理机构核准后,发布公告	至少每年一次公告信托事务处理和财产状况,只需上报备案民政部门,无须核准

---

[1] 中国信托业协会.慈善信托研究[M].北京:中国金融出版社,2016:2.
[2] 中国信托业协会.慈善信托研究[M].北京:中国金融出版社,2016:2.
[3] 中国信托业协会.慈善信托研究[M].北京:中国金融出版社,2016:65.

二、慈善信托的特征

慈善信托是信托的其中一种，但相较于其他类型的信托，其主要特征如下。

(一)信托目的的公益性

信托目的的公益性要求慈善信托必须基于慈善目的。慈善目的是慈善信托的核心特征。前文中各国对于慈善信托的定义各不相同，但对公益性的要求却是统一的。

2006 年的《英国慈善法》对 21 世纪的"慈善目的"做了重新审视，并详细列举了 13 类目的。这 13 类目的并不一定具备公益属性，仍需根据英国慈善委员会在后续年间颁布的相关指导意见，通过"公共利益测试"后，方可被认定为"慈善目的"。

美国法律协会于 1935 年出版的《信托法重述》(Restatement of Trusts)中规定，"慈善目的"主要包括"救济穷人、发展宗教、促进教育、提高健康、有助于政府或社会的目的"。《美国联邦税法》第 501 条 C 款第 3 项规定的慈善包括扶贫、发展教育、促进宗教、发展科技、减轻政府负担和提升社区福利等内容，大于一般国家的定义①。

美国有一种颇具特色的混合信托，即分离利益信托。仅从字面意义来看，很容易误认为美国法律下的慈善信托不要求完全的慈善性质。其实不然，这里的分离指信托财产可以按照固定比例同时用于慈善目的和非慈善目的，而只有用于慈善目的的信托财产才可以享受抵税待遇，用于其他目的的财产则不能申请抵税。由于财产可同时用于多个信托目的，对于如何确定税收优惠以及进行监管等方面都有着较高的要求。

中国《慈善法》中规定了六类慈善目的，包括：扶贫、济困；扶老、救孤、恤病、助残、优抚；救助自然灾害、事故灾难和公共卫生事件等突发事件造成的损害；促进教育、科学、文化、卫生、体育等事业的发展；防治污染和其他公害，保护和改善生态环境；符合该法规定的其他公益活动。同时，《慈善信托管理办法》第二十三条还明确规定，慈善信托财产及其收益应全部用于慈善目的，不得包含私益属性。因此在中国的规定下，设立慈善信托的目的可以有多个，但每一个目的都应该是慈善性质的。即使在对慈善信托财产进行保值增值时，也应出于慈善目的。

(二)受益人的不确定性

慈善信托的受益人既可以是人，也可以是某个特定的目的。而且受益人应该是不确定的，委托人只能在慈善信托文件中规定受益人的范围和选定方式。使"不特定的多数人"能够成为慈善信托的潜在受益人，一方面可以保证慈善信托本身的公益属性，而不是为某一私益而设；另一方面也能保证委托人与受益人不具有私益上的联系。目前，这在国内仅是法理上通认的一个理论，而《信托法》和《慈善法》中并无明文规定。而在美国，只要确认受益人是从不确定的群体中挑选出来的，且确实有利于公共利益提升的，个人也可作为受益人。但国

---

① 中国信托业协会.慈善信托研究[M].北京:中国金融出版社,2016:25.

内不少学者认为,中国目前的慈善信托的公信力还比较薄弱,属于提升期,不宜将特定个人作为慈善信托的受益人。

然而,鉴于受益人本身在整个慈善信托关系中处于劣势地位,一方面其存在不确定性,另一方面其对信托财产不具有支配权和管理权。这可能会导致受托人利用其对信托运行的控制权和对信托财产的管理权,违背委托人的意志,损害受益人的权益。在此情况下,需要法律规定及制度设计对此予以补充救济。英美两国采取的救济措施类似。以美国为例,各州的检察长可以以受益人的身份提起诉讼来保护受益人相应的权利。日本则是通过公权力机关提起公益诉讼,从维护公共利益的角度来间接保护受益人。中国的《慈善法》中未对受益人的权益维护进行规定,而目前《中华人民共和国民事诉讼法》(以下简称《民事诉讼法》)中的民事公益诉讼又仅仅局限于消费者保护和环境保护这两个领域,因此对于受益人的保护相对较少。虽然《慈善法》中规定了可选择设立慈善信托监察人,用来制衡受托人,确保其按照委托人的意愿行事,但监察人毕竟不是慈善信托的直接受益者,只能间接地为受益人提供有限的保护。由此看来,加强外部监督以及扩充公益诉讼的范围才能给受益人权益提供有力的保障。

(三)力求近似原则

力求近似原则是慈善信托中的一项特殊制度,用以解决原先的慈善目的因客观原因而无法实现的难题。

《信托法》第七十二条规定,公益信托终止,没有信托财产权利归属人或者信托财产权利归属人是不特定的社会公众的,经公益事业管理机构批准,受托人应当将信托财产用于与原公益目的相近似的目的,或者将信托财产转移给具有近似目的的公益组织或者其他公益信托。《慈善信托管理办法》第四十三条也规定,慈善信托终止,没有信托财产权利归属人或者信托财产权利归属人是不特定的社会公众,经备案的民政部门批准,受托人应当将信托财产用于与原慈善目的相近似的目的,或者将信托财产转移给具有近似目的的其他慈善信托或者慈善组织。相比之下,《慈善信托管理办法》中的规定有了很大的进步,因为它将《信托法》中提到的"公益事业管理机构"明确为备案该慈善信托的民政部门。

思考题

(1)你如何理解慈善信托在推动慈善事业发展中的作用?

(2)慈善目的的定义是否具有历史局限性和政治色彩?全球各个国家是否能采用统一的标准来定义慈善目的?

第二节 慈善信托在中国

一、中国法律框架下的慈善信托

（一）中国慈善信托法律体系的构建

信托制度作为衡平法项下的产物,在很长一段时间内都没有被中国的法律所吸纳,更不用提慈善信托了。直至 20 世纪初,信托制度才传入中国,信托行业在中国经历了几起几落的曲折发展。

1913 年,日本人在东北发起设立的大连取引所信托株式会社,被认为是在中国最早出现的信托机构。1921 年 8 月,中国通商信托公司在上海正式设立,这是中国第一家内资的专业信托机构[①]。其后,信托公司及信托业务在中国有了一次较大规模的发展。截至 1936 年,全国有信托公司 11 家,还有 42 家银行兼营信托业务。

新中国刚刚成立时,百废待兴,信托业也一度停顿,直到改革开放后,才又重新获得了长足的发展。截至 1995 年底,全国具有法人资格的信托机构达 392 家,总资产达 6000 多亿元,约占全部金融资产的 10％[②]。

信托业的发展对促进中国市场经济发挥了积极的作用,有效地达到了利用社会闲置资金、引进外资、拓展投资渠道等目的。但是,因为监督不力、立法滞后等各方面原因,信托行业也出现了不少问题。为此,中国人民银行曾于 1986 年颁布了《金融信托投资机构管理暂行规定》,并且随着市场经济体制的确立和金融体制改革的不断深化,尤其是在金融行业开始推行分业管理的政策之下,专项立法的需求突出。中国自 1993 年 8 月组织成立了信托法起草小组,经过多次审议,第一部《信托法》于 2001 年 4 月 28 日正式颁布。

不同于信托制度的本源——意在衡平,2001 年《信托法》的主要目的是服务于市场经济、发挥金融职能,该法项下的"信托"是一个较为纯粹的商事概念。尽管如此,在营业信托和民事信托之外,《信托法》单设一章规定了"公益信托",这是中国首次以成文法的形式确立了公益性质的信托制度。

可惜的是,在《信托法》颁布实施后,国内的公益信托却始终没有得到很好的发展。究其原因,还是法律规定不够明确,导致操作性低。《信托法》第六十二条明确规定:"未经公益事业管理机构的批准,不得以公益信托的名义进行活动",但却没有明确"公益事业管理机构"具体是哪个部门。尽管社会普遍认为民政部门应承担此任,甚至民政部门自身也持此观点,

---

① 信托到底是怎么来的[EB/OL].[2015 – 12 – 13]. http://trust. jrj. com. cn/2015/12/04084820184462. shtml.

② 张绪武. 关于《中华人民共和国信托法(草案)》的说明——1996 年 12 月 24 日在第八届全国人民代表大会常务委员会第二十三次会议上[J]. 中华人民共和国全国人民代表大会常务委员会公报,2001(4):4.

但"法无授权不可为"的原则还是束缚了公益信托的发展。

2016年3月16日,《慈善法》正式颁布,单设一章对"慈善信托"做出了突破性的规定,尤其是解决了管理机构不明确、行政干预过多、强制设立信托监察人等问题,终于为慈善信托的发展扫除了主要障碍,使得慈善信托在中国焕发出了生机与活力。之后,民政部与中国银行业监督管理委员会(现中国银行保险监督管理委员会)相继于2016年8月25日和2017年7月26日共同出台了《关于做好慈善信托备案有关工作的通知》及《慈善信托管理办法》。至此,中国的慈善信托法律体系可以说已具备了雏形。

(二)中国慈善信托的相关规定

1. 慈善信托的慈善目的

《慈善法》规定,慈善信托属于公益信托,是指委托人基于慈善目的,依法将其财产委托给受托人,由受托人按照委托人意愿以受托人名义进行管理和处分,开展慈善活动的行为。

作为有别于私益信托的一大主要特征,慈善信托的目的具有慈善属性。依据《慈善法》中的相关规定,慈善目的包括:扶贫、济困;扶老、救孤、恤病、助残、优抚;救助自然灾害、事故灾难和公共卫生事件等突发事件造成的损害;促进教育、科学、文化、卫生、体育等事业的发展;防治污染和其他公害,保护和改善生态环境;符合《慈善法》规定的其他公益活动。

中国《信托法》和《慈善法》的相关规定仍具有完善空间。确实,"慈善目的"本身具有一定的地域性和历史性,对慈善目的的不同规定也反映了各个国家在不同历史时期的关注重点,但同时,兜底性条款的存在也能够弥补法律规定的滞后性,使得法律能够及时应对不断变化的社会现实状况。

2. 慈善信托的主体

与一般信托相同,慈善信托的参与主体同样是委托人、受托人与受益人三方,除此之外,还可以引入监察人、保管人、公益项目执行人、投资管理人等其他主体,共同开展慈善信托的运作。《慈善法》和《慈善信托管理办法》等法律法规对各主体做出了不同的要求。

委托人应当是具有完全民事行为能力的自然人、法人或者依法成立的其他组织。而受托人只能由委托人信赖的慈善组织或者信托公司来担任,并由委托人以书面形式指定。受托人的权利和义务为慈善信托的核心内容,也是相关法律法规的重要监督对象。受托人一方面应按照信托目的,以诚信和谨慎为原则,管理和处分信托财产;另一方面,还应同时向委托人及主管部门报告和披露慈善信托事务处理情况、信托财产管理使用情况。

受益人是指在信托中享有信托受益权的人,其可以是自然人、法人或者依法成立的其他组织。慈善信托的受益人必须是不特定的,要通过慈善信托文件中所规定的受益人范围及其选定的程序和方法予以确定。委托人不得指定或者变相指定与委托人或受托人具有利害关系的人作为受益人,这与普通的私益信托有明显区别。与《信托法》不同,《慈善法》中的设立信托监察人不再是一项强制性要求,而是由委托人根据实际需要,以书面形式确定一位或多位监察人,从而减少不必要的政府干预及资源浪费。监察人的资质并无特殊限制,具有完全民事行为能力的自然人、法人或者依法成立的其他组织都可以担任监察人。实际中,往往委托人都倾向于选择律师事务所或者会计师事务所来担任此角色。监察人的职责是对受托人的行为进行监督,依法维护委托人和受益人的权益。一旦监察人发现受托人违反信托义务或者难以履行职责的,应当向委托人报告,并有权以自己的名义向人民法院提起诉讼。

3. 慈善信托的备案制度

《信托法》第六十二条明确规定了公益信托的设立和受托人的确定需要由有关的公益事业管理机构批准。严格的审批制以及管理机构的不明确性一度导致了中国公益信托发展缓慢。因此,从慈善信托的灵活性特点出发,为鼓励慈善信托发展,《慈善法》将审批制改为了备案制。根据《慈善法》第四十五条以及《慈善信托管理办法》第三章的规定,慈善信托的受托人应当在信托文件签订之日起的七日内,向受托人所在地县级以上人民政府民政部门进行备案;如存在多个受托人,则委托人应当确认其中一个承担主要受托管理责任的受托人履行备案义务。但要特别注意的是,《慈善法》第四十五条中也规定了受托人"应当"将相关文件向民政部门备案,在形式上至少是一个"条件性要求"。但是该条款的最后一句又表明慈善信托不备案的后果只是不享有税收优惠而已。这导致慈善信托是否以备案为生效要件成为一个重要的争议问题。对此,有的学者从强制性规定和效力性规范的角度出发进行分析,也有学者从行政备案性质的角度出发进行分析。

按照合同法的相关规定,违反法律、行政法规的强制性规定的合同无效。这里的"强制性规定",即强制性规范,又可以区分为效力性规范和管理性规范。《最高人民法院关于适用〈中华人民共和国合同法〉若干问题的解释(二)》第十四条规定,"合同法第五十二条第(五)项规定的'强制性规定',是指效力性强制性规定",首次以司法解释的形式明确了人民法院不得仅以违反管理性强制性规定为由认定合同无效的司法态度。《最高人民法院关于当前形势下审理民商事合同纠纷案件若干问题的指导意见》(法发〔2009〕40 号)第十五条亦规定,"违反效力性强制性规定的,人民法院应当认定合同无效;违反管理性强制性规定的,人民法院应当根据具体情形认定其效力"。综上可知,只有违反效力性规范的合同才会被认定为无效。对于如何识别效力性强制性规定,最高人民法院认为应当采取肯定性识别和否定性识别两个标准[①]。在肯定性识别上,首先的判断标准是该强制性规定是否明确规定了违反的后果是合同无效,如果规定了违反的后果是导致合同无效,该规定属于效力性强制性规定。其次,法律、行政法规虽然没有规定违反将导致合同无效,但违反该规定如使合同继续有效将损害国家利益和社会公共利益的,也应当认定是效力性强制性规定。在否定性识别上,若强制性规定仅是为了行政管理或者纪律管理需要的,一般都不属于效力性强制性规定。这一点可以通过其目的和调整对象来判断。若目的是为了实现管理的需要而设置,并

---

① 最高人民法院研究室.最高人民法院关于合同法司法解释(二)理解与适用[M].北京:人民法院出版社,2009:106 – 113.

非针对行为内容本身,则可以认为并不属于效力性强制性规定。就调整对象而言,效力性强制性规定针对的都是行为内容,而管理性强制性规定很多时候单纯限制的是主体的行为资格。按此标准来看《慈善法》第四十五条的内容,其中的备案要求是为了加强对慈善信托的管理而设,调整对象则是享受税收优惠的资格,因此笔者更倾向于本条款属于管理性规范,而非慈善信托生效要件的观点。

从行政备案的性质来看,学界的多数观点认为行政备案不是事前控制的行政许可,而是一种程序性的事实行为[1]。国务院法制办曾就《物业管理条例》中所规定之业主委员会备案的性质做过回复,确定该条例中的"备案为一种告知,不具有行政许可的性质"[2]。但是《慈善法》第四十五条中使用了"应当"的字眼,似与前述这种程序性的事实行为理解存有差异,因为"应当"一词意味着相关内容为义务性规定,具有确定性和命令性。如果从这个角度出发,慈善信托备案似有强制性的意味。有学者认为,我国实行了一种"介于许可和登记之间的中间制度"[3],即慈善信托实际上被分为了"需要备案"和"不需要备案"两种类型。前者的设立需要向民政部门申请备案,接受监管并享受税收优惠;后者主要适用于小型慈善信托,可以不向民政部门申请备案,但也不享受税收优惠。还有学者根据《民政部 中国银行业监督管理委员会关于做好慈善信托备案有关工作的通知》中规定的"除依法设立的信托公司或依法登记(认定)的慈善组织外,其他单位和个人不得以'慈善信托''公益信托'等名义开展活动",并结合《信托法》第六十二条第二款的规定得出"备案是慈善信托生效的要件"[4]的结论。

总之,目前学术界对于备案的法律性质问题仍处于探讨之中,尚未得出统一的结论。

4. 慈善信托的信息公开

公开透明是所有慈善活动的基本要求之一,慈善信托作为重要的慈善活动,其信息公开自然也是社会公众关注的重点问题。《慈善法》和《慈善信托管理办法》中均专设了章节,对慈善信托信息的公开做出了详细规定。此外,《慈善组织信息公开办法》中的相关规定亦适用于慈善组织所参与的慈善信托。

根据法律规定,慈善信托的受托人是信息公开的第一责任人,应当确保所公开的信息真实、完整、及时,并对其真实性负责;民政部门和银行业监督管理机构一方面需要协助慈善信托的受托人进行信息公开,另一方面则承担着向社会公众发布该等信息的责任。民政部于2017年9月1日开通了全国慈善信息平台——"慈善中国",公众可免费查询慈善组织及慈善信托的相关信息。

---

① 朱最新,刘云甫.行政备案制度研究[M].北京:知识产权出版社,2012:13.
② 国务院法制办《关于〈物业管理条例〉第十六条的请示》的答复(国法秘函〔2005〕第439号)。
③ 杨思斌.慈善信托是用许可制还是备案制[J].中国机构改革与管理,2016(5):48.
④ 赵廉慧.《慈善法》中慈善信托的"备案制"问题[EB/OL].[2020 - 02 - 12].http://www.cicjc.com.cn/zh/node/8960.

具体而言,民政部门和银行业监督管理机构应当向公众发布以下信息:慈善信托备案事项;慈善信托终止事项;对慈善信托检查、评估的结果;对慈善信托受托人的行政处罚和监管措施的结果;法律法规规定应当公开的其他信息。而落实到受托人,其应当在民政部门提供的统一信息平台上发布以下信息:慈善信托设立情况说明;信托事务处理情况报告、财产状况报告;慈善信托变更、终止事由;备案的民政部门要求公开的其他信息。但是,涉及国家秘密、商业秘密、个人隐私的信息以及慈善信托的委托人不同意公开的姓名、名称、住所、联系方式等信息,不得公开。

二、慈善信托在中国的实践

(一)相关数据

根据中国慈善联合会发布的数据:截至 2021 年 12 月 31 日,全国设立慈善信托备案 773 单,其中 2021 年新设 227 单,财产规模达 5.71 亿元,较 2020 年增长 32.48%①。自 2016 年至 2021 年,全国共有 62 家信托公司设立了慈善信托,占全国 68 家信托公司总数的约 91%;有 66 家基金会成为慈善信托的受托人或共同受托人。整体而言,慈善信托呈平稳增长的发展趋势。2021 年新设的慈善信托单数虽略有下降,但财产规模略有回升,而且产生了一单亿元级慈善信托——"中信信托·2021 芳梅教育慈善信托",备案规模为 2.0001 亿元。近年来,慈善信托凭借其独立性强、能永久相续、透明度高的优势,已逐渐得到社会的青睐。

从地域来看,慈善信托涉及地域不断扩大,但发展并不均衡。2021 年全国共有 19 个省、直辖市、自治区民政部门备案慈善信托。浙江省 2016 年以来备案总数量共计 168 单,位列全国第一;甘肃省则以 133 单的备案数量位居全国第二。

从受托人角度来看,数量持续增多,仍以信托公司为主,但双受托人慈善信托占比提升。其中,2021 年有 4 家信托公司、46 家慈善组织首次受托备案慈善信托。

此外,慈善信托发展呈现社会组织委托人比重增加、慈善信托期限愈加灵活、慈善信托目的多重化、银行托管稳固发展、律所在监察人中保持主导地位等特点。

(二)慈善信托的运作模式

尽管《慈善法》规定慈善组织和信托公司均可单独担任慈善信托的受托人,但在国内实践中,两类实体之间的合作日益加深,这实现了优势互补。具体而言,常见的慈善信托运作模式主要有以下几种。

1.信托公司担任受托人

在此模式下,信托公司接受委托,设立慈善信托,管理信托财产。信托公司长期从事

---

① 中国慈善联合会.2021 年中国慈善信托发展报告[EB/OL].[2022-03-27].http://www.charityalliance.org.cn/news/4386.jhtml.

于信托领域,其所具有的专业的资产管理能力、技术人才和流程制度是不可忽视的。但它们在慈善项目的操作上往往都是新手,对于公益项目的运作和相关税收政策都不熟悉,因此有些信托公司会聘请慈善组织具体执行慈善项目,或者由慈善组织以公益顾问的方式提供咨询意见。两者合作使得信托公司和慈善组织都能充分发挥其在各自领域的优势和经验,补足对方的短板。除此之外,还有一种常见的合作方式,即慈善组织作为委托人,负责资金的募集、设立慈善信托,并聘请信托公司担任受托人。对捐赠人而言,其可以直接向慈善组织进行捐赠,并授权慈善组织以此模式开展慈善信托活动,实现财产的保值增值。另一方面,这种方式还可以解决捐赠人因信托公司不具备公益捐赠税前扣除资格而无法享受税收优惠的问题。基于以上原因,以信托公司作为受托人的模式是目前最为常见,也最受欢迎的一种。《2019 年中国慈善信托发展报告》显示,2017 年至 2019 年期间的209 单慈善信托中,信托公司作为单一受托人的慈善信托共 177 单,几乎占到了总量的 85%。

2. 慈善组织担任受托人

与信托公司相比,慈善组织虽然因为长期从事慈善活动,在慈善领域积累了丰富的经验和大量的慈善资源,而且优秀慈善组织多年积累下来的良好声誉及公信力也可以直接移植到慈善信托中,避免从零起步,但慈善信托的良好发展主要还是依赖于信托的基本运作和管理以及保值增值活动的开展。与信托公司相比,慈善组织在相关的法律规范、管理经验和专业人才上明显处于劣势。因此,目前由慈善组织单独担任受托人的模式并不是委托人的首要选择。《2019 年中国慈善信托发展报告》显示,2017 年至 2019 年期间的 209 单慈善信托中,慈善组织作为单一受托人的慈善信托仅有 9 单。

3. 慈善组织和信托公司共同担任受托人

在此模式下,慈善组织和信托公司共同担任慈善信托的受托人,共同对委托人负责。双方同时会达成具体约定,基于双方的专业和优势,对信托运作过程中所涉及的受托人的各项权利和义务进行分配。特别需要注意的一点是,信托相关文件中应当对以下事项予以提前明确:如慈善组织与信托公司双受托人对项目运作产生分歧时,如何解决异议;如双受托人出现违约情况时,违约责任如何分担;等等。否则双方会因为权责不明损害委托人或者自身的利益。而且,在同时有两个受托人的情况下,究竟是由一个受托人向其所在地民政部门备案即可,还是两个受托人都需要进行备案的问题需要监管机关进行规范。《2019年中国慈善信托发展报告》显示,2017 年至 2019 年期间的 209 单慈善信托中,共同受托慈善信托共有 7 单。

(三)慈善信托发展遇到的问题

尽管在立法上,《慈善法》及后续管理办法的出台为慈善信托的实践提供了有力的支持,但仍存在以下几个主要问题尚未解决。

1.信托财产的所有权归属不明确,独立性难以得到保障

在英美法系中,信托财产的所有权具有"双重性",即包括由受托人所享有的法律意义上的所有权(legal title),以及由受益人所享有的衡平法意义上的所有权(equitable title)。然而,该双重所有权与大陆法系的普遍法律理论不契合,也无法融入中国的法律体系。

理论上而言,无论是何种信托,其信托财产均应具有独立性,独立于委托人未设立信托的其他财产,也独立于受托人的其他财产,在实际给付之前也并不归受益人所有,这是信托区别于其他民事法律关系的重要特征,也是信托制度本身的一大优越性。信托财产的独立性使其能够不受委托人死亡、依法解散、被依法撤销、被宣告破产等情况的影响,亦在很大程度上免于受到司法强制执行①。

《慈善法》中规定慈善信托财产由受托人管理和处分,但并未明示所有权人是谁,而理论界也对此有不同意见。但是2019年11月8日由最高人民法院发布的《全国法院民商事审判工作会议纪要》第九十五条明确写明了信托财产在信托依法设立后即独立于委托人未设立信托的其他固有财产,也独立于受托人的固有财产。信托财产并非受益人的责任财产,受益人仅对其享有信托受益权。慈善信托属于信托的一种,因此笔者认为慈善信托财产的所有权应遵守前述规定。

2.信托财产的产权登记相对困难

与"信托财产独立性难以得到保障"一脉相承的问题,即信托财产本身的产权登记相对困难。

尽管信托财产本身的形式可以多种多样,但实践中因为信托财产本身产权登记难的问题,导致其难以融入除现金、动产以外的其他资产,尤其是难以融入当前国内的主要财产形式——公司股权及不动产。这两类财产的所有权转移登记手续均很难落地,登记机关往往不接受将信托产品登记为产权人。

需要指出的是,信托财产产权登记与信托产品本身的登记并不相同。尽管中国信托登记有限责任公司作为一家全国统一的信托登记平台已于2016年正式成立,但该平台仅用于信托产品的登记,而不涉及信托财产,因此并不能解决上述问题。

股权信托范围内的标志性突破源自2017年4月21日,当日由国投泰康信托担任受托人的"国投泰康信托2017年真爱梦想2号教育慈善信托"在北京市民政局完成备案,这是中国首单股权类慈善信托。该慈善信托的信托财产为1万股上海承泰信息科技股份有限公司股权,为非上市公司股权,公允价值为48万元②。根据公开信息显示,该股权所登记

---

① 《信托法》第十七条规定,除因下列情形之一外,对信托财产不得强制执行:(一)设立信托前债权人已对该信托财产享有优先受偿的权利,并依法行使该权利的;(二)受托人处理信托事务所产生债务,债权人要求清偿该债务的;(三)信托财产本身应负担的税款;(四)法律规定的其他情形。对于违反前款规定而强制执行信托财产,委托人、受托人或者受益人有权向人民法院提出异议。

② 常艳军.股权慈善信托首度设立[N].经济日报,2017-04-27(5).

的名义所有权人是信托产品本身,即"国投泰康信托 2017 年真爱梦想 2 号教育慈善信托"。

除公司股权外,在整个信托行业,已成功落地的信托财产形式还包括金融产品的份额、保险金请求权、古玩字画等,也包括少量的不动产。但是,囿于产权登记制度还需完善,信托财产的形式多样性仍然受到很大限制。

3.税收优惠政策需要完善

《慈善法》和《慈善信托管理办法》中均规定了慈善信托享受税收优惠的政策,与《信托法》相比,虽明确规定了税收优惠的政策,但对于如何实施却并无进一步具体的规定。

在中国,慈善捐赠享受税收优惠的凭证是捐赠票据,而在信托公司担任受托人的情况下,因信托公司无法开具捐赠票据,因而难以享受税收优惠。由此可以看出,慈善信托的税收优惠政策如何具体落实,以及相关税收征管机关的责任和职责,都需要尽快建立和完善起来,切实推动慈善信托的发展。

思考题

(1)你是如何理解《慈善法》中规定的慈善信托备案制度的? 它是属于管理性规定,还是属于效力性规定?

(2)"积善之家必有余庆,积不善之家必有余殃",越来越多的高净值人士在家族财富传承中选择嵌入慈善信托安排以实现参与慈善公益的目的。此举对于家族本身以及中国慈善事业的发展有何意义?

本章重点概念

(1)慈善信托,指委托人基于慈善目的,依法将其财产委托给受托人,由受托人按照委托人意愿以受托人名义进行管理和处分,开展慈善活动的行为。

(2)分离利益信托,指美国法律制度项下,一种既包括发展宗教、促进教育等慈善目的,也包括至少一位非慈善目的的受益人的私人信托。

(3)委托人,指基于对受托人的信任,将其合法拥有的财产委托给受托人进行管理和处分的人。

(4)受托人,指接受委托人的委托,按照委托人的意愿,并以自己的名义对信托财产进行管理和处分的人。慈善信托的受托人只能由慈善组织或信托公司来担任。

(5)受益人,指在信托中享有信托受益权的人。在慈善信托中,委托人不得指定或者变相指定与委托人或受托人具有利害关系的人作为受益人。

(6)监察人,指由委托人指定,对受托人的行为进行监督,依法维护委托人和受益人权益的人。

(7)保管人,指受托保管信托财产的第三方。

拓展阅读

[1]陆璇,林文漪.中国慈善法手册[M].北京:法律出版社,2019.

[2]夏小雄.信托法的历史起源和制度变迁:以英国信托法的发展为中心[J].云南大学学报
（法学版）,2014,11(6):146－151.

[3]董毅智."慈善信托"的前世今生[EB/OL].[2017－08－07].http://www.chinatrc.com.
cn/contents/2017/8/7a138822bf04d40c3a7c7b1778d2bf9fc.html.

[4]谢锟.英国信托慈善制度研究[D].上海:华东政法大学,2010.

[5]王金东.英美慈善信托法律制度研究[D].大连:大连海事大学,2012.

[6]李亚运.英国慈善信托力求近似原则初探[D].武汉:武汉大学,2017.

[7]中国信托业协会.慈善信托研究[M].北京:中国金融出版社,2016.

[7]LIN Siyi. China's new charity law:a new era of charitable trusts[J]. Trusts & Trustees,
2018,24(8):768.

第五章　慈善财产

本章内容概要

　　慈善财产不仅是慈善组织正常运作和承担民事责任的物质基础,更是慈善组织开展慈善活动、实现慈善目的的物质保障①。本章第一节将集中分析慈善财产的概念与性质,将其与企业财产进行对比,并就其归属问题展开讨论。第二节和第三节则会着重于阐述现行法律对如何使用慈善财产的要求和规范,并通过对国内外法律的对比,重点分析慈善财产的保值增值行为。

第一节　慈善财产的性质

一、慈善财产的概念及特性

　　慈善财产是指慈善组织拥有的可支配、处分的各种合法财产,在形态上包括货币、实物、房屋、有价证券、股权、知识产权等有形和无形财产②。按照《慈善法》第五十一条规定,慈善组织的财产包括发起人捐赠、资助的创始财产,募集的财产,其他合法财产。

　　与常见的公司财产相比,慈善组织财产具有不分配性、不返还性和限制性等特点,具体见表5-1。

表5-1　公司财产与慈善组织财产的区别

对比角度	公司财产	慈善组织财产
财产来源	股东投资	发起人捐赠、资助
财产目的	营利性	非营利性、公益性
收益分配	可以分配利润	不得分配利润
财产使用	无特殊限制	应当根据章程和捐赠协议的规定全部用于慈善目的
股东或发起人的权利	拥有股权(股东基于股东资格而享有的、从公司获得经济利益并参与公司经营管理的权利)	不保留或者享有任何财产权利

---

① 郑功成.慈善事业立法研究[M].北京:人民出版社,2015:7.
② 阚珂.中华人民共和国慈善法释义[M].北京:法律出版社,2016:7.

　　慈善财产的归属问题是慈善财产的法律性质核心。目前学者们关于此问题的观点可大致分为三种。

　　(1)公益产权说认为慈善财产属于公益产权,并没有一个特定的产权所有人。私人财产和国有财产是广为人知的两种财产,而公益产权则是介于两者之间的一种特殊财产,既不属于个人,也不属于国家。公益产权是一种区别于私人产权和国家产权的产权形式,表现为基于慈善捐款等形成的公益财产,以委托权、受托权、收益权相分离并相互独立的形式存在,由基金会等非营利组织受托管理并按照公益宗旨提供公共物品或服务,接受社会监督①。慈善组织接受社会捐赠、政府资助等形式的财产只能用于公益,不得用于公益以外的其他目的,慈善组织只是公益资产的代理运作者②。但是,有观点从缺少理论依据为切入点,对公益产权作为法律概念的科学性提出了质疑。首先,公益产权说中的慈善组织财产的主体是虚拟的,导致慈善组织财产的所有权缺位,也就是说没有人具有合法的身份对慈善财产权提出任何请求,不利于慈善组织财产权的法律保护。其次,公益产权概念于法无据。《民法典》使用了"财产所有权"概念,并未使用"产权"概念。《民法典》物权编中也未出现"公益产权"一词。如果赋予慈善组织财产以"公益产权"的定义,实际上是从法律上创设了一种新的财产权类型,本质上将慈善组织这一民事主体置于其他私法主体之上,既违反民事主体制度的基本法理,也不利于对慈善组织财产的平等保护③。

　　(2)社会公共财产说则认为慈善财产不属于慈善组织,而是为社会公众所有,属于社会公共财产。《公益事业捐赠法》第七条规定"公益性社会团体受赠的财产及其增值为社会公共财产,受国家法律保护,任何单位和个人不得侵占、挪用和损毁"。《中华人民共和国刑法》(以下简称《刑法》)第九十一条所列举的公共财产中也包含了"用于扶贫和其他公益事业的社会捐助或者专项基金的财产"。然而作为上位法的《民法典》中却仅仅规定了国家所有权、集体所有权和私人所有权三种形式,社会公众并不在其中,导致此观点具有一定的争议性。而且与公益产权说类似,社会公共财产说中的慈善财产权所有人为社会公众,也具有不确定性,不利于对权利的保护。

　　(3)法人财产权说认为慈善组织对其财产拥有独立的法人财产权。其与公司法人等营利性组织的财产在财产来源、用途和处分等方面虽有差异,但是其财产仍然属于法人所有,是独立于其他社会组织、个人、发起人以及组织成员的财产。这一观点对慈善组织来说自然是有利的,但也存在不足之处,它容易使社会公众混淆慈善财产与企业法人营利性质的财产权。

---

①　贾西津.第三次改革:中国非营利部门战略研究[M].北京:清华大学出版社,2005:16.
②　贾西津.第三次改革:中国非营利部门战略研究[M].北京:清华大学出版社,2005:115-124.
③　杨思斌.慈善组织财产的法律定性及立法规范[J].华东理工大学学报(社会科学版),2016:113.

二、慈善财产概念的发展

《慈善法》出台前,中国并没有任何一部法律使用"慈善财产"的概念。前文中提到的《公益事业捐赠法》第七条和《刑法》第九十一条都将慈善财产称作"社会公共财产"。其实最早在《中华人民共和国宪法》(以下简称《宪法》)中就有类似的称呼了,只是当时被称为"社会主义公共财产"。《宪法》第十二条规定:"社会主义的公共财产神圣不可侵犯。"后段又继续规定"禁止任何组织或者个人用任何手段侵占或者破坏国家的和集体的财产",在逻辑上可以认为"社会主义的公共财产"即为国家和集体(公有)的财产。后续出台的《民法典》、三大条例(《基金会管理条例》《民办非企业单位登记管理暂行条例》《社会团体登记管理条例》)及其配套法律文件,以及《红十字会法》等都未涉及慈善财产的定义,直到2016年《慈善法》的出台,正式确定了"慈善财产"这一概念。

思考题

(1)何为慈善财产?
(2)如何理解慈善财产的性质?

第二节　慈善财产的使用

一、我国法律对于慈善财产的使用规范

慈善组织如何使用慈善财产,发挥慈善财产的最大效用是社会公众普遍关注的问题之一。慈善财产使用和处分的最大特点是限制性,不仅要受到法律、社会组织章程和捐赠协议的约束和限制,还必须用于公益目的。慈善组织的管理成本、支出标准、慈善剩余财产处理及慈善财产清算制度都是建立在慈善组织财产的社会公共性的基础之上,服从、服务于慈善组织的公益性活动的要求。

(一)财产来源

慈善财产的来源即慈善组织通过合法的手段取得慈善财产的途径和方式。慈善财产是慈善组织开展慈善活动、实现慈善目的的前提。由于慈善组织不同于营利性法人,慈善组织具有公益性和非营利性,不能从事营利性事业。对于不同来源的慈善财产,其使用和管理要求是不同的。

根据《慈善法》第五十一条规定,慈善财产主要包括法人成立之前发起人捐赠和资助的创始财产、法人成立之后募集的财产以及其他合法财产。从这一规定可以看出慈善组织的财产有以下三类。

1.发起人捐赠、资助的创始财产

慈善组织的发起人设立慈善组织时应当投入资金,一般由本人捐赠,作为慈善组织的固定财产,用于实体建设,这被称为"创始财产"或者"注册资金",是慈善组织设立的必要条件。《社会团体登记管理条例》第十条对成立社会团体的条件做出了规定,要求有合法的资产和经费来源,全国性的社会团体需要有10万元以上活动资金,地方性的社会团体和跨行政区域的社会团体需要有3万元以上活动资金。《基金会管理条例》第八条规定,全国性公募基金会的原始基金不低于800万元人民币,地方性公募基金会的原始基金不低于400万元人民币,非公募基金会的原始基金不低于200万元人民币;原始基金必须为到账货币资金。《社会组织登记管理条例(草案征求意见稿)》中对于基金会和社会服务机构(民办非企业单位)的注册资金要求发生了较大的变化。在国务院的登记管理机关登记的基金会,注册资金不得低于6000万元人民币,其余基金会的注册资金不得低于800万元人民币,且为到账货币资金。在国务院的登记管理机关登记的社会服务机构,注册资金不得低于1000万元人民币,且为到账货币资金。省级以下地方各级人民政府登记管理机关登记的社会服务机构注册资金标准,由省级人民政府的登记管理机关结合本地区实际确定。注册资金一经发起人捐赠给慈善组织即不再属于发起人。

2.募集的财产

募集的财产即受捐财产,是指慈善组织成立之后,接收捐赠人的捐赠。募集的财产包括动产、不动产、股票等,来源主要是政府捐助、企业捐助、个人捐助及社会募捐等①。其中政府捐助是政府通过财政预算对慈善组织进行拨款,当慈善组织的捐款不足时,政府可以通过财政专项或者彩票公益金等手段对其进行补贴。具有公募资格的基金会还可通过采取义演、义卖等慈善募捐方式向社会募集慈善财产。向慈善组织捐赠财产的捐赠者可以享有相关税收优惠。当捐赠者将财产捐赠给慈善组织,财产即不再属于捐赠者,但是捐赠者可以监督慈善组织对财产的使用。

3.其他合法收入

其他合法收入指符合其他法律法规规定的财产,包括通过商业银行储蓄生息等无风险或低风险的投资实现的保值增值,会员缴纳的会费,承接政府购买服务的收入,慈善组织依法取得的商标权、专利权的收入等。其中政府购买服务,是指通过发挥市场机制作用,把政府直接提供的一部分公共服务事项以及政府履职所需服务事项,按照一定的方式和程序,交由具备条件的社会力量和事业单位承担,并由政府根据合同约定向其支付费用②。

---

① 阚珂,郭林茂.中华人民共和国慈善法解读[M].北京:中国法制出版社,2016:7.
② 关于印发《政府购买服务管理办法(暂行)》的通知,财综〔2014〕96号。

慈善组织还可以通过合法的经营性活动来获得收入,这并不违背慈善组织非营利性的特点。慈善组织的"非营利性"是指慈善组织的收入不得用作分配,并没有对慈善组织的经营性活动做出限制。为了慈善组织的可持续发展,实现慈善目的,除了通过发起人捐赠、向社会进行募捐等活动,慈善组织还可通过适当的经营性活动来获得慈善财产,充实资金链,以支付慈善组织的日常开销,保障慈善组织的内部运转。慈善组织的经营性收入区别于营利性法人的商业活动,其目的不是为了获取利润,而是为了更好地开展公益活动,实现慈善目的。

(二)用途的限制

《慈善法》第五十二条规定:"慈善组织的财产应当根据章程和捐赠协议的规定全部用于慈善目的,不得在发起人、捐赠人以及慈善组织成员中分配。任何组织和个人不得私分、挪用、截留或者侵占慈善财产。"

慈善组织使用慈善财产首先要基于慈善目的,这是由于慈善组织活动的主旨是公益,而不是为了获得利润。按照《慈善法》第三条的规定,"慈善目的"包括:扶贫、济困;扶老、救孤、恤病、助残、优抚;救助自然灾害、事故灾难和公共卫生事件等突发事件造成的损害;促进教育、科学、文化、卫生、体育等事业的发展;防治污染和其他公害,保护和改善生态环境;符合《慈善法》规定的其他公益活动。

其次,慈善财产的使用还要符合慈善组织章程和已签订的捐赠协议的约定。

(三)慈善活动支出及管理费用的标准

《民间非营利组织会计制度》第六十二条规定,费用是指民间非营利组织为开展业务活动所发生的、导致本期净资产减少的经济利益或服务潜力的流出。慈善组织为实现慈善目的需要必要的场地、工作人员,为了维持慈善组织的运营需要行政支出,因此活动支出和管理费用是慈善组织实现慈善目的所必需的成本,但如果这部分支出过高,势必会影响到慈善组织对慈善活动的投入。因此对于这些费用的规范也是慈善财产使用规则的重要组成部分。

2004年实施的《基金会管理条例》第二十九条规定,"基金会工作人员工资福利和行政办公支出不得超过当年总支出的10%"。但随着公益从业人员专业化发展、基金会行政成本的增加,前述10%的规定成了基金会发展的一大阻力,为了进一步明确慈善组织开展慈善活动的年度支出和管理费用,促进和规范慈善财产高效使用,根据《慈善法》的规定,民政部门会同国务院财政、税务等部门在2016年制定并颁布了《关于慈善组织开展慈善活动年度支出和管理费用的规定》。

按照该规定,慈善活动支出与管理费用的内容范围见表5-2。

表 5 - 2　慈善活动支出与管理费用的内容范围

类别	具体规定
慈善活动支出	（一）直接或委托其他组织资助给受益人的款物
	（二）为提供慈善服务和实施慈善项目发生的人员报酬以及使用房屋、设备、物资发生的相关费用
	（三）为管理慈善项目发生的差旅、物流、交通、会议、审计、评估等费用
管理费用	（一）理事会等决策机构的工作经费
	（二）行政管理人员的工资、奖金、住房公积金、住房补贴、社会保障费
	（三）办公费、水电费、邮电费、物业管理费、差旅费、折旧费、修理费、租赁费、无形资产摊销费、资产盘亏损失、资产减值损失、因预计负债所产生的损失、聘请中介机构费等
在各项活动中分配	慈善组织的某些费用如果属于慈善活动、其他业务活动、管理活动等共同发生，且不能直接归属于某一类活动的，应当将这些费用按照合理的方法在各项活动中进行分配，分别计入慈善活动支出、其他业务活动成本、管理费用

考虑到慈善组织具有不同的规模和组织形式，《关于慈善组织开展慈善活动年度支出和管理费用的规定》对不具有公开募捐资格的基金会、社会团体、社会服务机构年度慈善活动支出和管理费用设计了不同档次的执行标准。

（1）不具有公开募捐资格的基金会慈善活动支出和管理费用的执行标准见表 5 - 3。

表 5 - 3　不具有公开募捐资格的基金会慈善活动支出和管理费用的执行标准

净资产区间	年度慈善活动支出	年度管理费用
上年末净资产≥6000 万	≥上年末净资产的 6％	≤当年总支出的 12％
800 万≤上年末净资产＜6000 万	≥上年末净资产的 6％	≤当年总支出的 13％
400 万≤上年末净资产＜800 万	≥上年末净资产的 7％	≤当年总支出的 15％
上年末净资产＜400 万	≥上年末净资产的 8％	≤当年总支出的 20％

（2）不具有公开募捐资格的社会团体和社会服务机构慈善活动支出和管理费用的执行标准见表 5 - 4。

表 5 - 4　不具有公开募捐资格的社会团体和社会服务机构慈善活动支出和管理费用的执行标准

净资产区间	年度慈善活动支出	年度管理费用
上年末净资产≥1000 万	≥上年末净资产的 6％	≤当年总支出的 13％
500 万≤上年末净资产＜1000 万	≥上年末净资产的 7％	≤当年总支出的 14％
100 万≤上年末净资产＜500 万	≥上年末净资产的 8％	≤当年总支出的 15％
上年末净资产＜100 万	≥上年末净资产的 8％ 且≥上年总收入的 50％	≤当年总支出的 20％

对于上述两个表格中的各项比例要求,有如下三个注意事项:

①慈善组织的年度管理费用低于 20 万元人民币的,不受规定中的年度管理费用比例的限制;

②计算年度慈善活动支出比例时,可以用前三年收入平均数代替上年总收入,用前三年年末净资产平均数代替上年末净资产;

③上年总收入为上年实际收入减去上年收入中时间限定为上年不得使用的限定性收入,再加上于上年解除时间限定的净资产。

同时,根据《关于慈善组织开展慈善活动年度支出和管理费用的规定》,若出现以下三种情况导致年度管理费用难以符合要求的,应及时报告登记管理部门并向社会公开说明情况:

①登记或者认定为慈善组织未满 1 年,尚未全面开展慈善活动的;

②慈善组织的折旧费、无形资产摊销费、资产盘亏损失、资产减值损失突发性增长的;

③慈善组织因预计负债所产生的损失突发性增长的。

2012 年 7 月 10 日发布的《关于规范基金会行为的若干规定(试行)》则明确规定了基金会用于公益事业的支出、基金会工作人员工资福利和行政办公支出的具体内容,见表 5-5。

表 5-5 《关于规范基金会行为的若干规定(试行)》在相关方面的具体内容

类别	具体规定
用于公益事业的支出	(一)直接用于受助人的款物 (二)为开展公益项目发生的直接运行费用 1.支付给项目人员的报酬,包括工资福利、劳务费、专家费等; 2.为立项、执行、监督和评估公益项目发生的费用,包括差旅费、交通费、通信费、会议费、购买服务费等; 3.为宣传、推广公益项目发生的费用,包括广告费、购买服务费等; 4.因项目需要租赁房屋、购买和维护固定资产的费用,包括所发生的租赁费、折旧费、修理费、办公费、水电费、邮电费、物业管理费等; 5.为开展项目需要支付的其他费用
工作人员工资福利	1.全体工作人员的工资、福利费、住房公积金、社会保险(障)费(含离退休人员); 2.担任专职工作理事的津贴、补助和理事会运行费用
行政办公支出	组织日常运作的办公费、水电费、邮电费、物业管理费、会议费、广告费、市内交通费、差旅费、折旧费、修理费、租赁费、无形资产摊销费、资产盘亏损失、资产减值损失、因预计负债所产生的损失、审计费,以及聘请中介机构费和应偿还的受赠资产等

从整体上来看,与上述 2012 年规定基本一致,《慈善法》及其配套法规中关于管理费用的规定,并未将开展项目的工作人员薪酬等支出算入管理费用,而是算作了慈善活动支出,工作人员的工资福利中仅将行政管理人员的工资福利纳入工作人员工资福利,且对不同类

型的慈善组织设定了不同的年度支出和管理费用标准,突破了《基金会管理条例》中 10% 的指标红线,还允许捐赠人在捐赠协议中约定具体项目的慈善活动支出比例,以及管理费用的标准,体现出一定的灵活性,有利于鼓励慈善组织开展慈善活动,也更符合慈善组织的实际发展需求。

虽然从效力层级而言,《关于慈善组织开展慈善活动年度支出和管理费用的规定》为规范性文件,效力不及属于行政法规的《基金会管理条例》,但该规定系作为《慈善法》配套法规出台,并且是经法律授权制订的。按照特殊法优于一般法、新法优于旧法的原则,对于具有慈善组织属性的基金会,则应适用该规定中的标准,而不再适用《基金会管理条例》中的原规定,各慈善组织在制定及修改本组织章程时亦应遵从该规定的要求。

(四)对剩余财产分配的禁止

慈善组织的剩余财产包括慈善项目终止后的剩余财产和慈善组织终止后的剩余财产。慈善组织的剩余财产不得分配、不得返还。所谓慈善项目终止后的剩余财产,是指一个慈善项目因完成或者种种原因无法实现慈善目的而终止,原用于该项目财产的剩余部分。这与慈善组织终止后剩余财产的处理有所不同,前者情况下,运作该项目的慈善组织依然存在,后者情况下,该慈善组织不复存在①。

基于慈善财产的特殊性,慈善组织对剩余财产的处置权也不同于一般的企业法人,并不享有完全自由的处置权,需要遵循以下原则。

第一,不分配原则。《慈善法》第五十二条规定,慈善组织的财产应当根据章程和捐赠协议的规定全部用于慈善目的,不得在发起人、捐赠人以及慈善组织成员中分配。任何组织和个人不得私分、挪用、截留或者侵占慈善财产。捐赠人向慈善组织进行捐赠、会员向慈善组织缴纳会费,是所有权的完全转移,不享有从该财产上受益的权利;理事代表公众利益来承担财产的管理使用职责,也不能从慈善组织财产上获得收益。

第二,不返还原则。《慈善法》第五十七条规定,慈善项目终止后捐赠财产有剩余的,按照募捐方案或者捐赠协议处理;募捐方案未规定或者捐赠协议未约定的,慈善组织应当将剩余财产用于目的相同或者相近的其他慈善项目,并向社会公开。这一点不同于公司法人,公司法人的剩余财产在经过清算程序后可以重新分配返还给出资人,而慈善组织对于慈善项目的剩余财产的处分权有限。剩余财产不返还是基于发起人、捐赠人的捐赠行为的性质所决定的。一旦捐赠人将捐赠财产捐赠给慈善组织后,捐赠人就失去了对该财产的所有权。根据《民法典》相关规定,涉及社会公益、道德义务性质的赠与合同是不可撤销的。在实践中的各种问题也表明剩余的捐赠财产不适合返还。比如,某一慈善项目的慈善财产可能来源于多个捐赠人,难以对最后剩余财产的来源进行统计和界定。而且返还剩余财产时,捐赠人因捐赠这部分财产而获得的税收优惠应如何处置也尚无定论,无法操作。

① 阚珂.中华人民共和国慈善法释义[M].北京:法律出版社,2016:7.

二、慈善财产的管理

为满足法律对慈善财产的种种限制和保护，慈善组织需要完善其对慈善财产的管理制度。

(一)建立项目管理制度

项目管理制度是指对项目实施情况进行跟踪管理，将慈善活动纳入制度之下，从筹集到募捐、到使用慈善财产，运用系统的方法，对慈善活动涉及的全部工作进行有效管理的制度模式。慈善组织举办慈善活动的过程也是慈善组织使用慈善财产的过程，所以建立项目管理制度有助于提高慈善财产的利用率，能够最大化地实现慈善目的。

慈善组织建立项目管理制度时既要在组织管理层面建立统一的项目管理制度，又可以根据具体项目的具体规定制定细则，项目的设计应考虑到社会的需求，能够充分利用慈善财产来解决更多的社会问题。除此之外，慈善组织要对整个项目的运行情况、实施效果持续进行跟踪监督，发现问题及时纠正，以保证原定的慈善目的最终实现。对于完成的慈善项目，慈善组织要开展绩效评估，可以委托第三方评估机构来做这项工作。

(二)下设经营性实体的规范

下设经营性实体是指慈善组织出资设立或者受让股权成为经营性实体的股东。慈善组织从事的是社会公益事业，非营利性是其核心特点，其从事经营活动产生的风险可能威胁慈善组织的资金安全，诱发慈善组织偏离慈善宗旨甚至成为某些人牟取私利的工具，而且慈善组织从事经营活动享有税收减免优惠也可能形成对营利性公司的不正当竞争[1]。实践中也出现了一些慈善组织滥用慈善财产，进行对外投资甚至冒用投资名义侵吞、挪用慈善财产的行为，给慈善组织声誉造成严重的负面影响。因此社会公众对于慈善组织下设经营性实体的行为具有较大争议。从慈善组织的根本性质出发，慈善组织的核心在于非营利性和公益性，设立实体从事经营性活动是否对组织的非营利性造成损害的关键在于是否允许利润分配而非从事该活动本身。经营活动是否对公益性造成损害，则取决于经营性活动的类型、比例等因素。一般而言，和公益目的直接相关，或者本身构成公益项目的实施方式的经营性活动，比如教育机构收取学费、博物馆售卖门票等，不会对公益性造成影响，而和公益目的不相关的经营性活动不享受慈善组织的税收优惠，如果影响其机构公益宗旨，甚至会导致慈善组织资格的丧失[2]。

就慈善组织对外投资下设经营性实体的具体法律规则而言，《慈善法》第五十四条规定："慈善组织为实现财产保值、增值进行投资的，应当遵循合法、安全、有效的原则，投资取得的收益应当全部用于慈善目的。"《慈善组织保值增值投资活动管理暂行办法》规定，慈善组织

---

① 杨思斌. 慈善组织财产的法律定性及立法规范[J]. 华东理工大学学报(社会科学版),2016,31(5):112-119.

② 王振耀. 中华人民共和国慈善法评述与慈善政策展望[M]. 北京:法律出版社,2016:80.

可以通过发起设立、并购、参股等方式直接进行股权投资。此处发起设立的股权投资方式是指慈善组织以发起人的身份设立一家企业,持有该企业的股权;并购的股权投资方式是指慈善组织通过股权转让或认购新股等方式获得被投资企业的股权,且对该企业拥有控制权;参股的股权投资方式是指慈善组织通过股权转让或认购新股等方式获得被投资企业的股权,但并不拥有对该被投资企业的控制权。因此慈善组织下设经营性实体从法律上而言已无实质障碍,符合慈善事业发展潮流。

慈善组织下设经营性实体在英美等国家已经有较多的实践。美国法律要求慈善组织在设立经营性实体时要么和实现公益目的相关,要么是满足受托义务且符合审慎投资法律规定的审慎投资。为了实现慈善财产的增长,英国不仅鼓励慈善组织下设经营性实体获取利润,还为了降低慈善组织遭受的风险而特别要求由下设的经营性实体进行风险性低的非主要目的的交易。

宜家基金会是慈善组织下设经营性实体的典型案例。宜家创始人英格瓦·坎普拉德(Ingvar Kamprad)不仅创立了世界上最大的家具集团——宜家家居集团,更是设立了资产规模巨大的慈善基金会——斯地廷·英格卡基金会(Stichting IngKa Foundation)、英特罗格基金会(Interogo Foundation)和宜家基金会。为了集团的永续存在,避免资本控制或者攫取宜家的财富,英格瓦·坎普拉德拒绝把企业上市;同时迫于遗产税的压力以及对未来可能发生的家族成员争产的可能,他在荷兰设立斯地廷·英格卡基金会,并将他所持有的全部股权捐赠给该基金会,使得宜家家居的实际掌控者变成了一家基金会。由于斯地廷·英格卡基金会享有税收减免政策,因此宜家家居适用的所得税率不是家居行业通用的18%,而是3.5%,这样意味着通过基金会下设经营性实体的方式,宜家家居每年可以节省数十亿美元的所得税。

由此可以看出,下设经营性实体能够在一定程度上保障慈善组织的慈善财产远离交易风险,保障财产安全,保障慈善目的的实现。同时又可以通过慈善组织的下设经营性实体来从事经营性活动,再由下设经营性实体将所获得的利润捐回慈善组织,这部分财产可以获得税收减免,从而减轻慈善组织经营性收入的税收负担。

(三)规范其他投资行为

英美国家的许多资金雄厚的大型基金会通过直接投资的方式来对慈善财产进行增值管理,甚至以此为其主要收入来源。美国福特基金会是美国最大的私人基金会之一。福特基金会专门设有部门来进行投资理财,其并不依靠捐赠,而是通过基金会的投资来获得收入。在基金会雄厚的资金的支持下,基金会工作人员以及基金会聘请的专业理财人员根据市场运作情况,利用多种方式进行投资,为基金会实现保值增值。福特基金会通过高效专业的运营,聘用专业人员来进行投资,保障基金会财产的安全,提高基金会财产的利用率,将投资获得的收入,用于项目的资助,开展公益活动。基金会于1936年成立,当时由福特家族出资2.5万美元设立,之后基金会通过投资实现资产的增长,到2007年资产已经增值到137亿美元,有效地保障了基金会的运行。

与外国相比,中国慈善组织在投资方面起步相对较晚。按照有关研究人员收集到的 2014 年数据,全国共有 973 家基金会参与投资活动,约占当年基金会总数的 30%,基金会的净资产高达 1057 亿元,捐赠收入达到 343 亿元,但投资收益不足 29 亿元,大约只占当年收入的 7%。由此可见,与国外基金会相比,中国大部分基金会在投资方面持相对保守与谨慎的态度。而进行投资活动的慈善组织中也存在极少数的发起人利用慈善组织进行所谓的"对外投资",实质上却在挪用甚至侵占基金会的合法财产。总体来看,目前中国慈善组织保值增值投资活动在两个方面需要加强:一方面是"不敢投资",基金会参与投资活动的比例不高,投资收入占总收入的比重不高;另一方面是"什么都敢投",以乱作为的方式违法投资、损害慈善组织的合法权益。随着《慈善法》及《慈善组织保值增值投资活动管理暂行办法》等与投资相关的配套法规的陆续出台,慈善投资法制环境会不断完善,法律规定亦会不断细化,将有效推动上述问题的解决。

有关《慈善组织保值增值投资活动管理暂行办法》的具体内容,我们将在下一节展开讨论。

思考题

(1)慈善财产的使用应遵循哪些规则?

(2)公司财产和慈善财产有什么区别?

(3)你认为慈善财产的所有权应归属于谁?为什么?

第三节　慈善财产的保值增值

一、慈善财产保值增值的目的和价值

慈善组织的发展需要资金的保障,慈善组织进行投资的目的在于减少通货膨胀带来的损失、壮大资产,从而更好地向社会输出公益产品和公益服务。慈善组织开展保值增值活动,有利于减少对外部资源的依赖,增强独立自主性,促进慈善组织的可持续发展,帮助慈善组织开展更长远和更有创新性的公益活动,从而达到慈善目的的有效实现。具体而言,又分为两个层次的目的:一是通过投资收益解决慈善组织的运营成本,实现慈善组织的正常运作;二是整合更多的资源,实现慈善组织的进一步发展。

慈善组织实现有效的保值增值、良性运转将对完善社会保障体系、促进社会公平与发展具有不言而喻的重要社会价值。从市场价值而言,如果越来越多的慈善组织通过引入市场机制对投资进行合理稳健的操作,将引导数量可观的慈善资金进入资本市场,在资本市场中所占份额和地位也将不断提升,而慈善财产的保值增值操作所具有的低风险偏好特点又将

在一定程度上对资本市场的健康稳定发展起到重要作用。

二、慈善财产的保值增值规范

慈善组织宗旨的公益性决定了其必须追求社会效益的最大化,在其长期存续发展过程中,除了依靠捐助而来的款项之外,为维系日常开支与慈善活动的展开,还必须进行适当的投资活动以保障组织内部运转的顺畅。慈善组织营利活动所产生的利润不能用于分配,但并不代表慈善组织不能从事经营、投资等经营性活动。慈善组织的财产毕竟不同于普通企业法人的财产,具有社会公共财产的属性,因此慈善组织的投资行为更强调审慎稳妥的原则。《慈善法》确定了慈善组织进行保值增值的两个原则,即合法、安全、有效原则和投资取得的收益应当全部用于慈善目的的原则。2019 年 1 月 1 日正式生效的《慈善组织保值增值投资活动管理暂行办法》清楚界定了慈善组织可以进行的投资活动与不能进行的投资活动,以保证慈善组织能充分高效运用慈善财产,让其保值增值行为更好地服务于公益慈善事业。

(一)允许投资的领域

整体上,《慈善组织保值增值投资活动管理暂行办法》仍体现出投资收益效益让步于资金安全的核心理念,强调资金安全至上。首先,《慈善组织保值增值投资活动管理暂行办法》从正面规定了慈善组织可投资的三种情形。一是可以直接购买银行、信托、证券、基金、期货、保险资产管理机构、金融资产投资公司等金融机构发行的资产管理产品;二是可以通过设立、并购、参股等方式直接进行股权投资;三是允许将财产委托给受金融监督管理部门监管的机构进行投资。其次,《慈善组织保值增值投资活动管理暂行办法》对这三类情形的投资行为做了进一步规定。一是慈善组织在投资资产管理产品时,应当审慎选择,购买与本组织风险识别能力和风险承担能力相匹配的产品。二是慈善组织直接进行股权投资的,被投资方的经营范围应当与慈善组织的宗旨和业务范围相关。三是慈善组织开展委托投资的,应当选择中国境内有资质从事投资管理业务,且管理审慎、信誉较高的机构。

(二)投资的限制要求

对慈善组织财产的投资进行限制性规定,可以将其与营利法人的商业投资活动相区别,保障慈善组织"利润的非分配性"属性。慈善组织虽然并未被禁止从事投资活动,但较之营利性法人投资的利益性导向需求,其开展投资活动的目的被限制为保障其公益活动的持续开展,因而需要遵守的限制性要求也比较多。

首先是对用于投资的财产范围的限制。《慈善组织保值增值投资活动管理暂行办法》规定慈善组织可用于投资的财产只限于非限定性资产和在投资期间暂不需要拨付的限定性资产。根据《民间非营利组织会计制度》规定,慈善组织的净财产分为限定性净资产和非限定性净资产两类。对限定性净资产或者限定性净资产所产生的经济利益(如资产的投资收益和利息等)的使用受到资产提供者或者国家有关法律、行政法规所设置的时间限制或(和)用途限制。国家有关法律、行政法规对净资产的使用直接设置限制的净资产也属于限定性净资产。而非限定性净资产则指不受任何条件限制的资产。此外,《慈善法》中还特别规定了"两个不得"投资的财产种类——政府资助的财产和捐赠协议约定不得投资的财产,慈善组织的负责人和工作人员不得在慈善组织投资的企业兼职或者领取报酬。

其次,法律对慈善组织可以进行投资的领域做出了限定。《慈善组织保值增值投资活动管理暂行办法》还设定了慈善组织禁入的八个领域:直接买卖股票,直接购买商品及金融衍生品类产品,投资人身保险产品,以投资名义向个人、企业提供借款,不符合国家产业政策的投资,可能使本组织承担无限责任的投资,违背本组织宗旨、可能损害信誉的投资,非法集资等国家法律法规禁止的其他活动。在这八个禁入领域中,股票、商品及金融衍生品类产品是有限禁止,即只是禁止慈善组织直接购买,所以慈善组织可以委托有资质的机构来进行相关领域的投资。

(三)投资原则

慈善组织在进行投资时,应当在法律的框架内以及法律授权的范围中进行,重点包括:第一,慈善组织在投资资产管理产品时,是否审慎选择和购买与本组织风险识别能力和风险承担能力相匹配的产品;第二,慈善组织直接进行股权投资时,被投资方的经营范围是否与慈善组织的宗旨和业务范围相关;第三,慈善组织开展委托投资时,是不是选择了中国境内有资质从事投资管理业务,且管理审慎、信誉较高的机构。

具体投资规则的执行上更要注意以下内容。

①慈善组织的财务和资产管理制度以及重大投资方案有没有经过三分之二以上决策机构组成人员(比如基金会全体理事)同意。

②慈善组织的重要关联方与慈善组织投资行为存在利益关联时,有没有利用关联关系损害慈善组织利益。

③慈善组织有没有及时回收到期的本金和收益,依法依规及时进行会计核算。

④慈善组织有没有为投资活动建立专项档案,完整保存投资的决策、执行、管理等资料。

⑤慈善组织有没有根据投资活动的风险水平以及所能承受的损失程度,合理建立止损机制。

⑥在股权直接投资的情况下,慈善组织的负责人和工作人员有没有在慈善组织投资的企业兼职或者领取报酬。

⑦慈善组织的财务和资产管理制度、重大投资情况有没有依法依规向社会公开,接受社会监督。

三、其他国家或地区的保值增值规范

关于慈善组织的经营性活动有三种规制模式:一是绝对禁止模式,即禁止慈善组织从事任何性质的经营活动,以菲律宾、印度为代表;二是一般禁止模式,即原则上禁止慈善组织从事经营活动,但是慈善组织从事与慈善组织宗旨相关的经营活动则被允许,以新加坡和中国台湾地区为代表;三是附条件许可模式,即原则上允许慈善组织从事经营活动,但要附加一定的条件进行限制,以英国、美国为代表。中国立法目前采用的大体上是第三种模式,允许从事非营利的经营活动,所以,我们就以相似模式下的英美两个国家为例,谈一下境外的保值增值规范。

(一)美国

美国在私有慈善组织从事经营活动的限制性规定较为细致,主要由联邦税法、各州公司法、投资相关的法律法规调整。依照《美国国内税法典》的规定来看,并不鼓励慈善组织从事与非营利目的无关的业务,如果私人基金会从事的保值增值活动被认定为"促进自身免税目的"的投资,则需要缴纳营业税。为了维持基金会的发展,美国对持有商业公司的股份或股权数量进行了数额上的限定,即禁止超额持股①。慈善组织只能持有一个公司不超过20%的普通股权,且不能独资经营商业活动,以规避基金会与关联方相互串通,滥用免税资格进行商业投资,逃避监管。同时,几乎所有州都采用了《审慎管理机构资金统一法案》,囊括了一套受托人管理并运作机构资金的准则。任何负责管理、投资机构资金的人,在履行职责时,应当遵循诚信原则,并尽到一个一般审慎人会尽到的注意义务。

在慈善组织监管方面,由于美国慈善组织数量较多,慈善财产金额较庞大,美国建立起了一套慈善组织自律与政府监管并重的监督模式。首先,在美国,慈善组织内部设有理事会、董事会和监事会,理事会掌握决策权,董事会掌握执行权,监事会则掌握监督权,理事会、董事会和监事会成员必须时刻以慈善组织利益为中心。其次,美国还通过行业评级机制和评估机构对慈善组织进行级别评定,并向社会公众公布。社会公众可以很容易地从专业性网站等公开渠道查看慈善组织的评级情况。除此之外,美国公众可以随时查到慈善组织的账目,这样一来就形成了社会公众监督,有效促使了慈善组织谨慎进行保值增值活动。在地方,美国大部分州实行总检察长监管制度。慈善组织需要向州总检察长提交慈善组织运营情况的年度报表,一旦发现慈善组织侵犯公众利益,总检察长可以代表社会公众提起公益诉讼。

(二)英国

英国政府通过《英国慈善法》《英国法人所得税法》和《英国受托人法案》等法律对慈善组织的投资行为做出了规范。

根据《英国受托人法案》,受托人从事的投资必须遵守谨慎义务,应当定期发布与审查慈善组织的投资策略,决定是否、在何种事项上、委托谁来经营管理慈善组织的投资,定期审查投资经理的适格与表现,如果需要的话,终止任命。慈善组织需要与投资经理签订正式的书面合同。慈善组织必须定期审查合同。

此外还规定了符合条件的慈善投资,包括对土地享有任何权益(除非以担保或债务担保的方式持有)、持有在某个被认可的证券交易市场上市的公司的股权或债券、某个单位信托

---

① 褚蓥.美国私有慈善基金会法律制度[M].北京:知识产权出版社,2012:9.

计划、持有某个开放式投资公司的股份等。如果慈善组织的投资行为不符合这一标准，投资就会被认定为不合格支出，这会造成慈善组织失去与投资等额的收入税收优惠①。可见，英国通过税收来调控慈善保值增值行为。

英国的慈善事业较为发达，原因之一是英国的慈善委员会制度，即由慈善委员会对慈善组织履行监督职责。其中，2011年颁布的《英国慈善法》对慈善委员会的人员、职能、资金进行了规定。慈善委员会是一个独立的不受政治因素影响的、无须向内阁大臣负责的机构。监督制度分为内部和外部监督制度。外部监督机制是英国慈善委员会行使监督权的外在形式。英国慈善委员会的外部监督机制主要包括注册与扶助机制、财务监督与调查机制、内部监督机制（自我监督机制）。此外，在英国，除了慈善委员会依法对慈善组织进行监管外，英国政府还利用包括皇家法院、国家税务局在内的国家权力机关对慈善组织进行监督，这些国家权力机关与慈善组织相互配合，协同共治，形成了一套严密的慈善监管体系。这一套体系为英国的慈善事业发展提供了强有力的保障。

思考题

(1)慈善财产保值增值的原则是什么？应遵循哪些规范？

(2)慈善组织在购买资产管理产品或对外进行股权投资时，有的地方主管机关要求慈善组织在与金融机构订立相关合同时必须加入"保底条款"或要求股权投资必须有分红，不得亏本，即金融机构或被投资的第三方必须向慈善组织承诺保本或保收益。此种要求是否合理？

本章重点概念

(1)慈善财产，是指慈善组织拥有的可支配、处分的各种合法财产，在形态上包括货币、实物、房屋、有价证券、股权、知识产权等有形和无形财产。

(2)公益产权，是一种区别于私人产权和国家产权的产权形式，表现为基于慈善捐款等形成的公益财产，以委托权、受托权、收益权相分离并相互独立的形式存在，由基金会等非营利组织受托管理并按照公益宗旨提供公共物品或服务，接受社会监督。

(3)保值增值，即通过投资活动维持资产原有价值或者实现价值增长。

(4)限定性净资产，是指资产减去负债后的余额。净资产应当按照其是否受到限制，分为限定性净资产和非限定性净资产。如果资产或者资产所产生的经济利益(如资产的投资收益和利息等)的使用受到资产提供者或者国家有关法律、行政法规所设置的时间限制或(和)用途限制，则由此形成的净资产即为限定性净资产；国家有关法律、行政法规对净资产的使用直接设置限制的，该受限制的净资产亦为限定性净资产。

(5)非限定净资产，即除了限定性净资产之外的其他净资产。

---

① 王振耀.中华人民共和国慈善法评述与慈善政策展望[M].北京:法律出版社,2016:9.

拓展阅读

[1]陆璇,林文漪.中国慈善法手册[M].北京:法律出版社,2019.

[2]阚珂.中华人民共和国慈善法释义[M].北京:法律出版社,2016.

[3]王振耀.中华人民共和国慈善法评述与慈善政策展望[M].北京:法律出版社,2016.

[4]解锟.英国慈善信托制度研究[M].北京:法律出版社 2011.

[5]郑功成.慈善事业立法研究[M].北京:人民出版社,2015.

[6]褚蓥.美国私有慈善基金会法律制度[M].北京:知识产权出版社,2012.

[7]王名,刘求实.中国非政府组织发展的制度分析[J].中国非营利评论,2007(1):92-145.

第六章　志愿服务

本章内容概要

　　志愿服务是一个具有悠久历史渊源的全球性社会现象。随着社会的发展,志愿服务的核心理念与实践形式在不断地演进和变化,在社会文明的发展中扮演着愈加重要的角色,其发展水平已成为衡量一个国家和社会文明程度的重要考量因素。随着参与者的增加、领域的不断拓展以及活动规模的逐渐扩大,志愿服务所涉及的社会关系也愈加复杂,迫切地需要相关制度的调整与规范。因此,志愿服务的制度化和规范化是其发展的一个必然趋势。本章第一节将从国内和国外两个角度介绍志愿服务的发展及立法实践情况,第二节将重点介绍志愿服务所涉及的法律关系及相关法律规定。

第一节　志愿服务概述

一、志愿服务的发展

　　从整个人类文明进程来看,人与人之间的互助和关爱可谓是志愿服务的最初形态,不过当时的互助行为多出于个人动机,与现在制度化、组织化的志愿服务还是存在一定差距的。最早关于志愿服务的文字记载出自公元前 4000 年的古埃及的《死者书》,其中记录了无偿为流浪者提供饮食的捐赠行为[①];类似的,中国最早关于志愿服务的记载出自《礼记》,其中记载了救济老弱孤寡的善行[②]。随着社会生产力的发展,社会分工及私有制的确立,阶级差距不断加大,人们渐渐意识到部分人由于先天资源的不平等性而在社会中处于较为弱势的地位。因此,在西方"博爱宽容"的宗教理念的推动下,西方国家的人们通过自发的互助行为来缓解社会不公平所带来的矛盾和冲突。第二次世界大战给西方国家造成了巨大破坏,社会的各个领域百废待兴,而有限的财政能力使得政府无力承担社会重建的所有开支,因而政府将部分工作转由社会公众通过志愿服务完成。20 世纪 60—90 年代,随着社会分工的不断细化,志愿者数量的增加以及志愿范围的不断扩大,志愿服务组织开始意识到管理和流程的必要性,纷纷开始制定规范与制度,志愿服务由此进入了制度化建设阶段。到 21 世纪,随着

---

　　① 徐帅.中国特色志愿服务体制研究[D].北京:北京交通大学,2019.

　　② 塞拉蒙.第三域的兴起[M]//李亚平,于海.第三域的兴起:西方志愿工作及志愿组织理论文选.上海:复旦大学出版社,1998:7-8.

国际化趋势不断加深,志愿服务活动的国际化交流也愈加频繁,大量志愿服务的国际组织及国际分部都在这一时期成立,其中标志性的事件为 1997 年 11 月召开的第 52 届联合国大会通过了关于将 2001 年定为国际志愿者年的决议[①]。

虽然现代志愿服务的理念是由西方传来的,但也是中华传统慈善文化的延续与复苏。作为中国传统社会主流思想的儒家思想包含了"仁者爱人"以及"老吾老以及人之老,幼吾幼以及人之幼"等博爱思想,奠定了中国传统慈善的思想基础。墨家更是主张"兼相爱,交相利",即不分亲疏、贫富、贵贱,一视同仁地爱所有人,而且应互相帮助,共谋福利。除此之外,在道教和佛教中都可以找到类似的济世爱人的思想。虽然具有时代局限性,但这些都为志愿服务事业在中国的发展提供了文化土壤。而且从实践上来看,我国古代很早就有以寺院公益活动为主的志愿服务性质的活动,如济贫赈灾、赠药施药、恤幼抚孤等。

新中国成立后,1963 年 3 月 5 日,毛泽东主席发出了"向雷锋同志学习"的号召,在全国掀起了"学雷锋"活动的热潮。如今,半个世纪已过,雷锋精神依然长盛不衰。雷锋精神的精髓——为人民服务,也正是志愿服务的精髓所在。2000 年 3 月 5 日被共青团中央确定为全国首个"中国青年志愿者服务日",从此雷锋精神在新的历史条件下被赋予了新的内涵,为今天的志愿服务事业奠定了深厚的根基。

1993 年底,共青团中央决定实施中国青年志愿者行动。12 月 19 日,2 万余名铁路青年率先打出了"青年志愿者"的旗帜,在京广铁路沿线开展了"为旅客送温暖"志愿服务。青年志愿者行动迅速在全国展开。1994 年 12 月 5 日,团中央成立了中国青年志愿者协会。随后,各级青年志愿者协会也逐步建立起来,初步形成了由全国协会、省级协会、20 余个地(市)级协会及部分县级协会组成的志愿服务组织管理网络。1998 年 8 月,团中央成立了青年志愿者行动指导中心,负责规划、协调、指导全团的青年志愿服务工作,承担中国青年志愿者协会秘书处的职能。1995 年开始,团中央进行了社区青年志愿者服务站建设工作。由24000 多个街道社区青年志愿者服务站、10 多万支志愿者服务队组成的青年志愿服务基层组织网络已见雏形。与此同时,青年志愿者招募、培训、考核、评估、表彰等制度普遍建立起来,青年志愿服务的内部运行机制逐步形成。1999 年 8 月,广东省人大通过了国内第一部省级青年志愿服务条例。

进入 21 世纪,青年志愿者行动的服务领域不断扩大,在农村扶贫开发、城市社区建设、环境保护、大型活动、抢险救灾、社会公益等领域形成了一批重点服务项目。2008 年是中国志愿服务事业发展史上具有里程碑式意义的一年。在汶川大地震救援活动中深入灾区的国内外志愿者达 300 万以上,在后方参与救灾的志愿者达 1000 万以上[②]。

---

① 塞拉蒙.第三域的兴起[M]//李亚平,于海.第三域的兴起:西方志愿工作及志愿组织理论文选.上海:复旦大学出版社,1998:7-8.

② 中国 1300 多万名志愿者参与汶川地震抗震救灾[EB/OL].(2009-05-11).http://www.chinanews.com/gn/news/2009/05-11/1685755.shtml.

根据《2018 年中国志愿服务发展指数报告》提供的数据来看,中国志愿者的数量从 2013 年的 8535 万人迅猛增长至 2018 年的 19811 万人,总增长率为 132％。2018 年度志愿服务时间为 21.97 亿小时,贡献价值为 823.64 亿元,而开展过志愿服务的各类注册与未注册的志愿服务组织、其他社会组织与志愿服务团体则大约有 143.3 万家。

二、国外对志愿服务的规范

志愿服务在西方国家有悠久的历史,然而由于各国政体、宗教、文化、传统、习俗等方面的差异,各国在法律上对其并没有统一的定义和规范。下面我们分别以美国、德国和日本为例介绍其他国家对于志愿服务的相关规定和政策。

(一)美国:政府与社会形成合力,促进志愿服务发展

在美国,公民结社传统和民间社会组织理论的发展,使得公民自发建立志愿组织的行为成为一项普遍的社会现实,推动了美国志愿服务的发展。美国于 1973 年制定了《美国志愿者保护法》,并进行了 5 次修正以顺应时代需要,1989 年最后一次修正之后称为《美国国内志愿服务修正法》。后续又接连通过了《美国国家和社区服务法》《美国国家和社区服务信用法》《美国志愿者保护法》《美国公民服务法》和《爱德华·肯尼迪服务美国法》等法律[①]。

除了政府的鼓励,美国的志愿服务也得到了社会的广泛参与和支持。一些美国企业通过设立基金会为其提供资金援助,如"洛克菲勒基金会""福特基金会""美洲银行慈善基金会"等;此外,美国的非营利组织也是志愿服务的主要平台,涉及民生各个领域。无论是企业,还是非营利组织,都为美国的志愿服务提供了资金支持和源源不断的组织队伍。

此外,对于志愿精神的培育也是美国志愿服务中重要的一点。很多美国高校都注重学生参与志愿服务的情况,并将其作为招生的一个参考条件。在大学期间,参与志愿服务也是学生申请奖学金、抵扣学分等的重要参考依据。

在接受各方支持的同时,志愿服务的发展也在美国的经济、公民文化建设等不同方面创造了巨大的价值。

(二)德国:严格监管志愿服务,明确权利义务

德国就志愿服务相继出台了《德国奖励社会志愿者年法》《德国公益法》《德国捐赠法》和《德国青年志愿服务促进法》等以支持本国志愿服务,同时明确了志愿者权利和义务,如志愿者有参加培训的权利,并对培训时间等作出规定。《德国青年志愿服务促进法》第 3 章第 2 条还规定"志愿社会服务将伴之以督导教育",即更新志愿者知识、提高志愿者的志愿服务能力和沟通能力,注重提升志愿者的知识和技能。

在德国,志愿服务组织的登记不是强制的,不登记的志愿服务组织也可以自主开展活动。但是登记后,志愿服务组织可以取得法人资格并享受减免税收的优惠。一般来说,只要

---

① 张松. 志愿服务立法研究:以行政法为视角[D]. 呼和浩特:内蒙古大学,2012.

志愿服务组织以实物、精神或道义致力于公共福利和慈善事业及宗教工作即可享受税收优惠。登记后的志愿服务组织,若经过财政部审查被认定为公益性组织,即可享受减免税待遇。但是如果志愿服务组织将财产用于非公益目的或者分配给成员,将要补交10年税款。税务局每隔三年会对享有税收优惠的志愿服务组织审查一次,未通过审查的志愿服务组织将被取消减免税资格①。

接受捐赠的志愿服务组织必须保证按照捐赠人的意愿使用捐赠,使用捐赠的信息和程序必须公开透明。监督的职责由德国社会事务中央研究所承担,由研究所设定募捐资金使用的衡量标准,并对志愿服务组织进行评估,考察志愿服务组织所募集的资金是否有挪用现象,是否按照捐赠者的要求支配,是否按照程序的要求支配,以及资金使用的合理性、有效性。

(三)日本:志愿服务组织的严格监管和充分资金保障并行

日本的志愿服务立法主要效仿美国,也较多使用"非营利组织"这一概念。日本于1998年通过《日本特定非营利活动促进法》,这部法律与《日本民法》《日本社会福利服务法》《日本宗教团体法》《日本信托法》《日本医疗服务法》等法律一起构成了日本的志愿服务法律制度。该法律从四个方面进行规定以支持日本民间的志愿服务活动:①界定非营利性活动,包括医疗卫生、社会保障、环境保护、科学教育等多项内容。②设立志愿者组织法人化的条件和程序,条件包括从事非营利活动、无偿性、对志愿者不附加不当条件、领薪理事少于总理事数的三分之一、不以宗教和政治活动为主、对公职者和政党保持中立、非暴力和十人以上。③规范志愿服务组织法人的管理和运营,志愿服务组织采用理事会制度、每年按时提交事业报告书、财产目录和收支计算书,并接受政府、社会公众的监督。④制定志愿服务组织税收优惠政策,只要进行特定非营利活动的全部收入都免税。此外,日本还规定预留邮政储蓄利息部分的30%作为设立志愿者活动的专项基金②。

三、我国的志愿服务立法实践

在《志愿服务条例》颁布之前,我国在国家层面并没有专门的志愿服务立法。关于志愿者、志愿服务组织、志愿服务对象的权利和义务以及对志愿服务进行监管的机构的职责规定散见于不同的法律、行政法规中。与此同时,因为志愿服务涉及社会生活的各个方面,相应的行政机关对该领域的志愿服务也会进行具体规定,因此,有关志愿服务的部门规章等也构成了我国志愿服务法律体系的一部分。

《宪法》在第四十二条第一款中规定:"中华人民共和国公民有劳动的权利和义务。"第三款规定:"劳动是一切有劳动能力的公民的光荣职责。""国家提倡公民从事义务劳动。""提倡公民从事义务劳动"可以视为国家提倡公民志愿服务的宪法依据。公民虽然有劳动权利和义务,但是对于公民的义务劳动,国家是"提倡",即鼓励和支持公民从事志愿服务,但这项

① 王名,李勇,黄浩明.德国非营利组织[M].北京:清华大学出版社,2006.
② 李晓宇.我国志愿服务立法研究[D].北京:中国石油大学,2014.

"义务劳动"并不是公民的义务。

《红十字会法》中也有部分内容与特定领域的志愿服务相关。其中第三条规定了"国家鼓励自然人、法人以及其他组织参与红十字志愿服务。国家支持在学校开展红十字青少年工作";第五条规定了政府对红十字会的支持和监督;第十八条规定了国家对红十字会兴办的与其宗旨相符的公益事业给予扶持等。

新出台的《慈善法》也涉及了志愿服务的相关内容。第七章"慈善服务"明确了慈善服务是指慈善组织和其他组织以及个人基于慈善目的,向社会或者他人提供的志愿无偿服务以及其他非营利服务。可见,慈善服务实际上包括了两种情形:一种为志愿无偿服务;另一种为其他非营利组织服务。其中的志愿无偿服务即对应《志愿服务条例》的志愿服务。同时该章集中规定了慈善服务的制度框架,从志愿者招募登记、管理培训、志愿服务记录与证明出具、人身安全保障等四个方面做了核心规定,以保障慈善组织和志愿者的合法权益。同时,《慈善法》还在第十一章"法律责任"部分规定了慈善服务过程中的损害赔偿责任。

国务院颁布的《志愿服务条例》自 2017 年 12 月 1 日起施行后,成为我国目前志愿服务领域效力等级最高的全国性法规,也是我国第一部专门规定志愿者、志愿服务组织、志愿服务的行政法规。《志愿服务条例》从起草到出台历经 8 年之久,对志愿服务的基本原则、管理体制、权益保障、促进措施等做了全面规定。

《志愿服务条例》出台后,各地迅速将其落实到了地方性法规中。以《天津市志愿服务条例》为例,具体条文共七章四十五条,其中,志愿服务的规范和管理,志愿者的权利义务及激励和保障,志愿服务组织体系设置,社会对志愿服务的思想认识,志愿服务组织的法律地位和职责,志愿服务在社会发展中的地位,志愿服务组织、志愿者与志愿服务对象三者关系,是其主要针对的内容,并就法律责任等问题做了比较明确的规定。所以,在从事志愿服务工作过程中,不仅要关注全国性的法律法规,还需要遵守活动所在地的地方性志愿服务法律。

思考题

我国和美国、德国、日本相比在志愿服务的法制规范上有何不同?

第二节　志愿服务的法律关系

一、主体

(一)志愿者

作为志愿服务的主体,志愿者有很多不同的称呼。我国内地一般都称之为"志愿者",我国港澳台地区则称之为"义工"或"志工"。

美国社工协会对"志愿者"的定义是"追求公共利益、不计报酬、本着自我意愿及选择而结合为志愿团体,参加此类团体的工作者即为志愿者"①。我国香港特别行政区政府义务工作发展局将志愿者定义为"任何人在不为任何物质报酬的情况下,为改进社会而自愿提供服务、贡献个人时间及精神的人"。中国青年志愿者协会在《中国青年志愿者注册管理办法》中对志愿者的定义是"不为物质报酬,基于良知、信念和责任,自愿为社会和他人提供服务和帮助的人"。

《志愿服务条例》对志愿者有如下定义,即"志愿者,是指以自己的时间、知识、技能、体力等从事志愿服务的自然人",而"志愿服务"是指"志愿者、志愿服务组织和其他组织自愿、无偿向社会或者他人提供的公益服务",强调了志愿服务的三大基本特征,即自愿性、无偿性和公益性。

自愿性是指志愿服务出自志愿者本人的真实自主意愿,任何组织和个人不得强行指派志愿者、志愿服务组织提供服务。无偿性是指志愿服务组织、志愿者不向志愿服务对象收取报酬,志愿者作为服务提供者也不从志愿服务组织处获得相应的对价。公益性是指志愿服务必须指向公共利益,受益者是不特定的多数人,而不是仅帮助有服务义务的对象,更不能从事营利性活动。

(二)志愿服务组织

现代志愿服务通常是以组织形态开展的,在文献和法条法规中经常会见到"志愿者组织""志愿组织"和"志愿者服务组织"等不同的称呼。这些称呼虽然很类似,但含义还是有所差别的。"志愿者组织"在2010年的《北京市志愿者管理办法(试行)》中被定义为"市和区、县志愿者联合会(协会)及各类专业性志愿者协会等依法成立、专门从事志愿服务活动的非营利性社会团体"。在美国约翰斯·霍普金斯大学政策研究所教授莱斯特·M.萨拉蒙的著作中,"志愿组织"指介于政府与企业之间的非营利性组织。以此为根据,志愿者组织则是志愿组织的一种,指其中专门从事志愿者服务的非营利性组织。志愿者组织与志愿服务组织概念基本是等同的。

在英国伦敦成立的"慈善组织会社"是公认的成立较早的志愿服务组织,并成为政府与各种慈善组织沟通交流的桥梁。19世纪末20世纪初,欧美各国通过了大量的有关社会福利的法律法规,因而对帮助志愿者落实服务工作的需求也相应增多,志愿服务组织也就应运而生了。经过了一个多世纪的发展,目前的志愿服务组织已经实现了组织化、规范化和系统化。尤其是在欧美等国家,志愿服务组织较为活跃,大多数公民都具有志愿服务意识,极大地提高了社会公益水平。我国的志愿服务活动早在改革开放之前就出现了,但真正快速发展是在20世纪80年代以后。组织形态最初为以社区志愿服务为主的形式,后来随着社会生活领域的变化,青年志愿者服务组织也渐渐成为我国志愿服务组织的主要形式,例如中国青年志愿者协会就是目前我国规模最大的志愿服务组织之一。

根据《志愿服务条例》的定义,志愿服务组织是指依法成立,以开展志愿服务为宗旨的非

---

① 吴美慧.义工制度的理论与实施[M].台北:心理出版社,1995:10.

营利性组织。志愿服务组织可以采取社会团体、社会服务机构、基金会等组织形式。一般志愿服务组织都具有以下属性:第一,自愿性。顾名思义,志愿服务组织内的志愿者必然都是自愿参加组织,想在志愿服务中体现自己的价值,将自己的志愿贯彻落实在具体志愿行为中。任何机构或个人均不得将志愿服务作为义务强加给志愿服务组织或志愿者。第二,组织性。之所以被称为组织,就是因为志愿者不再以个人身份从事志愿服务,而是以组织的形式在组织框架的约束下开展活动。第三,参与性。志愿服务组织都直接地依赖志愿者们的志愿参与行为,这些行为可以是贡献时间或技能、知识、体力。第四,使命感。这一点与自愿性是息息相关的。正是因为使命感,志愿者们才会自愿贡献时间和精力。如果没有强烈的使命感的支持,志愿服务组织是无法长久存在的。

另外,可以开展志愿活动的并不仅限于上述组织形式,《志愿服务条例》还规定,基层群众性自治组织、公益活动举办单位和公共服务机构自行招募志愿者提供志愿服务的,参照条例关于志愿服务组织开展志愿服务活动的规定执行。志愿服务组织以外的其他组织可以开展力所能及的志愿服务活动。城乡社区、单位内部经基层群众性自治组织或者本单位同意成立的团体,可以在本社区、本单位内部开展志愿服务活动。

二、志愿者的权利和义务

作为规范志愿服务行为的重要法律依据,《志愿服务条例》全面规定了志愿者享有六大方面的权利。

(1)知情权,即志愿者有权从志愿服务组织处获知与志愿服务相关的真实、准确、完整的信息,及在志愿服务过程中可能发生的风险。

(2)选择权,即志愿者可以选择参与志愿服务组织开展的志愿服务活动,也可以自行依法开展志愿服务活动。

(3)接受培训权,即志愿服务组织开展的志愿服务活动需要具有专门知识、技能的人员,应该对参与活动的志愿者开展相关培训。

(4)安全保障权,即志愿者有权要求志愿服务组织为志愿者参与志愿服务活动提供必要条件,在安排志愿者参与存在人身危险的服务活动时,志愿服务组织还应当为志愿者购买相应的人身意外伤害保险。

(5)人格尊严及个人信息受保护权,即未经志愿者本人同意,志愿服务组织、志愿服务对象均不得公开或泄露所获知的其相关信息。

(6)获得志愿服务记录证明权,即志愿者有权要求志愿服务组织开具与所参与的志愿服务活动相应的志愿服务记录证明,志愿服务组织应当无偿、如实出具。

就志愿者的法定义务,《志愿服务条例》也进行了明确规定。

(1)应尊重服务对象人格尊严和个人隐私,不得向志愿服务对象收取或者变相收取报酬的义务。

(2)应当履行志愿服务协议约定的义务。

（3）因故不能参与或完成约定的志愿服务时，应当及时告知的义务。

（4）应当服从管理、接受必要培训的义务。

（5）开展应对突发事件的志愿服务活动时，应当接受有关人民政府设立的应急指挥机构统一指挥、协调的义务。

三、志愿服务活动中的侵权责任关系

志愿服务活动多种多样，涉及各个行业和领域，导致了各种侵权行为发生的可能性。这其中包括了志愿者侵权的法律责任和侵犯志愿者权利的法律责任。

（一）志愿者侵权的法律责任

志愿者侵权的法律责任，是指志愿者在进行志愿服务过程中因侵害服务对象或第三人而应承担的法律责任。对于整个国际社会来说，志愿者侵权民事责任的承担方式都是一个重要的问题。针对这一问题，目前主要有两种观点。

第一，由志愿服务组织承担责任，但在志愿者故意或有重大过失时享有追偿权。美国、西班牙、捷克和澳大利亚等国家的法律都规定，志愿者在志愿服务时非故意和重大过失造成的民事侵权责任由志愿服务组织或相关公共部门承担。

第二，中国台湾地区有学者则认为，志愿者在进行服务时，因故意或过失侵害他人权利的，应由其自负损害赔偿责任；在特殊情况下，其所属组织应提供法律之扶助。

然而大多数人还是赞同志愿服务组织对志愿者享有追偿权，尤其以志愿服务组织对这一观点支持度最高。因为志愿服务组织担心志愿者在志愿服务中伤害服务对象或做出有损组织形象的行为，追偿权能更好地保障志愿服务组织的权益。

《慈善法》采取的是第一种观点，规定慈善服务过程中，因慈善组织或者志愿者过错造成受益人、第三人损害的，慈善组织依法承担赔偿责任；若损害是由志愿者故意或者重大过失造成的，慈善组织可以向其追偿。志愿者与慈善组织虽然不是雇佣关系，但其性质上与慈善组织工作人员的职务行为具有相似性。志愿者在慈善服务中遵从慈善组织的安排，以慈善组织的名义进行活动，因而慈善组织有义务对志愿者的服务行为进行指导和监督。而且作为招募志愿者的慈善组织，对慈善服务过程应该有管理责任和风险防范能力。不过，完全免除志愿者的责任也不利于志愿者提高安全意识和注意义务，因而应赋予慈善组织追偿的权利。

（二）侵犯志愿者权利的法律责任

志愿者在提供志愿服务的过程中，其人身和财产权利遭受服务对象或第三人侵权时的救济权利也是志愿服务立法的一个焦点问题。

慈善组织作为志愿服务的招募者和组织者，对于志愿者在志愿服务中受到的损害理应承担赔偿责任。只有权利得到保障，志愿者才能解除后顾之忧，积极投身于志愿服务。但这无疑加重了作为非营利性组织的慈善组织的负担。因此《慈善法》规定，志愿者在慈善服务过程中,因慈善组织过错受到损害的,慈善组织依法承担赔偿责任。但如果该损害是由受益人或第三人的原因造成且慈善组织没有过错的,志愿者可以依法向受益人或第三人请求赔偿,慈善组织应提供帮助。对于由于不可抗力造成的损失,慈善组织应给予适当补偿,以褒扬志愿者精神。

四、志愿者的管理

为保障志愿服务的顺利进行以及各方的合法权益,除了上述对于侵权法律责任的规定,《慈善法》及《志愿服务条例》还对志愿者的管理制度做出了相应规定。

《慈善法》在"慈善服务"部分分别从志愿者的招募、登记、培训,志愿服务的安排,志愿服务的记录和证明出具,志愿者的权益保障以及志愿者的义务履行方面规定了制度框架。《志愿服务条例》则主要在第三章"志愿服务活动"中对这些制度进行了进一步细化和明确。

关于志愿者招募,《慈善法》规定,慈善组织安排志愿者参与慈善服务,应当与志愿者的年龄、文化程度、技能和身体状况相适应。《志愿服务条例》做出了与此一致的规定,并强调不得要求志愿者提供超出其能力的志愿服务。关于招募信息发布,则应做到真实、准确、完整,并充分披露可能存在的风险。

关于志愿者登记,根据《慈善法》及《志愿服务条例》规定,慈善组织应当对志愿者实名登记,应当如实记录志愿者个人基本信息、志愿服务情况、培训情况、表彰奖励情况、评价情况等信息,按照统一的信息数据标准录入国务院民政部门指定的志愿服务信息系统,实现数据互联互通。

关于志愿者培训,《慈善法》及《志愿服务条例》规定,开展对专门技能有一定要求的慈善服务时,慈善组织应对志愿者开展相应的专业培训。一方面,必要的培训可以保证志愿者参与服务的兴趣和热情,避免工作上的困难与障碍;另一方面,这也是对受益人权益负责的体现,可以有效避免在服务过程中产生纠纷。

关于志愿者和志愿服务组织、志愿服务对象之间权利义务的明确,《慈善法》及《志愿服务条例》规定,各方可以根据需要签订协议,约定志愿服务的内容、方式、时间、地点、工作条件和安全保障措施等。慈善服务的内容,涉及的专业技能和风险都会影响志愿者的决定,也关系到志愿服务能否顺利进行。志愿者服务协议则是明确双方法律关系的有效方式,可以有效解决慈善服务过程中产生的纠纷。

关于志愿服务记录证明的出具,除《慈善法》和《志愿服务条例》明确规定的无偿、如实出具的基本原则外,民政部于2012年发布的《志愿服务记录办法》对志愿服务记录的原则、主体、内容、方式、鼓励措施等进行了明确。另外,由民政部于2021年发布的《志愿服务记录与证明出具办法(试行)》重点围绕志愿服务记录谁来记、记什么、怎么记,志愿服务记录证明谁来出、出什么、怎么出,以及如何监管进行了规定。该办法的正式出台将有助于更好地维护志愿者权益,促进志愿服务的规范发展。

📝 **思考题**

你如何看待志愿者与志愿服务组织之间的关系？

➡️ **本章重点概念**

(1)志愿服务,即志愿者、志愿服务组织和其他组织自愿、无偿向社会或者他人提供的公益服务。

(2)慈善服务,即慈善组织和其他组织以及个人基于慈善目的,向社会或者他人提供的志愿无偿服务以及其他非营利服务。

(3)志愿服务组织,也称志愿者组织或志愿组织,指依法成立,以开展志愿服务为宗旨的非营利性组织,可以采取社会团体、社会服务机构、基金会等组织形式。

(4)志愿服务团体,即经社区或单位同意成立的,以开展志愿服务为宗旨,尚未依法登记的团体,大多采取志愿服务队等形式组建,一般也称为志愿服务团队。

(5)志愿者,即以自己的时间、知识、技能、体力等从事志愿服务的自然人。

📖 **拓展阅读**

[1]毛立红.中国志愿服务法制化研究[M].北京:中国人民大学出版社,2013.
[2]王忠平.志愿服务管理理论与实务[M].北京:北京交通大学出版社,2015.
[3]王振耀.中华人民共和国慈善法评述与慈善政策展望[M].北京:法律出版社,2016.
[4]吴美慧.义工制度的理论与实施[M].台北:心理出版社,1995.

第七章 信息公开

本章内容概要

社会组织信息公开的不充分是导致其社会公信力流失的根本原因之一。本章将以信息公开的法理基础作为依据,简要介绍社会组织信息公开的发展情况及国内外的法律规范情况,同时将社会组织信息公开与企业信息公开进行对比,进一步阐释社会组织信息公开内容及意义所在。

第一节 社会组织信息公开概述

随着社会治理结构的日渐调整,政府开始将大量微观的管理工作委托给其他社会主体来担当,其中特别是各类社会组织被委以重任,以此逐渐实现政府职能从微观的直接管理走向宏观的间接治理。在此背景下,我国的社会组织近年来迎来了发展的高峰期。社会组织在提供公共服务、开展公益活动等方面发挥重要作用的同时,与之相关的负面新闻也频现报端,无论是 2011 年的郭美美事件,还是 2020 年新冠肺炎疫情中陷入舆论中心的湖北省红十字会,这些事件都打击了社会组织的公信力,致使我国的公益慈善事业遭受了信任危机。而究其原因,社会组织信息公开的不充分是根本原因之一。

一、社会组织信息公开的法理研究

(一)社会组织信息公开有利于保障社会公众的知情权

公众对信息的获得和使用有赖于信息自由,信息自由是人们在交往活动中追求的基本价值目标,这一基本价值目标进一步体现为公民的一项基本权利——信息自由权。信息自由权可以包含知情权、信息传播自由权、信息财产权、隐私权等[①]。知情权作为公民获取与了解信息的权利,是信息自由权中所涵盖的其他权利的基础。

保障社会公众的知情权是增强社会组织公信力的工具。中国的社会组织尚在发展完善,社会公众对于社会组织的认知还需提高。通过定期向社会公众公开社会组织内部信息,保障社会公众的知情权,能够在一定程度上帮助社会公众更加深入地了解社会组织的角色定位和运作方式,进而加强社会公众对社会组织的信任。随着社会组织的去行政化进程,监

---

① 李晓辉.信息权利:一种权利类型分析[J].法制与社会发展,2004(4):79.

管力量由行政监管转移到社会监管。互联网和新媒体的快速发展,导致在社会监管背景下的虚假性陈述、误导性陈述、故意重大遗漏或错误陈述等比在行政监管背景下的影响面更大,对于社会组织公信力具有更大的负面影响,产生的违规成本也更高。信息公开更加充分的社会组织更易赢得社会公众的信任,获得社会资源,从而更易在竞争之中取胜,这必然促使社会组织主动在内部健全信息披露机制以保障社会公众的知情权。

保障社会公众的知情权是政府与社会组织开展合作治理的重要基础。随着中国经济的不断发展以及公民参与社会治理意识的不断增强,社会组织越来越多地参与到社会治理中来,为政府的社会治理工作起到了补充作用。有效的信息公开和信息交流有利于社会组织和政府在互相交流学习的同时,划清自己在社会治理中的角色,可促进政府与社会组织的合作治理,同时也使公众知晓政府与社会组织的不同职能方向,为政府与社会组织合作治理奠定良好的群众基础。

(二)社会组织信息公开有利于避免信息不对称问题

信息不对称问题源自委托代理理论,该理论是公司治理的基础理论之一,由美国经济学家伯利和米恩斯在20世纪30年代提出。委托代理理论主要研究的委托代理关系是一种合同关系,指一方授权另一方代表自身从事某种行为,而实际上涉及信息不对称的交易,有信息优势的一方称为代理人,不具有信息优势的一方称为委托人,代理人以委托人的名义行事,行为后果由委托人来承担[①]。而信息不对称则可概括为人们在市场经济活动中对相关信息的掌握程度不同,获知较多信息的人一般比获知较少信息的人处于更有利的地位。

上述委托代理中所存在的信息不对称情形同样适用于社会组织。对于社会组织接受的捐赠财产的属性,学术界一直存在争议。但不论是公益产权说、社会公共财产说,还是法人财产说,都肯定了这类财产所具有的独立性,即它并不完全属于捐赠人、受赠人和受益人中的任何一方。基于这一特点,捐赠人将资金或物资捐赠给社会组织时,委托人并不只有捐赠人,还有受益人甚至整个社会公众。与社会组织的管理者产生委托代理关系的也不仅仅是捐赠人,而是整个社会公众。当社会组织管理者和利益相关方在各自掌握信息并不对称的情况下,社会组织管理者为了追求自身利益,很有可能利用信息优势地位隐瞒欺骗利益相关方(捐赠人、受益人、社会公众等),浪费甚至贪污慈善资源。而要避免信息不对称问题,加强社会组织信息公开是有效途径之一。

二、社会组织信息公开机制的理论诠释

在社会信息公开机制的理论框架中,社会组织的性质决定其愿意选择自愿性信息披露,但是因自愿性信息披露存在公开成本、信息复杂性等局限性,会导致自愿性披露受阻。为了保护潜在捐赠人和公众的利益,监管者(政府)介入管制信息公开——强制性披露就有了其必要性。

---

① 王旭.信托关系的受托人努力程度、总福利与注意义务:基于委托代理模型分析[D].济南:山东大学,2012.

(一)自愿性信息公开

1.自愿性信息公开的动机

社会组织的资金来源主要是政府的资助或者项目资金、募捐收入、会费等。而潜在的捐赠者在做出捐赠决定之前,会主动收集、查询社会组织的财务稳定性、管理效率、政府补助收入等相关信息作为其是否实施捐赠的参考,比如那些重要和频繁的捐赠者会比较不同慈善组织披露的财务信息[①],如通过慈善组织的项目支出比来衡量组织的效率。面对此种局面,社会组织便需要进行自我宣传,通过更多的信息公开,让公众更了解自己、更相信自己,从而提升组织的透明度,以此获得更多的捐赠或资金支持。因此从社会组织本身的内在性质来看,其有充分的动机自愿地进行信息公开。

2.自愿性信息公开的局限

虽然社会组织愿意自愿地进行信息公开,但是该种自愿性信息公开也存在一定的局限性。首先,任何考虑做出披露的个体只会披露对个体有利的信息,而不披露对个体不利的信息[②]。虽然社会组织的公益性决定了它的利他性,即聚集和充分利用资源为社会提供服务,追求社会效益的最大化,但是并不能防止组织管理者完全摆脱有限理性经济人的人性特征,毫无保留地公开任何组织信息,包括对组织而言不利的信息。在信息公开过程中,必然会出现组织管理者尽可能回避公开不利于组织的信息,而着重突出有利于组织的好消息的情况。

其次,信息公开本身需要耗费社会组织一定的人力、物力方能实现,而面向公众的公开更会增大信息的内容和复杂程度,这也就要求付出相对更多的人力、投入更多的资源方能实现。出于节约成本的考量,社会组织自然会倾向于选择少量、简单的信息予以公开,这也就会导致所公开的信息不够充分、全面,影响或不足以让潜在捐赠人做出决策。

最后,社会组织在自愿进行信息公开时,不同类型的组织可能根据其自身特性、潜在捐赠人、公众的信息需求等,自由地选择不同内容的信息以多样化的形式加以呈现,即使是同一组织,也可能根据其不同时间段的发展特点等就不同内容的信息予以公开,这就造成不同组织之间以及同一组织在不同时间段公开的信息之间缺乏可比性,不利于潜在捐赠人和公众形成系统性的认知,影响其做出决策。

(二)强制性信息公开的动因

在社会组织信息公开问题上,哈佛商学院贾纳·E.赫茨琳杰教授认为,非营利组织缺少商业领域中的强制性责任机制,例如,缺乏由所有制决定的个人利益的作用,缺乏提高效率的竞争机制,缺乏显示企业最终业绩的晴雨表——利润测算[③]。社会组织需要一定的制度

---

① 刘志明.慈善组织财务信息披露对捐赠决策的影响研究:对个人捐赠者和机构捐赠者的对比分析[J].福建行政学院学报,2017(5):68.

② 程昔武,纪纲.非营利组织信息披露机制:一个理论框架[J].财贸研究,2008(4):113.

③ 程昔武,纪纲.非营利组织信息披露机制:一个理论框架[J].财贸研究,2008(4):113.

规则帮助其更高效率、更负责地进行信息公开，推进其更好地完成自己的组织目标。在借鉴美国证券交易市场针对信息披露管制的基础上，赫茨琳杰教授提出了 DADS 法解决方案，即披露（disclosure）→分析（analysis）→发布（dissemination）→惩罚（sanction），该方案要求社会组织必须向公众披露、分析和发布有关自身工作表现的各种信息，同时对不遵守上述要求的组织进行惩罚。可见，赫茨琳杰教授认为，为了树立社会组织的公信力，组织信息的强制性公开是必要的。

而在社会组织存在自愿性信息公开动机的前提下，还需要强制性信息公开，其动因主要在于弥补自愿性信息公开的局限性。

三、社会组织信息公开的发展

据美国基金会中心报道，20 世纪 50 年代，美国基金会数量约为 5000 家，资产规模约为110 亿美元，为了回应政府和公众的各种质疑，基金会领域开启了信息公开之路；截至 2018年 2 月，美国基金会增长至近 10 万家，基金会信息公开的内容也从最初的两页纸大幅增厚至多达 1000 余页的报告①。

根据 2015 年度《中国民间公益组织透明度发展研究报告》②显示，2013 年中国民间公益组织透明度平均得分为 27.23 分，2014 年为 27.87 分，2015 年提升到了 32.44 分，较 2014 年增长了 16.4%，较 2013 年的增幅达到了 19.1%。可见我国社会组织信息公开的状况在逐年改善，但是信息公开的状况仍未达到令公众满意的程度。根据该报告，组织基本信息的公开在理论满分 18.58 的情况下为 13.87 分，而治理与管理信息公开、财务信息公开和项目信息公开的情况还需加强，其中尤以财务信息公开的情况不甚理想，只有理论满分的 8%（见图 7-1）。

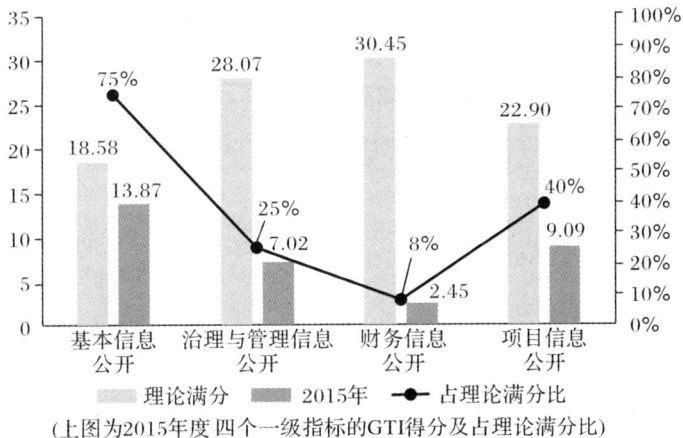

（上图为2015年度四个一级指标的GTI得分及占理论满分比）

图 7-1　2015 年民间公益组织各项指标信息公开的情况

① 陶泽. 从透明度拓展到诚信度：社会组织发展进入"新时代"[J]. 中国社会组织，2018(4)：15.
② 中国民间公益组织透明度发展研究报告(2015)[EB/OL]. [2019-02-16]. http://www.chinagti. org/2015.

社会组织信息公开情况还需加强的原因一方面在于缺乏救济途径,另一方面在于缺乏信息平台。截至 2016 年《慈善法》正式出台之时,虽然部分地区建立了地区化社会组织信息公开平台,但仍有 71% 的省份未建立省级信息平台,我国也没有建立统一的社会组织信息公开平台①。信息公开渠道的缺乏使得社会组织想要公开却缺乏途径,救济途径的缺乏在此基础上进一步加深了社会组织信息公开的惰性,最终导致了社会组织信息公开不充分、质量不高的状况。

《慈善法》所规定的"通过统一信息平台公布"的要求敦促了中国社会组织信息共享平台的建设。《慈善法》出台后我国逐步建立了慈善组织信息发布平台,民政部也开通了全国社会组织信息查询的平台,社会组织信息公开渠道的健全有利于社会各界对社会组织进行全面监督。

民政部建立的"中国社会组织政务服务平台"已正式运行,社会公众可以上网查询全国 80 多万个社会组织的基本信息。国家社会组织法人库也正在建设之中。据《国家社会组织法人库数据归集目录》显示,国家社会组织法人库项目将归集社会组织数据以下 17 项相关信息,包括社会组织基本信息、法定代表人/负责人/监事/理事备案信息、主要人员工作经历信息、社会组织法人登记证书信息、党建信息、党员信息、注销信息、审计信息、变更信息、评估信息、行政处罚信息、立案调查信息、慈善公开募捐违法行为处罚信息、活动异常名录信息、严重违法失信名单信息、年检结果信息、年检详细信息。

2017 年 9 月 4 日,全国慈善信息公开平台"慈善中国"网站正式开通,该平台是民政部根据《慈善法》要求建设的统一信息公开平台,用于慈善组织、慈善信托受托人等参与主体面向社会公开慈善信息。《慈善法》的实施以及"慈善中国"的开通,正是我国社会组织信息公开情况不断得到改善的表现之一。而法律要求慈善组织进行信息公开的内容也更加全面,由最早的仅要求公开财务收支和活动情况②到现在要求公开组织章程、成员信息、年度工作报告和财务会计报告、慈善项目的募捐和实施情况以及关联交易等各种信息,以确保社会公众的知情权,增强社会公信力。

思考题

(1)社会组织信息公开的必要性体现在哪里?

(2)除本章已提到的,是否存在其他动因导致强制性信息公开?

---

① 何华兵.慈善法背景下慈善组织信息公开的立法现状及其问题研究[J].中国行政管理,2017(1):42.

② 《基金会管理办法》第十二条规定,基金会应当每年向人民银行和民政部门报告财务收支和活动情况,接受人民银行、民政部门的监督。

第二节　社会组织信息公开的法律规范

一、国外非营利组织信息公开的法律规范

信息公开是非营利组织健康发展的保障。国外有很多国家的立法都对信息公开的内容、对象和要求等做出了较为完备的法律规范，可以为我国所借鉴。

(一)信息公开的内容

信息公开的内容是指非营利组织应当披露的活动及其相关的记录，纵观各国立法要求，其对于信息公开内容的规定存在着一定的差异性。

按照《美国非营利组织法人示范法》，非营利组织需要公开的信息包括非营利法人应当保存的法人档案材料以及应当报送的年度报告等内容。根据该法规定，本州非营利法人和被授权在本州从事业务活动的外州(国)非营利法人应当在法定年度的1月1日至4月1日之间以规定形式向州务卿发送年度报告，其中需要记载的是：法人的名称；根据其法律设立法人的州或者国家的名称；办事处的地址；在本州内在职的登记代理人的名称；董事和主要执行官的姓名和营业或者居所地址；业务活动内容的简单描述；是否拥有成员；如果是本州法人，其是否是公益、互益或者宗教法人；如果是外州(国)法人，其若在本州内设立是否是公益、互益或者宗教法人。如果有成员提出书面要求，非营利法人还应向该成员提供最近的年度财务说明书(包括会计年度届满时的资产负债表和该年业务活动的说明书)，但宗教法人的章程或者章程细则另有规定除外①。

在英国，对于已登记的非营利组织每年必须定期向慈善委员会寄送会计记录和年度报告及组织的一些较大的变动情况，以及组织章程的变动情况、组织在资料表上记录的变化和其他变化②。

日本对于非营利组织信息公开内容的要求集中在《日本特殊法人情报公开法》和《日本特定非营利活动促进法》中。根据《日本特殊法人情报公开法》的规定，特殊法人应将损益计算书、借贷对照表、附属明细表、事业报告书、监事意见书、财产目录以及决算报告书等资料向社会公开，供公众查阅。而根据《日本特定非营利活动促进法》的规定，特定非营利活动法人应当根据内阁府令，在每个年度的前三个月内，制作关于上一财务年度的一份事业报告书、财产清单、资产负债表和收支计算书，上一年度所有负责人员的姓名、住所或者居所的列表，以及

---

① 杨道波，尹兆君.国外非营利组织信息公开法律制度考评[J].聊城大学学报(社会科学版)，2009(3):24-27.

② 杨道波，尹兆君.国外非营利组织信息公开法律制度考评[J].聊城大学学报(社会科学版)，2009(3):24-27.

所有领取报酬的负责人员的名册及至少 10 名社员的姓名和各自的住所或者居所。上述文件不仅需要每年一次向政府主管机关提交,还应允许社员、当事人和其他有兴趣人员查阅①。

西方国家对于非营利组织信息公开内容的要求具有一个显著的特点,即分类监管、区别对待维护利益范围不同、组织规模不同的非营利组织以及同一非营利组织的不同规模的财产活动。例如,相较于公益性组织而言,互益性组织的信息公开内容会更为简略,大型组织提交的报告内容会比小型组织提交的报告内容更为复杂等。

(二)信息公开的对象

除了常见的登记管理部门、税务部门等政府部门和社会公众外,国外非营利组织信息公开的对象还包括非营利组织同业组织及权威的评估、认证机构等。

1.政府部门

(1)登记管理机关。虽然瑞士等个别国家对非营利组织采用自由设立主义,但一般而言,非营利组织的设立都需经过登记的程序,因此向登记管理机关进行信息披露并接受其监督和管理是大多数国家对非营利组织的基本要求。前文中提到的英美等国家,非营利组织都需要将规定的信息公开内容提交给自己的登记管理机关。

(2)税务机关。在美国,组织是否依据税法享有免税待遇,是判断组织非营利性的重要标准,因此税务机关是美国非营利组织的重要监管机关之一。按规定,非营利组织应当向联邦税务局填写固定格式的年度报告表(即 990 号表),以报告该组织的活动情况和财务情况。在该表经过了联邦税务局的批准后,非营利组织才能够获得免税资格而成为免税组织。此后,这些组织每年仍然要提供年度报告和相应的审计报告。此外,年收入超过 25000 美元的公共慈善机构必须填写联邦税务局印制的 990 号表格,而私人基金会则需要填报 990 - PT 号表,倘若还有非相关的应税收入,还需要填写 990 - T 号表格,并交纳税金。这些表格的内容基本涵盖了非营利组织的年度收入和支出明细账,付给董事、执行官、骨干雇员和 5 个收入最高的员工的薪酬和福利,内部交易、自主计划和其他公益活动的日常安排,内部借贷,有关费用支出等。税务机关可以从中了解和监管非营利组织的重要财务和运营信息②。

(3)独立检察官制度。由于非营利组织财产所有人缺失或者不明确的特点,英美等国家设置了独立检察官制度,赋予独立检察官作为公益的代表进行调查、解任董事和受托人职务、起诉和参与起诉等权力,以保障非营利组织或公益信托的受托人遵循既定的公益宗旨、遵守法律法规和章程。《美国非营利组织法人示范法》特别规定了非营利组织对于首席检察

---

① 杨道波,尹兆君.国外非营利组织信息公开法律制度考评[J].聊城大学学报(社会科学版),2009
(3):24-27.

② 杨道波,尹兆君.国外非营利组织信息公开法律制度考评[J].聊城大学学报(社会科学版),2009
(3):24-27.

官的信息披露义务。例如,在其出售、出租、交换或者以其他方法处分(或者实质上处分)全部法人的财产或者资产时,如果该交易活动不属于其平常和日常业务活动,该法人必须提前20天向州首席检察官发布书面通知。在解散程序中,公益或者宗教法人应当向州首席检察官发布计划解散的书面通知以及表明财产转让或者让与对象(除董事外)的名册,否则不能够解散和转让财产①。

2. 利益相关方

非营利组织的利益相关方一般包括组织成员、捐赠人、受益人和社会公众等,是除了政府之外,重要的外部监督者。在美国,只要成员在其打算审核和复制的日期前至少5个营业日向法人发送书面通知,该成员就有权在法人规定的合理时间和地点审核和复制任何法人档案。《德国民法典》许可任何人查阅社团登记簿以及社团向法院递交的文件。在奥地利,执行机关应当向社员报告已被审查的收支账目。根据《匈牙利公益组织法》,任何人都可以查阅公益组织的年度公益报告,并可以自负费用进行复制②。

3. 非营利组织同业组织

非营利组织同业组织是非营利领域自愿联合的产物,其通过制定行业标准,对非营利组织进行评估,并用定期公布评估结果的方式,增加了非营利组织的公开性和透明性,起到相互监督、引导社会捐赠的作用。因此,国外的非营利组织往往也需要向同业组织披露相关信息,以取得同业组织的认可③。

4. 权威的评估、认证机构

与同业组织类似,非营利组织的评估与认证也具有自愿的属性,并不具有法律强制性,但基于评估、认证机构自身的权威性及公信力,如不参与针对非营利组织的评估、认证,非营利组织可能受到公共的质疑,因此,非营利组织往往自愿向评估、认证机构披露相关信息,接受评估与认证机构的审查、评定④。

(三)违反信息公开的法律后果

外国立法中,非营利组织及其相关责任人员违反信息公开的,应承担相应的民事责任、行政责任和刑事责任等。

---

① 金锦萍.非营利法人治理结构研究[M].北京:北京大学出版社,2005:175 - 176.

② 杨道波,尹兆君.国外非营利组织信息公开法律制度考评[J].聊城大学学报(社会科学版),2009(3):24 - 27.

③ 李东光,柏高原.非营利组织商业活动的法律规制研究[EB/OL].[2020 - 07 - 01].http://www.chinanpo.gov.cn/700103/92534/newswjindex.html.

④ 李东光,柏高原.非营利组织商业活动的法律规制研究[EB/OL].[2020 - 07 - 01].http://www.chinanpo.gov.cn/700103/92534/newswjindex.html.

在美国,非营利法人在到期日后 60 天内未向州务卿发送年度报告,州务卿则会向法人送达确定的书面通知,给予该法人 60 天的申辩更正期,如果法人未改正解散的每个原因,或者证明州务卿确定的每个原因不存在,州务卿可以通过签署记载解散原因和生效日期的解散证书而通过行政程序解散法人①。

在新加坡,如果财团法人拒绝或怠于向登记官或助理登记官提供所要求的信息资料,有义务执行上述命令的每个人则应当被认定为有罪,处 5000 元以下的罚金;如果向登记官或者助理登记官所提供的信息的任何部分是虚假的、不准确的或者不完整的,提供信息的人应当被认定为有罪,处 5000 元以下的罚金②。

在印度尼西亚,年度报告中的文件不真实或者有误导性的,理事会和监事会应当对受到损害的当事人承担连带赔偿责任③。

在韩国,根据《韩国非营利机构成立与运作法案》,非营利组织如果没有在年初提交经营计划和预算或在每个财政年度结束后没有提交准确的经营结果和年终财务状况的报告,或者提交虚假报告,则可以判处负责人 1 年以下有期徒刑或 300 万韩元以下的罚金④。

二、我国社会组织信息公开的法律规范

(一)我国社会组织信息公开法律规范的发展及现状

1. 社会组织信息公开的具体规范

正式开启我国社会组织信息公开之路的是 1993 年发布并实施的《红十字会法》,其后关于社会组织的信息公开义务分别规定于各项社会组织的立法中,社会组织信息公开法律制度以分散式立法的形式初具轮廓。其后,以 2006 年发布并实施的《基金会信息公布办法》为标志,社会组织信息公开法律制度正式成型。中国政府以出台法规的方式引导社会组织进行信息公开。2008 年汶川地震期间,民政部发布《汶川地震抗震救灾资金物资管理使用信息公开办法》,对特殊时期的信息公开提出特殊要求,要求社会组织公开抗震救灾资金物资的管理和使用信息;2011 年民政部发布《公益慈善捐助信息公开指引》,明确了社会组织信息公开的基本原则,详细规范了社会组织信息公开的内容,并确定了信息公开的时限和方式。

① 杨道波,尹兆君.国外非营利组织信息公开法律制度考评[J].聊城大学学报(社会科学版),2009(3):24-27.
② 杨道波,尹兆君.国外非营利组织信息公开法律制度考评[J].聊城大学学报(社会科学版),2009(3):24-27.
③ 杨道波,尹兆君.国外非营利组织信息公开法律制度考评[J].聊城大学学报(社会科学版),2009(3):24-27.
④ 杨道波,尹兆君.国外非营利组织信息公开法律制度考评[J].聊城大学学报(社会科学版),2009(3):24-27.

《基金会信息公布办法》作为中国社会组织信息公开法律制度细节化的第一步,主要规定了基金会信息公开的时点、内容和方式,主要分为定期信息公开和临时信息公开。所谓定期信息公开,是指作为信息公开义务人应当在每年 3 月 31 日前,向登记管理机关报送上一年度的年度工作报告,其中包括财务会计报告。登记管理机关审查通过后 30 日内,信息公布义务人按照统一的格式要求,在登记管理机关指定的媒体上公布年度工作报告的全文和摘要①。而临时信息公开是指公募基金会作为信息公开义务人,在募捐活动持续期间内,应当及时公布募捐活动所取得的收入和用于开展公益活动的成本支出情况。事后对项目进行评估的,应当公布评估结果②。此外,社会组织开展公益资助项目应当公布其种类以及申请、评审程序,项目完成后,应当公布有关的资金使用情况③。定期信息公开有助于社会各界监督社会组织的日常运营,而临时信息公开有助于维护捐赠人的权益,监督社会组织公平、公正地开展募捐、运用善款。

《公益慈善捐助信息公开指引》详细规定了信息公开的基本原则(及时准确原则、方便获取原则、规范有序原则、分类公开原则),为各种类信息的公开提供了参考,并提出以"公开为惯例、不公开为特例的原则",敦促社会组织践行信息公开,为社会监督提供条件④。社会各界可以通过社会组织出版物(如年报、通讯等)及其官方网站、大众媒体、电子邮件、公益慈善项目报告等线上或线下的多种方式了解社会组织运营情况及公益慈善募捐活动开展、善款资金运用情况⑤。

2014 年 11 月 24 日,国务院发布了《关于促进慈善事业健康发展的指导意见》,要求强化慈善组织的信息公开责任。2016 年 9 月 1 日起正式实施的《慈善法》对慈善组织的信息公开义务做了全面、系统的规定,并同步出台实施了《慈善组织公开募捐管理办法》,特别针对慈善组织公开募捐的信息公开义务做了明确,具有公开募捐资格的慈善组织应当接受更为严格的监督,透明度也应当更高。而 2018 年 9 月 1 日起正式实施的《慈善组织信息公开办法》则进一步详细规范慈善组织的信息公开行为(包括具有公开募捐资格的慈善组织的信息公开行为),保护慈善活动参与者(捐赠人、志愿者、受益人等)的合法权益,维护社会公众的知情权,以求促进中国慈善事业的长足发展。

而在《慈善法》颁布后,民政部在 2016 年先后发布了《社会团体登记管理条例(修订草案征求意见稿)》《民办非企业单位登记管理暂行条例(修订草案征求意见稿)》《基金会管理条例(修订草案征求意见稿)》,以及在 2018 年发布了拟取代上述三个条例的《社会组织登记管

---

① 《基金会信息公布办法》第五条。
② 《基金会信息公布办法》第六条。
③ 《基金会信息公布办法》第七条。
④ 《公益慈善捐助信息公开指引》第五条至第九条。
⑤ 《公益慈善捐助信息公开指引》第二十条。

理条例(草案征求意见稿)》。这些行政法规草案中都增加了信息公开相关规定,以期进一步完善社会组织信息公开法律制度。

以下是目前社会组织信息公开法律制度下,不具有慈善组织属性的各类社会组织信息公开内容相关规定的对比表(见表7-1)。

表7-1 不具有慈善组织属性的各类社会组织信息公开内容相关规定的对比表

主体	信息公开内容
不具有慈善组织属性的基金会	(1)年度工作报告以及财务会计报告。 (2)开展公益资助项目的信息,包括所开展的公益项目种类及申请、评审程序与评审结果,以及结项后的资金使用情况与评估结果(如有)。 (3)对专项基金的设立和终止信息、管理架构和人员信息等依照有关法律法规进行全面及时披露。 (4)为自然灾害等突发事件接受的公益捐赠,应当在取得捐赠收入后定期在自建网站和其他媒体上公布详细的收入和支出明细,包括捐赠收入、直接用于受助人的款物、与所开展的公益项目相关的各项直接运行费用等,在捐赠收入中列支了工作人员工资福利和行政办公支出的,还应当公布列支的情况(项目运行周期大于3个月的,每3个月公示1次;所有项目应当在项目结束后进行全面公示)。 (5)基金会应当及时向社会公众公布下列信息: ①发起人; ②主要捐赠人; ③基金会理事主要来源单位; ④基金会投资的被投资方; ⑤其他与基金会存在控制、共同控制或者重大影响关系的个人或组织; ⑥基金会与上述个人或组织发生的交易。 (6)基金会的内部制度,应当在登记管理机关指定的媒体或者自建网站等其他便于社会公众查询的媒体上予以公开
不具有慈善组织属性的社会服务机构	(1)应当将接受、使用捐赠、资助的有关情况以适当方式向社会公布。 (2)应当将登记证书、组织机构代码证书等,以及章程(或章程摘要)、服务项目和收费标准等有关信息的展板,在住所(或服务场所)的醒目位置,以上墙悬挂的方式,向社会公众公开。 (3)年度工作报告应当在登记管理机关指定的网站(媒体)上,向社会公开

续表

主体	信息公开内容
不具有慈善组织属性的社会团体	(1)应当向业务主管单位报告接受、使用捐赠、资助的有关情况,并应当将有关情况以适当方式向社会公布。 (2)应当于每年3月31日前向业务主管单位报送上一年度的工作报告,经业务主管单位初审同意后,于5月31日前报送登记管理机关,接受年度检查

2. 慈善组织信息公开的具体规范

相较于非慈善组织属性的社会组织,慈善组织所需公开的信息内容更加详细和全面,要求也更为严格。在2016年实施的《慈善法》中仅对慈善组织的一般信息公开义务做了规定。为避免造成法律条文实施落空,此后于2018年实施的《慈善组织信息公开办法》细化并拓展了慈善组织信息公开的具体内容,加强了慈善组织的信息公开义务,并从慈善组织和慈善活动的特点出发,突出了对慈善组织财产活动和公开募捐的信息公开两个重要方面。关于财产活动的信息公开,《慈善组织信息公开办法》主要从重要性和关联性两个角度明确了慈善组织财产活动的信息公开要求。从重要性来说,强调了重大资产变动、重大投资、重大交易及资金往来要向社会公开。从关联性来说,强调了慈善组织的发起人、主要捐赠人、管理人员、被投资方等重要关联方,将慈善组织与这些关联方之间的交易、捐赠、资助、投资、资金往来纳入公开范畴。

关于慈善组织公开募捐的信息公开,如前所述,民政部已经于2016年出台的《慈善组织公开募捐管理办法》中做了相关规定,而在《慈善组织信息公开办法》中又做了进一步的明确,从以下三个方面对具有公开募捐资格的慈善组织提出了特别的信息公开要求:①要求按年度公布在本组织领取报酬从高到低排序前五位人员的报酬金额,公布本组织出国(境)的经费、车辆购置及运行费用、招待费用、差旅费用的标准,监督慈善组织是否按照《慈善法》的要求"遵循管理费用最必要原则,厉行节约,减少不必要的开支";②要求募捐活动全过程对外公开,也就是事前、事中、事后都要公开相应的内容,满足社会监督的需要;③要求慈善项目至少每三个月公布一次进展情况,项目结束后还要做全面公开。《慈善组织信息公开办法》中不同类型主体履行信息公开义务的要求不同,具体见表7-2。

表 7-2 不同类型主体履行的信息公开义务

主体	对象	信息公开内容	途径
不具有公开募捐资格的慈善组织	定向募捐的捐赠人	定向募捐情况和募得款物的管理使用情况	机构自建官网，或者线下告知
	受益人	资助标准、工作流程和工作规范等信息	机构自建官网，或者线下告知
	志愿者招募对象	与慈善服务有关的全部信息，以及志愿者在服务过程中可能发生的风险	机构自建官网，或者线下告知
	社会公众	(1)慈善组织基本信息（自下列信息形成之日起30日内公开）。 ①经民政部门核准的章程； ②决策、执行、监督机构成员信息； ③下设的办事机构、分支机构、代表机构、专项基金和其他机构的名称、设立时间、存续情况、业务范围或者主要职能； ④发起人、主要捐赠人、管理人员、被投资方以及与慈善组织存在控制、共同控制或者重大影响关系的个人或者组织； ⑤组织的联系人、联系方式，以本组织名义开通的门户网站、官方微博、官方微信或者移动客户端等网络平台； ⑥组织的信息公开制度、项目管理制度、财务和资产管理制度； ⑦前述信息的变更。 (2)年度工作报告和财务会计报告。 (3)慈善项目有关情况（包括项目名称、内容、相关慈善信托的名称等）（在项目设立时和项目终止时公开）。 (4)慈善信托有关情况（包括信托事务处理情况及财务状况等）（每年至少公开1次）。 (5)重大资产变动及投资、重大交换交易及资金往来（发生后30日内公开）。 (6)关联交易行为等的具体内容和金额（发生后30日内公开）。 ①接受重要关联方捐赠； ②对重要关联方进行资助； ③与重要关联方共同投资； ④委托重要关联方开展投资活动； ⑤与重要关联方发生交易； ⑥与重要关联方发生资金往来。 (7)定向募捐募得款物的管理使用情况（捐赠人要求的）。 (8)招募志愿者参与慈善服务有关的全部信息，以及在服务过程中可能发生的风险。 (9)法律法规要求公开的其他信息	民政部门提供的统一信息公开平台（慈善中国）

主体	对象	信息公开内容	途径
具有公开募捐资格的慈善组织	定向募捐的捐赠人	定向募捐情况和募得款物的管理使用情况	机构自建官网,或者线下告知
	受益人	资助标准、工作流程和工作规范等信息	机构自建官网,或者线下告知
	志愿者招募对象	与慈善服务有关的全部信息,以及志愿者在服务过程中可能发生的风险	机构自建官网,或者线下告知
	社会公众	(1)除了前述不具有公开募捐资格的慈善组织需公开的基本信息外,还需公开以下基本信息(自下列信息形成之日起30日内公开)。 ①按年度公开在本组织领取报酬从高到低排序前五位人员的报酬金额; ②组织出国(境)经费、车辆购置及运行费用、招待费用、差旅费用的标准。 (2)年度工作报告和经审计的财务会计报告。 (3)公开募捐情况(项目结束后3个月内公开或者项目周期超过6个月的,至少每3个月公开1次)。 ①募得款物情况; ②已经使用的募得款物的用途,包括用于慈善项目和其他用途的支出情况; ③尚未使用的募得款物的使用计划。 (4)慈善项目有关情况(包括项目名称、内容、相关慈善信托或相关公开募捐活动的名称等)(在项目设立时和项目结束时公开)。慈善项目实施情况,包括项目名称、实施地域、受益人群、来自公开募捐和其他来源的收入、项目的支出情况,项目终止后有剩余财产的还应当公开剩余财产的处理情况(项目终止后3个月内公开或者项目实施周期超过6个月的,至少每3个月公开1次)。 (5)慈善信托有关情况(包括信托事务处理情况及财务状况等)(每年至少公开1次)。 (6)重大资产变动及投资、重大交换交易及资金往来(发生后30日内公开)。 (7)关联交易行为等的具体内容和金额(发生后30日内公开)。 ①接受重要关联方捐赠; ②对重要关联方进行资助; ③与重要关联方共同投资; ④委托重要关联方开展投资活动; ⑤与重要关联方发生交易; ⑥与重要关联方发生资金往来。 (8)定向募捐募得款物的管理使用情况(捐赠人要求的)。 (9)法律法规要求公开的其他信息	民政部门提供的统一信息平台(慈善中国)、互联网公开募捐信息平台。
		(10)公开募捐组织名称、公开募捐资格证书、备案的募捐方案、联系方式、募捐信息查询方法、公开募捐合作方(如有)的相关信息等	募捐活动现场或者募捐活动载体的显著位置、民政部门提供的统一信息平台(慈善中国)、互联网公开募捐信息平台

中国慈善联合会在 2020 年 9 月 19 日发布了团体标准《慈善组织信息公开指南》①，该指南由上海复恩社会组织法律研究与服务中心作为牵头单位起草，对慈善组织信息公开的法律要求和信息公开资料内容进行了全面的梳理，慈善组织在信息公开时可以据此参考。

(二)我国社会组织未依法进行信息公开的法律后果

社会组织的信息公开是社会监督的前提，是建立社会组织公信力的有效途径，该项义务履行的重要性不言而喻。因此我国相关法律法规中，就社会组织未依法履行信息公开义务的法律责任也予以了一定程度的明确，以此督促各社会组织积极履行信息公开义务，确保社会大众对社会组织的日常管理及各类慈善活动的开展、善款使用的管理情况进行及时、有效的监督。

若慈善组织未依法履行信息公开义务的，社会公众可以就慈善组织信息公开中的违法行为向民政部门投诉举报②，民政部门将予以警告、责令限期改正或限期停止活动并进行整改，以及就违法行为进行记录，并将相关情况通报有关部门，根据有关规定实施联合惩戒③。但目前，联合惩戒的具体实施办法尚未明确④。此外，《慈善组织信息公开办法》还规定了对民政部门工作人员失职、渎职的处理，若民政部门工作人员在工作中滥用职权、徇私舞弊、玩忽职守的，由上级机关或者监察机关依法责令改正；依法应当给予处分的，由任免机关或者监察机关对直接负责的主管人员和其他直接责任人员给予处分⑤，以此促进民政部门工作人员尽职尽责地履行监督职责。

由前述可见，我国就非慈善组织属性的社会服务机构和社会团体未依法履行信息公开义务的相应法律责任尚未加以具体明确，而针对慈善组织、非慈善组织属性的基金会未依法履行信息公开义务的法律责任虽有明确规定，但是还需完善。首先，法律责任主要以登记管

---

① 中国慈善联合会:关于发布《慈善组织信息公开指南》等三项团体标准的通知[EB/OL].[2020-10-13].http://www.charityalliance.org.cn/notice/20201013/14053.html.

② 《慈善组织信息公开办法》第二十条。

③ 《慈善组织信息公开办法》第二十三条、第二十四条,《慈善法》第九十九条。

④ 虽然根据国家发展改革委、中国人民银行、民政部等 40 个部门和单位于 2018 年 2 月 11 日联合印发的《关于对慈善捐赠领域相关主体实施守信联合激励和失信联合惩戒的合作备忘录》,对失信慈善组织,按照有关规定降低评估等级,情节严重的,取消评估等级;失信慈善组织负责人,在其今后申请新的慈善组织、参与慈善活动事中事后监管中给予重点关注。失信慈善组织指被民政部门按照有关规定列入社会组织严重违法失信名单的慈善组织。但根据《社会组织信用信息管理办法》第十五条规定,有下列情形之一的社会组织将被列入严重违法失信名单:(一)被列入活动异常名录满两年的;(二)弄虚作假办理变更登记,被撤销变更登记的;(三)受到限期停止活动行政处罚的;(四)受到 5 万元以上罚款处罚的;(五)三年内两次以上受到警告或者不满 5 万元罚款处罚的;(六)被司法机关纳入"失信被执行人"名单的;(七)被登记管理机关作出吊销登记证书、撤销成(设)立登记决定的;(八)法律、行政法规规定应当列入的其他情形。其中未将未依法履行信息公开义务作为社会组织被列入严重违法失信名单的情形之一,故理解前述《关于对慈善捐赠领域相关主体实施守信联合激励和失信联合惩戒的合作备忘录》所明确联合惩罚措施无法适用于社会组织未依法履行信息公开义务的情况。

⑤ 《慈善组织信息公开办法》第二十五条。

理机关的警告、责令改正、限期停止活动并整改、撤销登记等行政处罚为主,而未规定有直接的经济处罚措施;其次,处罚的对象仅限于社会组织本身,而未明确社会组织管理人员的相应法律责任;再次,关于社会组织所提供信息的准确性、真实性、完整性,除关于基金会的规定中专门提及公布虚假消息的罚则之外,其他规定未专门就所提供信息缺乏准确性、真实性、完整性的情况定有罚则。现行的处罚方式的威慑效力还需加强,否则无法充分调动社会组织改正违法行为的积极性。

思考题

我国的社会组织信息公开制度存在什么不足之处?就我国的社会组织信息公开制度的完善有什么建议?

第三节　社会组织信息公开与企业信息公开

信息透明也是公司治理的原则之一,所以企业信息公开制度在公司治理中同样占有重要地位。以下将从公开目的和公开方式两个角度出发,就社会组织(包括慈善组织)信息公开和企业(包括上市公司)信息公开进行比较。

一、信息公开概述

中国以2014年7月国务院公布的《企业信息公示暂行条例》为开端,要求企业信息公示,而对上市公司和非上市的股份有限公司则有更加全面的强制信息公开制度,其中针对上市公司的信息公开要求最为全面,需要遵守《上市公司信息披露管理办法》。同样地,社会组织也需根据《慈善法》《慈善组织信息公开办法》和《社会组织信用信息管理办法》等法律法规的要求进行信息公开。

无论是企业,还是社会组织,信息公开都有利于自身做出正确决策,避免资源的不当配置。但鉴于企业和社会组织在设立目的、组织形式、运营方式等方面存在差异,其信息公开的目的也存在不同之处。要求企业进行信息公开,其主要目的在于保护股东及债权人的利益;而要求社会组织进行信息公开,则主要为了保护捐赠人、受益人和社会公众等利益相关方的利益,以此提升社会组织的透明度,保护社会组织的公信力。

二、信息公开内容和方式的比较

从信息公开的内容、方式和时间来看,上市公司与慈善组织主要存在下列不同点,见表7-3。

表 7-3 上市公司与慈善组织信息公开的不同点

	上市公司	慈善组织
信息公开内容	针对上市公司,我国设置有全面的强制信息公开制度,该制度包括两个阶段,即发行前的发行信息披露和上市后的持续信息披露。发行信息披露主要包括招股说明书、募集说明书和上市公告书,其披露义务主体是发行人①。持续信息披露又包括定期报告和临时报告,其披露义务主体是上市公司②。 发行信息主要涉及发行计划及募股资金运用、发行人基本情况、经营情况等,以便投资人基于这些信息做出是否投资、投资比例的判断;而在公司上市之后的定期报告则涉及公司的每年度、半年度、季度的基本经营情况及与证券交易有关的重大信息,其中又以年报及中报尤为重要,而临时报告涉及某些突发性的、可能对交易市场产生较大影响的信息,该报告制度能弥补定期报告信息滞后的缺陷。在定期报告和临时报告的共同作用下,得以充分保障投资者及时获取有用信息,并基于该些有用信息作出投资决策,保护自身利益	慈善组织的信息公开同样可分为首次信息公开及持续信息公开。 在慈善组织成立后,其应向社会公众公开组织基本信息,包括章程,管理成员信息,分支机构信息,与慈善组织存在控制、共同控制或者重大影响关系的个人或者组织,组织管理制度等。而在成立之后的持续信息公开同样包括定期报告及临时报告,定期报告涉及年度工作报告和财务会计报告等,临时报告涉及组织基本信息的变更、重大资产变动及投资、重大交换交易及资金往来、关联交易行为等的具体内容和金额等
信息公开方式	市场监督管理机关在全国企业信息信用平台公示企业的相关信息。 发行人、上市公司依法公开信息时,应当将公告文稿和相关备查文件报送证券交易所登记,并在证监会指定的报刊和网站发布,且需报送上市公司注册地证监局,并置备于公司住所供社会公众查阅	民政部门指定的统一信息平台(慈善中国)和机构自建官网,或者线下告知等方式

① 《上市公司信息披露管理办法》第五条、第十一条。
② 《上市公司信息披露管理办法》第五条、第十九条。

续表

	上市公司	慈善组织
信息公开时间	上市公司披露信息时,即使在公司网站及其他媒体予以披露,其发布时间也不得早于证监会指定媒体的发布时间,由此保证所有投资者得以在相同的时间公平地获取最新信息的机会。此外,就信息公开的时间,要求披露义务人及时公开,即自起算日起或者触及披露时点的两个交易日内予以公开①	就慈善组织自身相关信息公开的时间,一般自信息形成之日起 30 日内公开。公开募捐等特殊的信息公开另有时间要求的规定。慈善组织通过自建官网或线下告知等方式进行公开的时间可以早于民政部门指定的统一信息平台公开的时间

纵观上表不难发现,针对企业特别是上市公司,因上市公司股东众多,潜在的投资人也不计其数,基于对投资者保护的角度,我国设置有全面的强制信息公开制度,且由于证券市场所具备的高速流转性,社会公众对社会组织信息的时效性要求尚不及投资者对上市公司信息的时效性要求那么高。但鉴于社会组织与上市公司一样也具有募集资金的功能,基于对捐赠人捐赠财产的保护以及社会组织本身的优化捐赠环境的需求,对于社会组织信息公开的内容及方式仍具有较高的要求。

思考题

(1)为什么针对上市公司、具备公开募捐资格的慈善组织的信息公开要求相比一般的公司或社会组织更为全面?

(2)就慈善组织信息通过机构自建官网等公开的时间,未如针对上市公司一般,要求不得早于官方所指定平台的公开时间,其中的原因是什么?

本章重点概念

(1)自愿性信息公开,即社会组织自愿进行自我宣传,通过更多的信息公开,让公众更了解自己、更相信自己,从而提升组织的透明度,以此获得更多的捐赠或资金支持的行为。

(2)慈善中国,即民政部指定的慈善组织统一信息公开平台,慈善组织需按规定在平台上公开与组织自身及公开募捐相关的信息。

---

① 《上市公司信息披露管理办法》第二条、第七十一条第二款。

拓展阅读

[1]杨道波.我国非营利组织信息公开法律制度研究[J].河北法学,2008(9):78-82.

[2]程昔武,纪纲.非营利组织信息披露机制:一个理论框架[J].财贸研究,2008(4):113.

[3]李芳.慈善组织信息公开的法理基础[J].东方论坛,2009(6):119-124.

[4]倪爱国,程昔武.非营利组织信息披露机制的理论框架研究[J].会计之友,2009(4):11-14.

[5]杨道波,尹兆君.国外非营利组织信息公开法律制度考评[J].聊城大学学报(社会科学版),2009(3):24-27.

第八章　税收优惠

本章内容概要

　　本章从非营利组织税收优惠的法理出发,对比国内外的相关法律政策,并对其各自在实践中的优势与劣势进行分析。在上述比较分析之下,总结我国目前慈善组织税收政策的现状。

第一节　公益慈善事业税收优惠政策

　　税收优惠被认为是慈善事业各种激励机制中最为有效的杠杆。对慈善捐赠活动和慈善组织提供税收优惠,通过税收激励促进慈善捐赠对社会公益和公平方面产生作用,也是目前世界各国通行的做法。本节主要介绍税收优惠的法理基础和其他国家与地区的立法实践。

一、税收优惠的法理基础

(一)补贴理论(subsidy theory)

　　补贴理论,也被称为辅助理论,被认为是解释美国联邦税法中关于免税非营利组织(tax-exempt non-profit organization)的传统理论。根据佛罗里达州立大学法学院 Rob Atkinson教授的总结,该理论的基础在于非营利组织提供公益服务(public benefit)。具体来说,非营利组织提供的公益服务可分为两类:第一类公益服务被称为初级公益服务(primary public benefit),既包括向普罗大众提供的医疗和教育服务等普遍性服务,也包括向贫穷或有特殊需要的群体提供食品和特殊帮助等服务。第二类公益服务被称为高级公益服务(meta benefit),即非营利组织能以比其他组织更有效和新颖的方式提供公共服务,同时非营利组织的存在促进了社会整体的多样性和利他主义。无论是何种公益服务,非营利组织都在一定程度上分担了政府服务公众的工作,从而减轻了政府的负担。为了弥补非营利组织,也为了鼓励社会主体更积极主动地提供上述两种类型的公益,政府以税收优惠形式对非营利组织进行间接补贴。而且非营利组织因具有非营利性质,其因享受税收优惠而产生的利益并不在其所有人和员工之间分配,最终还是惠及其服务对象即社会公众。尽管补贴理论被认为是美国税法关于非营利组织免税制度的基础理论,该理论也面临实践的挑战。有的学者认为既然税收优惠这种间接补贴可以促进社会公益,那为何只向非营利组织提供税收减免,而同样的优惠并不给予营利性机构,即便该营利性机构也致力于提供公共性服务?还有学者从税收优惠与政府的其他直接辅助手段来比较,发现其效率值得怀疑。而且由于补贴理论认为税收优惠政策建立在慈善组织为政府分忧解难的基础之上,所以政府有权决定慈善组织的哪些活动减轻了其负担,当政府对慈善组织的某些行为不满意或者不感兴趣时,就可以废止这些优惠政策①。

(二)收入定义理论(income definition theory)

与补贴理论不同,耶鲁大学法学院学者 Boris Bittker 和 George Rahdert 认为,理解对慈善或非营利组织的税收优惠,应当从应税收入的定义出发。通过研究美国早期立法历史,Bittker 和 Rahdert 发现,慈善和其他非营利组织之所以被免征所得税,是因为非营利组织的收入不符合所得税法下任何可行的应税收入定义。从收入角度,非营利组织的收入更接近于赠与或资本投入,而不应计入应税业务收入;从支出角度,由于非营利组织的支出并未被用于任何谋取利润的活动,如果其收入应缴纳税款,那么其支出就应当获得税前扣除。Bittker 和 Rahdert 还发现,即使存在可行的收入定义,也缺乏确定非营利组织适用税率的合理手段。收入定义理论可以合理地解释补贴理论理解无法解释的问题,正是由于非营利组织收入和支出的特征与营利性机构不同,因此同样的税收优惠不应给予营利性机构。

(三)资本形成理论(capital formation theory)

耶鲁大学法学院 Henry Hansmann 教授认为,收入定义理论过分拘泥于收入和支出等会计概念,并提出了资本形成理论。资本形成理论认为,非营利组织被禁止分配,因此无法像营利机构那样通过吸引资本性投资扩大经营;同时,非营利组织也难以单纯凭借债务融资、捐赠投入或留存利润进行业务扩张。基于此,税法应当给予非营利组织税收优惠,以弥补其融资方面的缺陷,豁免税收相当于帮助非营利组织形成资本。从经济学角度出发,Hansmann 教授进而提出由于非营利组织不用考虑利润分配问题,其可以解决营利性机构无法避免的"合约失灵"问题。例如,一般而言,如果将灾难纾解服务交由营利机构提供,由于服务接收方是与捐赠者无合同关系的第三方,且上述服务需由提供方整体采购和提供,因此捐赠者无法确信其向营利机构支付的金额完全用于向第三方提供服务,也无法知晓其向营利机构支付的金额用于购买何种服务。如果由红十字会等非营利组织提供上述服务,由于非营利组织被禁止分配利润,捐赠者可以信赖其全部捐赠都会被用于提供其"购买"的服务,因此可以避免上述"合约失灵"的情形。基于该理论,Hansmann 教授认为,税法应当给予非营利组织税收优惠,而不应当将同样的优惠给予营利机构,从而促进整体经济效率。

---

① 金锦萍.论我国非营利组织所得税优惠政策及其法理基础[J].求是学刊,2009(1):85-91.

（四）利他主义理论（altruism theory）

Rob Atkinson 教授提出利他主义理论,用以解释对非营利组织的税收优惠。与捐赠理论相同,利他主义理论强调"捐赠属性"(donative element),但与捐赠理论不同,Atkinson 教授认为,商业型非营利组织也存在上述"捐赠属性"——只要商业型非营利组织同样禁止分配,其创始人向该组织投入资产就意味着放弃了未来的可得利润,因此具有捐赠/利他属性。利他主义理论进而认为,应当对所有具备利他属性的非营利组织提供税收优惠,以便推广和促进初级和高级公益服务。

（五）风险补偿理论（risk compensation theory）

纽约圣约翰大学法学院 Nina Crimm 教授提出风险补偿理论,强调给予非营利组织税收优惠,是因为非营利事业是私有企业和政府的有效补充,其有效地提供了私营经济和政府无法有效提供的公共产品和服务。由于提供公共产品和风险通常包含更大的纯风险(经济损失),因此理性而谨慎的私营投资者通常拒绝提供公共服务。

在政府供给不足的情况下,政府应当提供税收优惠以补偿非营利组织提供公共产品和服务所承担的风险。

上述法律理论偏重于解释给予慈善组织税收优惠的应当性(deservedness)。除上述理论外,用以解释向慈善事业提供税收优惠的理论还包括社区收入理论(community income theory)、多元性理论(diversity theory)等。这些理论中较易为我国接受的是补贴理论和收入定义理论[①]。张守文教授认为国家对第三部门的免税与第三部门的非营利性和公益性直接相关。"从基本的税收原理来看,国家征税实际上就是参与社会财富的分配和再分配的过程。在社会上创造财富的是那些以营利为目的的市场主体,而社团或者无力去从事营利活动,或者法律不允许其进行营利活动,因而当然也就不能向它征税。同时,由于第三部门往往又具有一定的公益性,在一定程度上又在帮助政府提供公共物品,因而应鼓励其发展,对其予以免税。"[②]

二、各国税收优惠的立法实践

（一）美国

美国实行联邦、州和地方(市、县)三级征税制度,属于彻底的分税制国家。现行的主要税种有个人所得税、公司所得税、销售税、遗产和赠与税、社会保障税、财产税、消费税、关税等[③]。美国联邦税法给予多种非营利组织税收优惠待遇。《美国联邦税法》第 501 条和第 401 条 A 款下列举了超过三十类可享受税收减免优惠的组织,其中第 501 条 C 款第 3 项规

---

① 金锦萍.论我国非营利组织所得税优惠政策及其法理基础[J].求是学刊,2009(1):85-91.
② 张守文.略论对第三部门的税法规制[J].法学评论,2006,18(6):25-32.
③ 陈日生,陆岩.美国税制的借鉴和启示[J].涉外税务,2012(9):36-40.

定的免税非营利组织通常被称为慈善组织。符合《美国联邦税法》第501条C款第3项要求的慈善组织,必须"仅为宗教、慈善、科学、公共安全测评、文学或教育目的,或为增进国家或国际业余体育竞赛,或为防止虐待儿童或动物目的成立和运作的公司、社区、基金或基金会",且其净收益被禁止用于任何使得私人受益目的。向美国联邦税务局申请获得免税资格的慈善组织,除可享受联邦所得税免除待遇外,还可能享受州所得税、消费税和雇佣税减免,优惠邮费和联邦失业税减免等优惠。但是,如果免税慈善组织从事与其免税目的不相关的业务活动,相关收入将被纳入所得税。同时,如果免税慈善组织从事特定使私人受益的活动、政治活动或者影响立法的活动,其可能被征收特别行为税,甚至被取消免税待遇。

《美国联邦税法》同样给予捐赠者所得税扣除待遇。对个人捐赠者而言,向合格受赠机构捐赠,捐赠额可在其当年度纳税收入中扣除。如果调整后总收入超过一定限额,比如,就2017年而言,婚后共同申报收入达到313800美元,婚后单独申报收入达到156900美元,未婚申报261500美元,户主申报收入达到287650美元,则个人捐赠的所得税扣除额不能超过调整后总收入的50%。基于受赠对象的特殊性质和捐赠资产的特性,扣除限额可能缩减至30%或20%,例如,向退伍军人组织和某些私立基金会的现金捐赠只能享受30%的扣除限额,但如果向上述退伍军人组织和私立基金会捐赠的资产属于资本收益资产(capital gain property),如持有超过一年以上的股票,扣除限额将进一步缩减至20%。超出限额部分可结转至之后5个纳税年度扣除。对于企业捐赠者而言,向合格受赠机构的捐赠可在不超过企业当年总收入10%的限额内扣除,超过限额部分可结转至之后5个纳税年度扣除。如果以非现金资产进行捐赠,企业在纳税申报时必须附上关于该资产市场公允价值的说明以及关于按公允价值扣减的合格评估报告。企业和个人捐赠的合格受赠机构必须是符合《美国联邦税法》第170条C款要求的机构,通常包括《美国联邦税法》第501条C款第3项定义的免税慈善组织、美国联邦州政府、退伍军人组织、特定非营利目的的运营机构、国内共济会组织等。

(二)英国

根据2016年《英国慈善法》,仅为消减贫困,促进教育、宗教、健康、社区发展,促进艺术、文化、科学、体育、人权、环境保护、动物权益等慈善目的(charitable purposes)建立的组织为"慈善组织",包括各类慈善信托公司、慈善担保责任有限公司、慈善法人组织(charitable incorporated organization)、非法人组织(unincorporated organization)等。在慈善组织将收入用于慈善目的的前提下,慈善组织的收入获得免除公司所得税或者免除适用于受托人的各类所得税,并可享受减免不动产税待遇。如果慈善组织将收入用于非慈善目的,则可能导致慈善组织失去免税待遇。

英国税法给予捐赠者税收优惠。个人现金捐赠通常可以通过两种途径进行:①捐赠资助(gift aid);②工资捐赠(payroll giving)。通过捐赠资助途径进行捐赠的,慈善组织可以按20%的基本税率向英国税务局申请返税,使得实际捐赠额达到免税状态;如果个人捐赠是按照较高税率(40%)或者更高税率(45%)缴纳个人所得税,则其可以向英国税务局申请返还慈善组织实际获得的捐赠额依照适用税率应缴纳的个人所得税和慈善组织可获得的返税额之间的差额;从实际效果而言,捐赠资助制度相当于允许慈善组织和个人捐赠者分享英国税法下对现金捐赠的免税额(tax relief)。通过工资捐赠途径进行捐赠的,则由雇主直接将捐赠额从应税所得中扣除,再将扣除后的所得按适用税率征税,在此途径下,慈善组织不能申请退税。有限公司向慈善组织的捐赠也被允许在税前进行扣除。

思考题

(1)慈善机构的哪些收入应当享受免税待遇? 捐赠收入是否应当免税? 会员会费收入是否应当免税? 相关经营性活动(提供服务或销售商品)的收入是否应当免税?

(2)捐赠个人和企业是否应当享受税收优惠? 何种形式的税收优惠是合理的? 所得税扣除是否应当设置比例限制?

第二节　我国慈善税收优惠的立法现状

一、我国慈善税收优惠制度概述

税制结构是税收制度中各税种的组合方式与税种相对地位的集中体现。要了解我国慈善税收优惠制度的现状,就有必要先厘清我国整体的慈善税收优惠的税制结构,也就是有关慈善税收优惠的税种组合方式和各税种的相对地位。需要注意的是,在发生重大灾害或者突发性事件时,为鼓励捐赠等慈善行为,国家会暂时对税收优惠政策有所放宽,具体体现为优惠税种的增加、优惠对象的扩充以及优惠额度的上调等。但由于这些优惠政策都是暂时性的,不能够代表我国慈善税收优惠的整体情况,因此本节内容未将此类特殊时期的政策纳入讨论范围之内。

(一)优惠的税收种类

目前,我国的慈善税收优惠政策对当下开征的税种基本均有涉及,包括所得税、商品税、财产税、资源税和行为税。每一税种都有相应的课税机理与功效,不同税种与慈善事业发展之间的契合度不同,因而每一税种的慈善税收优惠力度也是不尽相同的。只有有效发挥不同税种的慈善功效,税收优惠制度才能最大限度实现其促进慈善事业发展的作用。

所得税是以纳税人的净所得为征税对象的一种税,按照纳税人所得的多少和有无来确定税收负担,实行"所得多的多征,所得少的少征,无所得的不征"的原则,在税制体系中最能保障税收公平原则的实现。所得税也是目前我国慈善税收优惠政策中规定最集中和明确的税种,优惠政策在《慈善法》《企业所得税法》及其实施条例、《个人所得税法》及其实施条例中都有规定。其中《个人所得税法》及其实施条例中还有专门针对弱势群体的特别免税优惠规定。例如,对个人所得的救济金,残障人士、孤寡老人等弱势群体的所得可获得免税优惠。

商品税是以货物、劳务为征税对象的一类税,包括增值税、消费税、进口关税及进口环节增值税等。这一税种的优惠较多体现在境外捐赠中,例如《慈善捐赠物资免征进口税收暂行办法》中规定境外捐赠人无偿向受赠人捐赠的直接用于慈善事业的物资,免征进口关税和进口环节增值税。就国内捐赠而言,2016年《营业税改征增值税试点实施办法》中规定了单位或者个体工商户向其他单位或者个人无偿提供服务、无偿转让无形资产或者不动产,并用于公益事业或者以社会公众为对象的,不征收增值税。但对于社会组织自身在进行货物流转和劳务提供中产生的税收并未规定优惠。除此之外,自2016年5月1日起,依照国家有关法律法规设立或登记并取得社会团体法人登记证书的社会团体的会费收入免征增值税,在此前已征的增值税,可抵减以后月份应缴纳的增值税或办理退税①。

财产税是对纳税人所拥有或属其支配的财产数量或价值额征收的税,包括对财产的直接征收和对财产转移的征收,如房产税、土地税、契税、车船税等。开征这类税收除为国家取得财政收入外,对提高财产的利用效果、限制财产的不必要的占有量有一定作用。这一类税收中涉及慈善税收优惠的较少,且限制严格。以房产税为例,只有经国务院授权的政府部门批准设立或登记备案,并由国家拨付行政事业费的各类社会团体自用的房产(办公用房、公务用房),可以免征房产税②。

行为税是以某些特定行为为征税对象征收的一类税收,目的是为了对某些特定行为进行限制、调节,使微观活动符合宏观经济的要求,包括城镇土地使用税、土地增值税、车辆购置税和印花税等。与财产税类似,这一税种下的慈善税收优惠也具有内容少、限制严的特点。免征城镇土地使用税的社会组织被限制在少数的教育、医疗机构中③,免征印花税的对象则限于财产所有人将财产赠给政府、社会福利单位、学校所立的书据。根据《土地增值税条例实施细则》和《财政部 国家税务总局关于土地增值税一些具体问题规定的通知》(财税字〔1995〕48号),房产所有人和土地使用权所有人通过国家机关或者中国青少年发展基金会、希望工程基金会、宋庆龄基金会、减灾委员会、中国红十字会、中国残疾人联合会、全国老年基金会、老区促进会以及经民政部门批准成立的其他非营利的公益性组织将房屋产权、土地使用权赠与教育、民政和其他社会福利、公益事业的,免征土地增值税。

(二)优惠的对象

1.对捐赠者的税收优惠

我国现行税制下对捐赠者的税收优惠,主要体现在企业公益性捐赠所得税税前扣除和

①《财政部 税务总局关于租入固定资产进项税额抵扣等增值税政策的通知》(财税〔2017〕90号)。
② 栗燕杰.中国慈善税收减免制度的评估与展望:以慈善立法为背景的研究[J].北京航空航天大学学报(社会科学版),2016(1):66-75.
③ 栗燕杰.中国慈善税收减免制度的评估与展望:以慈善立法为背景的研究[J].北京航空航天大学学报(社会科学版),2016(1):66-75.

个人公益性捐赠所得税税前扣除。

(1)企业公益性捐赠税前扣除。现行《企业所得税法》第九条规定:"企业发生的公益性捐赠支出,在年度利润总额12%以内的部分,准予在计算应纳税所得额时扣除;超过年度利润总额12%的部分,准予结转以后三年内在计算应纳税所得额时扣除。"这条规定对于企业如何就其捐赠进行所得税的税前扣除进行了解释,但是企业在享受上述税收优惠之前需要满足以下几个法律要求。

第一,可享受上述税前扣除优惠的主体仅限于《企业所得税法》第一条规定的"企业和其他取得收入的组织",合伙企业和个人独资企业等是被明确排除在《企业所得税法》适用范围之外的主体,无法根据本规定享受税前扣除的优惠。

第二,企业被准予享受税前扣除的优惠仅限于其"公益性捐赠支出"。《中华人民共和国企业所得税法实施条例》(以下简称《企业所得税法实施条例》)中对"公益性捐赠"的定义为"企业通过公益性社会组织或者县级以上人民政府及其部门,用于符合法律规定的慈善活动、公益事业的捐赠"[1]。对于此处"慈善活动"和"公益事业"的理解可以参考《慈善法》和《公益事业捐赠法》中各自对慈善活动和公益事业的定义。

第三,受赠方需为县级以上人民政府及其部门等国家机关或者依法取得公益性捐赠税前扣除资格的公益性社会组织,即依法设立或登记并按规定条件和程序取得公益性捐赠税前扣除资格的慈善组织、其他社会组织和群众团体[2]。企业直接向受益个人或非国家机关单位进行的捐赠,无法享受税前扣除优惠。

根据现有的规定,符合公益性捐赠所得税税前扣除受赠人资格的公益性社会组织(公益性群众团体除外)须同时满足以下要求,具体见表8-1。

表8-1　符合公益性捐赠所得税税前扣除受赠人资格的公益性社会组织须满足的要求

具体要求	法规政策文件
(一)依法登记,具有法人资格; (二)以发展公益事业为宗旨,且不以营利为目的; (三)全部资产及其增值为该法人所有; (四)收益和营运结余主要用于符合该法人设立目的的事业; (五)终止后的剩余财产不归属任何个人或者营利组织; (六)不经营与其设立目的无关的业务; (七)有健全的财务会计制度; (八)捐赠者不以任何形式参与该法人财产的分配; (九)国务院财政、税务主管部门会同国务院民政部门等登记管理部门规定的其他条件	《企业所得税法实施条例》第五十二条

[1]　《企业所得税法实施条例》第五十一条。
[2]　《财政部 税务总局 民政部关于公益性捐赠税前扣除有关事项的公告》第三条。

续表

具体要求	法规政策文件
(一)符合《企业所得税法实施条例》第五十二条第一项到第八项规定的条件。 (二)每年应当在 3 月 31 日前按要求向登记管理机关报送经审计的上年度专项信息报告。报告应当包括财务收支和资产负债总体情况、开展募捐和接受捐赠情况、公益慈善事业支出及管理费用情况(包括下述第三项、第四项规定的比例情况)等内容。 首次确认公益性捐赠税前扣除资格的,应当报送经审计的前两个年度的专项信息报告。 (三)具有公开募捐资格的社会组织,前两年度每年用于公益慈善事业的支出占上年总收入的比例均不得低于 70%。计算该支出比例时,可以用前三年收入平均数代替上年总收入。 不具有公开募捐资格的社会组织,前两年度每年用于公益慈善事业的支出占上年末净资产的比例均不得低于 8%。计算该比例时,可以用前三年年末净资产平均数代替上年末净资产。 (四)具有公开募捐资格的社会组织,前两年度每年支出的管理费用占当年总支出的比例均不得高于 10%。 不具有公开募捐资格的社会组织,前两年度每年支出的管理费用占当年总支出的比例均不得高于 12%。 (五)具有非营利组织免税资格,且免税资格在有效期内。 (六)前两年度未受到登记管理机关行政处罚(警告除外)。 (七)前两年度未被登记管理机关列入严重违法失信名单。 (八)社会组织评估等级为 3A 以上(含 3A)且该评估结果在确认公益性捐赠税前扣除资格时仍在有效期内。 ＊按照《慈善法》新设立或新认定的慈善组织,在其取得非营利组织免税资格的当年,只需要符合上述第一项、第六项、第七项条件即可	《财政部 税务总局 民政部关于公益性捐赠税前扣除有关事项的公告》(2020 年第 27 号)

公益性群众团体则需要根据《财政部 税务总局关于通过公益性群众团体的公益性捐赠税前扣除有关事项的公告》(财政部 税务总局公告 2021 年第 30 号)规定,申请公益性捐赠税前扣除资格。根据该文件要求,《社会团体登记管理条例》规定不需要社团登记的人民团体以及经国务院批准免予登记的社会团体,被称为群众团体。要申请公益性捐赠税前扣除资格的群众团体,需要具备以下条件:①符合《企业所得税法实施条例》第五十二条第一项至第八项规定的条件;②县级以上各级机构编制部门直接管理其机构编制;③对接受捐赠的收入以及用捐赠收入进行的支出单独进行核算,且申请前连续 3 年接受捐赠的总收入中用于公益事业的支出比例不低于 70%。

截至 2021 年 2 月 20 日,财政部、国家税务总局和民政部公布了两批公益性社会组织捐赠税前扣除资格名单①,共有 186 家社会组织。地方以上海为例,截至 2021 年底,上海市财政局、国家税务总局上海市税务局和上海市民政局公布了上海市三批 2020—2022 年度公益性社会组织捐赠税前扣除资格名单②,共有 309 家社会组织。2021 年 7 月 29 日,财政部和国家税务总局公布了 2021—2023 年度符合公益性捐赠税前扣除资格群众团体名单,包括中国红十字会总会、中华全国总工会、中国宋庆龄基金会和中国国际人才交流基金会③。

第四,企业捐赠人在向符合条件的受赠人捐赠时,需向税务部门提供相应级别的财政部门印制的加盖接受捐赠单位印章的公益性捐赠票据,或者加盖接受捐赠单位印章的"非税收入一般缴款书"收据联,方可进行税前扣除。公益事业捐赠票据是指各级人民政府及其部门、公益性事业单位、公益性社会团体(即公益性社会组织)及其他公益性组织依法接受并用于公益事业的捐赠财物时,向提供捐赠的自然人、法人和其他组织开具的凭证,由各级人民政府财政部门印制、核发、保管、核销、稽查。这意味着,对于向公益性社会团体和群众团体的捐赠而言,它们不仅需要位于前述的税前扣除资格名单内,还需要申请获得公益性捐赠票据。

第五,要注意企业捐赠税前扣除的计算方式。对于符合要求的捐赠支出,企业可在税法规定的限额内进行税前扣除。一般情况下,企业符合条件的公益性捐赠支出,在企业该年度利润总额 12% 以内的部分,准予在计算应纳税所得额时扣除;就捐赠支出超过上述年度利润总额 12% 的部分,准予向以后年度结转扣除,但结转年限自捐赠发生年度的次年起计算最长不得超过 3 年。同时,企业在计算扣除时,如果存在以前年度结转的捐赠支出,应首先扣除以前年度结转的捐赠支出,再扣除当年发生的捐赠支出。年度利润总额是指企业依照国家统一会计制度的规定计算的大于零的数额。如果企业当年核算的利润总额为零或为负数,则该企业当年产生的公益性捐赠支出便无法在当年享受税前扣除优惠,但可以在之后的三年内结转,每年依然不得高于当年利润总额的 12%。

---

① 财政部 税务总局 民政部关于 2020—2022 年度公益性社会组织捐赠税前扣除资格名单的公告[EB/OL].[2022 - 03 - 27]. http://www.chinatax.gov.cn/chinatax/n362/c5160479/content.html.

② 关于上海市 2020—2022 年度第一批公益性社会组织捐赠税前扣除资格名单的公告[EB/OL].[2022 - 03 - 27]. http://shanghai.chinatax.gov.cn/zcfw/zcfgk/qysds/202105/t458371.html.

关于上海市 2020—2022 年度第二批公益性社会组织捐赠税前扣除资格名单的公告[EB/OL].[2022 - 03 - 27]. http://shanghai.chinatax.gov.cn/zcfw/zcfgk/qysds/202108/t459217.html.

关于上海市 2020—2022 年度第三批公益性社会组织捐赠税前扣除资格名单的公告[EB/OL].[2022 - 03 - 27]. http://shanghai.chinatax.gov.cn/zcfw/zcfgk/qysds/202112/t461442.html.

③ 财政部 税务总局关于确认中国红十字会总会等群众团体 2021—2023 年度公益性捐赠税前扣除资格的公告[EB/OL].[2022 - 03 - 27]. http://www.chinatax.gov.cn/chinatax/n810341/n810825/c101434/c5168223/content.html.

不过,为了鼓励公益慈善事业在某一领域的发展,目前一些特殊的政策给予了企业对某一特定机构的捐赠可以享受税前全额扣除的税收优惠,这些特定机构包括中国教育发展基金会、中国医药卫生事业发展基金会、中国老龄事业发展基金会、中国华文教育基金会、中国绿化基金会、中国妇女发展基金会、中国关心下一代健康体育基金会、中国生物多样性保护基金会、中国儿童少年基金会、中国光彩事业基金会、中华健康快车基金会、孙冶方经济科学基金会、中华慈善总会、中国法律援助基金会和中华见义勇为基金会等①。

还有一些特别的政策则是针对某一特别时期的,比如自 2019 年 1 月 1 日至 2022 年 12 月 31 日,企业通过公益性社会组织或者县级(含县级)以上人民政府及其组成部门和直属机构,用于目标脱贫地区的扶贫捐赠支出,准予在计算企业所得税应纳税所得额时据实扣除②。对企业、社会组织和团体赞助、捐赠北京 2022 年冬奥会、冬残奥会、测试赛的资金、物资、服务支出,在计算企业应纳税所得额时予以全额扣除③。

根据《企业所得税法》规定,企业的应缴纳所得税应按如下公式计算:

应纳所得税额＝应纳税所得额×适用税率－减免税额－抵免税额

应纳税所得额＝年度收入总额－不征税收入－免税收入－各项扣除－允许弥补的之前年度亏损

在上述限额范围内,企业可将实际发生的符合条件的公益性捐赠支出作为扣除项在计算应纳税所得额中扣除,从而降低当年度的应纳所得额。实践中,企业所得税通常按纳税年度计算,按月或者按季度预缴,在相应年度结束时,企业进行汇算清缴,向税务机关报送年度企业所得税纳税申报表。因此,企业在按月份或季度预缴所得税时,通常将当期发生的公益性捐赠进行全额预扣除,并在年终汇算清缴时按照年度利润总额的限额扣除公益性捐赠,并进行相应纳税调整处理。

实践中,对于部分按核定征收方式征收所得税的企业,由于其应缴纳所得税的计算方式为:

应纳所得税额＝销售收入×应税所得率×适用税率

且其销售收入不存在扣除事项,因此上述企业发生的公益性捐赠支出,无法获得所得税税前扣除的优惠。

假设公司 A 是高新技术企业(适用所得税率 15％),2018 年实现会计利润人民币 1000 万元,当年通过中华慈善总会现金捐赠支出 600 万元,取得合格捐赠票据,之前年度均未发生慈善捐赠活动。那么 2018 年公司 A 应纳企业所得税的计算方式应为:公司 A 在 2018 年度公益性捐赠扣除限额为 1000×12％＝120 万元,由于其会计利润人民币 1000 万元已经扣

---

① 参见财税〔2006〕66 号文、财税〔2006〕67 号文、财税〔2006〕68 号文和财税〔2003〕204 号文。

② 财政部 税务总局 国务院扶贫办关于企业扶贫捐赠所得税税前扣除政策的公告[EB/OL].[2020 - 02 - 18]. http://www.chinatax.gov.cn/n810341/n810755/c4199190/content.html.

③ 财政部 税务总局 海关总署关于北京 2022 年冬奥会和冬残奥会税收政策的通知[EB/OL].[2020 - 02 - 18]. http://www.chinatax.gov.cn/n810341/n810755/c2727973/content.html.

除捐赠支出 600 万元,因此公司 A2018 年应纳税所得额应调增 600－120＝480 万元,该年度应纳所得税额(1000＋480)×15％＝222 万元。超出扣除限额的公益性捐赠 480 万元结转以后年度扣除。

(2)个人公益性捐赠税前扣除。根据《个人所得税法》第六条的内容:"个人将其所得对教育、扶贫、济困等公益慈善事业进行捐赠,捐赠额未超过纳税人申报的应纳税所得额 30％的部分,可以从其应纳税所得额中扣除;国务院规定对公益慈善事业捐赠实行全额税前扣除的,从其规定。"实践中,根据《关于公益性捐赠税前扣除有关事项的公告》规定,个人公益事业捐赠享受所得税税前扣除,需要满足与企业捐赠相同的有关捐赠目的、受赠人和捐赠票据的要求。

但同时,个人捐赠的税前扣除与企业捐赠也存在着以下不同之处。

第一,个人捐赠扣除的限额比例和结转要求与企业捐赠不同。个人捐赠者可将未超过纳税义务人申报的应纳税所得额 30％部分从其应纳税所得额中扣除,而且超过限额部分不能结转在以后年度扣除。

第二,个人捐赠扣除的计算方式与企业捐赠扣除不同。根据《个人所得税法》规定,个人所得税通常按照以下公式计算:

$$个人所得税＝应纳税所得额×相应税率$$

由于个人所得税实行分类所得税制,个人取得的收入可分为工资薪金所得、生产经营所得、承包经营所得、劳务报酬所得、稿酬所得、特许权使用费所得、利息所得、偶然所得等 11 类,因此,属于特定类别的捐赠应从该类别收入中扣除,而不能从其他类别的收入中扣除。如果个人有多类收入,其可对捐赠支持类别进行规划,最大限度享受享受税前扣除优惠[1]。

假设歌唱演员陈某 2018 年每月参加某县文艺演出一次,每次可得演出报酬人民币 8000 元,且每次均通过当地民政局捐给当地福利院人民币 3000 元。那么陈某当年演出收入应缴个人所得税的计算方式应为:当年捐赠扣除限额＝8000×(1－20％)×30％＝1920 元,则全年演出收入应纳个人所得税＝[8000×(1－20％)－1920]×20％×12＝10752 元。

2. 对慈善组织的税收优惠

2016 颁布的《慈善法》明确了慈善组织及其取得的收入依法享受税收优惠的原则。但是现行《企业所得税法》下并没有直接将慈善组织作为适用主体的规定和优惠,慈善组织只能通过取得"非营利组织"资格从而获得特定收入免税的优惠待遇。

(1)非营利组织免税资格和认定程序。根据《企业所得税法》《企业所得税法实施条例》和《财政部 税务总局关于非营利组织免税资格认定管理有关问题的通知》(财税〔2018〕13 号)的规定,取得非营利组织免税资格,必须同时满足以下八项条件:①依照国家有关法律法规设立或登记的事业单位、社会团体、基金会、社会服务机构、宗教活动场所、宗教院校以及

---

① 民政部政策法规司.慈善事业税收优惠政策法规指南[M].北京:中国社会出版社,2010:310.

财政部、税务总局认定的其他非营利组织;②从事公益性或者非营利性活动;③取得的收入除用于与该组织有关的、合理的支出外,全部用于登记核定或者章程规定的公益性或者非营利性事业;④财产及其孳息不用于分配;⑤按照登记核定或者章程规定,该组织注销后的剩余财产用于公益性或者非营利性目的,或者由登记管理机关采取转赠给与该组织性质、宗旨相同的组织等处置方式,并向社会公告;⑥投入人对投入该组织的财产不保留或者享有任何财产权利;⑦工作人员工资福利开支控制在规定的比例内,不变相分配该组织的财产,其中工作人员平均工资薪金水平不得超过税务登记所在地的地市级(含地市级)以上地区的同行业同类组织平均工资水平的两倍,工作人员福利按照国家有关规定执行;⑧对取得的应纳税收入及其有关的成本、费用、损失应与免税收入及其有关的成本、费用、损失分别核算。

符合上述条件的组织,应当在完成税务登记后,向其所在地相应级别的税务主管机关提出免税资格申请,提交符合上述条件的证明资料,由财政和税务部门联合进行审核确认,并定期予以公布。非营利组织免税优惠资格的有效期为 5 年,非营利组织应在免税优惠资格期满后 6 个月内提出复审申请,复审按照初次申请规定办理,否则,非营利组织将失去免税资格。

同时,对于已经享受免税资格的非营利组织,如果发生下列违法违规情形,则税务主管机关有权自该年度取消其免税资格:①非营利组织不符合相关法律法规和国家政策的;②非营利组织在申请认定过程中提供虚假信息的;③非营利组织纳税信用等级为税务部门评定的 C 级或 D 级的;④通过关联交易或非关联交易和服务活动,变相转移、隐匿、分配该组织财产的;⑤非营利组织被登记管理机关列入严重违法失信名单的;⑥从事非法政治活动的。如因上述第①项至第⑤项情形被取消免税资格,税务主管部门自其被取消资格的次年起一年内不再受理该组织的认定申请;如因上述第⑥项规定的情形被取消免税资格,该机构将无法再次申请免税资格。

(2)非营利组织免税收入及认定程序。根据《财政部 国家税务总局关于非营利组织企业所得税免税收入问题的通知》(财税〔2009〕12 号)规定,下列五类收入为非营利组织的免税收入:①接受其他单位或者个人捐赠的收入;②除《企业所得税法》第七条规定的财政拨款以外的其他政府补助收入,但不包括因政府购买服务取得的收入;③按照省级以上民政、财政部门规定收取的会费;④不征税收入和免税收入孳生的银行存款利息收入;⑤财政部、国家税务总局规定的其他收入。由以上规定可以看出,慈善组织的免税收入主要为捐赠收入、会费和符合条件的政府补助及其孳息,其他经营性收入无法享受所得税免税的优惠。

从程序角度而言,更新后的《企业所得税优惠政策事项办理办法》把对企业所得税的优惠管理制度从"审批制"变更为了"备案制"。如果非营利组织当年发生免税收入,应当在不迟于当年度汇算清缴纳税申报时自行计算减免税额,并通过填报企业所得税纳税申报表享受税收优惠。同时,非营利组织应当根据《企业所得税优惠事项管理目录》的要求备齐留存备查资料,以备税务机关核查。例如,对于符合条件的非营利组织的收入免征,非营利组织应当留存的备查资料包括免税资格有效认定文件、非营利组织认定资料、当年资金来源及使用情况、公益活动和非营利活动的明细情况、当年工资薪金情况专项报告[包括薪酬制度、工作人员整体平均工资薪金水平、工资福利占总支出比例、重要人员工资薪金信息(至少包括工资薪金水平排名前 10 的人员)、当年财务报表、登记管理机关出具的非营利组织当年符合相关法律法规和国家政策的事业发展情况或非营利活动的材料,以及应纳税收入及其有关的成本、费用、损失,与免税收入有关的情况说明等]。

对于捐赠收入,慈善组织应当开具公益性捐赠票据。未能开具公益性捐赠票据的收入,税局主管机关可能拒绝认定为免税的捐赠收入。

3. 对受益人的税收优惠

我国现行税法对于受益人税收优惠的规定相对零散。根据《个人所得税法》及其实施条例,国家发放的救济金免征个人所得税;残障人士、孤老人员和烈属的所得,其他财政部门批准的所得,其个人所得税也可减免征收。《基金会管理条例》规定了受益人依法享受税收优惠。《慈善法》第八十一条规定:"受益人接受慈善捐赠,依法享受税收优惠。"

慈善服务对象、受益人税收优惠的可操作规范,主要体现在汶川地震、玉树地震、舟曲泥石流、芦山地震等几次灾害之后灾后恢复重建的税收政策方面,对受灾地区企业、个人通过慈善组织接受捐赠的款项、物资,免征相应的所得税。除此之外,其他情形的慈善服务对象、受益人的税收优惠还需要通过法律法规加以规定。

二、对于慈善领域内特殊内容的税收优惠

(一)保值增值部分的税收优惠

《慈善法》第五十四条规定:"慈善组织为实现财产保值、增值进行投资的,应当遵循合法、安全、有效的原则,投资取得的收益应当全部用于慈善目的。"为规范慈善组织的投资活动,遵循上述"合法、安全、有效"的慈善组织投资活动原则,民政部于 2018 年 10 月 30 日公布《慈善组织保值增值投资活动管理暂行办法》,并已于 2019 年 1 月 1 日正式施行。《慈善组织保值增值投资活动管理暂行办法》允许慈善组织利用非限定性资产进行投资,并列举了购买资管产品、进行股权投资、委托第三方机构投资等三种投资活动。《慈善组织保值增值投资活动管理暂行办法》同时禁止慈善组织进行直接股票交易、商品及金融衍生品交易,购买人身保险产品,以投资名义向第三方提供借款,承担无限责任的投资等高风险和存在利益冲突的投资活动。

《慈善组织保值增值投资活动管理暂行办法》并未规定慈善组织进行财产保值和增值的税收优惠。根据现有慈善组织可享受的税收优惠中,对于慈善组织财产保值增值部分,仅有财税〔2009〕122 号文中规定的"不征税收入和免税收入孳生的银行存款利息收入"为慈善组织的免税收入。但是,上述规定仅限于"银行存款利息"这一类收益,且均不适用于《慈善组织保值增值投资活动管理暂行办法》明确允许的购买资管产品、进行股权投资、委托第三方机构投资所得收益。根据现行税法,慈善组织进行《慈善组织保值增值投资活动

管理暂行办法》明确允许的三类投资活动所得收益可能产生的所得税和增值税纳税义务见表8-2。

表8-2 三类投资活动所得收益可能产生的所得税和增值税纳税义务

投资活动	收益类型	是否需要缴纳所得税	是否需要缴纳增值税
购买资管产品	分配收益	是	根据具体产品属性,如属于"保本收益",需缴纳增值税,如不属于"保本收益",无需缴纳增值税①
	转让收益	是	根据具体产品属性,可能按转让金融商品的价值缴纳增值税
符合条件的公司股权投资(不包括购买上市公司股票)	股息红利	否	否
	转让收益	是	否
委托第三方机构投资所得收益	分配收益	是	需要按照投资过程中取得的收益性质判断其是否涉及增值税
	转让收益	是	

由此可见,在适用于慈善组织财产保值增值活动的税收优惠出台前,慈善组织将免税财产用于投资所得收益,需要承担相对较重的税务负担。

(二)慈善信托的税收优惠

《信托法》和《慈善法》分别规定了"公益信托"和"慈善信托"的概念,且《慈善法》要求未按照规定报民政部门备案的慈善信托不得享受税收优惠。但是,现行税法下对于"公益信托"和"慈善信托"均无直接适用的税收优惠,对根据《信托法》成立的各类信托的纳税主体地位也无特别明确的规定。以下为慈善信托可考虑利用的现有税收优惠制度及其可能产生的适用障碍。

首先,在慈善信托成立初期,即委托人向受托人委托信托财产的阶段,可利用公益性捐赠税前扣除制度给予委托人一定的税收优惠以提高委托人设立慈善信托的积极性。因为从经济实质角度来看,慈善信托成立后,委托人依法将其财产委托给受托人,由受托人以自己的名义进行管理和处分并开展慈善活动的行为与捐赠人将其有权处分的合法财产捐赠给受赠人从事公益事业或慈善活动非常类似。但是,在现行税法下,适用上述公益性捐赠税前扣除制度仍存在以下政策障碍:①公益性捐赠税前扣除制度的合格捐赠对象,只能是政府部门以及获得公益性捐赠税前扣除资格的公益性社会团体和公益性群众团体。但根据《慈善法》

---

① 参见《财政部 国家税务总局关于明确金融 房地产开发 教育辅助服务等增值税政策的通知》(财税〔2016〕140号)。

的要求,慈善信托的受托人只能是信托公司或慈善组织,除非担任受托人的有关慈善组织获得公益性捐赠税前扣除资格,否则受托人不具备合格捐赠对象资格;②将委托人委托信托财产行为等同于公益性捐赠行为,仍缺乏明确的政策依据。实践中,为了排除上述障碍,出现了两种变通方法:第一种是由慈善组织作为委托方接受公益性捐赠后,再由其委托信托公司成立慈善信托;第二种则是由信托公司作为受托人,并由其聘请慈善机构作为项目执行人的变通做法,以实现捐赠人享受所得税税前扣除待遇的目的。

其次,在慈善信托运营期间,可利用非营利组织来给予慈善信托特定收入免税的优惠待遇。不过现行税制下给予慈善信托免税待遇的政策障碍也非常明显:根据现有规定,具有非营利组织免税资格的组织必须为"依照国家有关法律法规设立或登记的事业单位、社会团体、基金会、社会服务机构、宗教活动场所、宗教院校以及财政部、税务总局认定的其他非营利组织",而作为受托人之一的信托公司并不在此列;而且慈善信托也很难满足"财产及其孳息不用于分配""投入人对投入该组织的财产不保留或者享有任何财产权利"以及"组织注销后用于其他公益性或非营利性目的"等有关财产独立性和不分配性的要求。

思考题

(1)A企业(属于查账征收企业所得税形式)2018年5月通过民政部门进行现金捐赠人民币1000万元,该季度已预缴企业所得税,2018年企业年终实现会计利润人民币8000万元。A企业第一至第四季度已累计缴纳企业所得税人民币1000万元,假设没有其他纳税调整事项,2018年度汇算清缴时,A企业需补缴企业所得税多少?

(2)大学教授陈某2018年11月取得各项收入人民币28000元,其中包括工资薪金收入人民币11000元,稿酬收入人民币10000元,彩票中奖收入人民币7000元。陈某当月通过当地民政部门向贫困地区进行慈善捐赠人民币6600元。请问陈某理论上可进行怎样的税收筹划,最多可获得多少金额的税前扣除?

(3)慈善组织可进行哪些保值增值投资活动以符合《慈善法》"合法、安全、有效的原则,投资取得的收益应当全部用于慈善目的"的要求?应当给予哪些投资活动以税收减免待遇?

本章重点概念

(1)公益性社会组织,即依法设立或登记并按规定条件和程序取得公益性捐赠税前扣除资格的慈善组织、其他社会组织和群众团体。

(2)公益性捐赠税前扣除,指企业或个人通过公益性社会组织、县级以上人民政府及其部门等国家机关,用于符合法律规定的公益慈善事业捐赠支出,准予按税法规定在计算应纳税所得额时扣除。

(3)非营利组织免税资格,即由非营利组织所在地相应级别的财政、税务主管机关审核确认的依法享受税收优惠政策的非营利组织的权利。

拓展阅读

[1]靳东升,原泽文,凌萍.支持社会组织发展的税收政策研究[J].财政研究,2014(3):24.

[2]施正文.分配正义与个人所得税法改革[J].中国法学,2011(5):32-43.

[3]栗燕杰.中国慈善税收减免制度的评估与展望:以慈善立法为背景的研究[J].北京航空航天大学学报(社会科学版),2016(1):66-75.

[4]金锦萍.论我国非营利组织所得税优惠政策及其法理基础[J].求是学刊,2009(1):85-91.

第九章　行政监管

本章内容概要

公益慈善事业在很大程度上依赖于社会和政府的公共性资源,保障慈善组织的公信力是公益慈善事业持续发展的核心,也是监督管理工作的重中之重。对于慈善组织的监督包括行政监管、行业监督与第三方监督、利益相关人监督和社会公众监督等不同方式,而行政监管则是其中强制力最强的监管方式。对于包括慈善组织在内的社会组织的监督管理是中国公益慈善事业行政监管工作中不可或缺的主要内容,本章将结合目前双重管理与直接登记并行的登记管理体制对行政监管的现状及其中的问题进行介绍。

第一节　社会组织行政监管概述

一、行政监管的概念

在《慈善法》出台之前的很长一段时间内,中国对包含慈善组织在内的社会组织的行政监管均依赖于《基金会管理条例》《社会团体登记管理条例》和《民办非企业单位登记管理暂行条例》三大条例的规定,实行的是双重管理体制。各级民政部门是社会组织的登记管理机关,而与社会组织业务相关的政府职能部门或其授权的组织则作为其业务主管单位,行使监督管理职能。在双重管理制度下,社会组织同时接受登记管理机关和业务主管单位的双重管理。但在后期发展过程中,双重管理体制带来的监管职能的重叠和低效渐渐显现出其对社会组织发展的一定局限性。为解决这一问题,政府开始对社会组织管理体制改革进行探索和试点,对行业协会商会类、科技类、公益慈善类、城乡社区服务类等社会组织实施直接登记。2016 年 3 月 16 日第十二届全国人民代表大会第四次会议通过的《慈善法》也延续了这一思路,对慈善组织采取以登记管理机关为主的综合监管体制。

《慈善法》的出台成为 2016 年作为"中国慈善法治化元年"的标志性事件。2016 年之前,中国在慈善立法进程取得的成就中,除了前文提到的三大条例,还有《公益事业捐赠法》和《红十字会法》等法律,它们都为行政监管提供了法律基础。《慈善法》无疑是完善公益慈善法律体系的重要组成部分,对中国公益慈善事业的发展起到进一步规范作用。《社会组织登记管理条例》也已经于 2018 年结束了征求意见的过程,在其颁布后将连同《慈善法》一起构成中国公益慈善法律规范最核心的框架。

中国共产党中央委员会办公厅与国务院办公厅颁布的《关于改革社会组织管理制度促进社会组织健康有序发展的意见》(以下简称《意见》)中明确坚持放管并重为社会组织监管的原则之一,即处理好"放"和"管"的关系,既要简政放权,优化服务,积极培育扶持,又要加强事中事后监管,促进社会组织健康有序发展。《意见》要求各级政府有关部门要对社会组织的资金与活动进行严格管理,建立民政部门牵头,财政、税务、审计、金融、公安等部门参加的资金监管机制,共享执法信息,加强风险评估、预警。民政部门要通过检查、评估等手段依法监督社会组织负责人、资金、活动、信息公开、章程履行等情况,建立社会组织"异常名录"和"黑名单",民政部门要会同有关部门建立联合执法制度,严厉查处违法违规行为,依法取缔未经登记的各类非法社会组织。

虽然《慈善法》第十章对慈善组织的行政监管、行业监督与第三方监督、利益相关人监督和社会公众监督等进行了规定,但中国对社会组织实行的监管模式仍然是由政府主导的一元化监管模式。

二、国外非营利组织行政监管概述

在西方发达国家,非营利组织的发展已经较为成熟。由于每个国家的历史背景、法律环境均不同,所以体现在非营利组织监管方面也有较大差异。但这些国家在这些领域仍积累了较多的经验,对提高我国社会组织的监督管理能力水平有借鉴意义,同时为将来的监管体制改革提供一定的域外实践经验。

一些国家根据自身的法律背景,制定了不同的有关非营利组织监管的基本法律,用以规范非营利组织的活动,例如《日本特定非营利活动促进法》《德国结社法》《英国慈善法》。

而在美国,政府对社会组织管理的相关法律散布在各种法律中。根据《美国联邦税法》第501条C款第3项的规定,在一些慈善、宗教、教育、科学等方面从事公益性活动的社会组织可以根据该税法条款申请公益资格,获得相应的税收减免优惠政策。但美国并没有一部专门规制社会组织活动的法律,所有相关的监管都分散到其他法律当中[1]。

美国的联邦制度使得政府对于非营利组织的监管也相应分为联邦政府和州政府的双层监管,然而两者的监管内容并不重复。如前文所述,美国并未就非营利组织的申请和设立进行专门立法,主要的法律依据就是《美国联邦税法》第501条C款第3项中对于非营利性质即免税资格的认定[2]。

美国联邦政府对于非营利组织的监管主要就是指联邦税务局对各组织免税资格的审查,并在其获得免税资格后每年按照1‰~2‰的比例(大约2万个)[3]对其账目和记录进行审计,若发现财务和经营中存在问题,如存在为私人牟利等现象,联邦税务局则有权对涉案

① 董楠.我国非营利组织的政府监管问题研究[D].哈尔滨:黑龙江大学,2010.
② 王名,李勇,黄浩明.美国非营利组织[M].北京:社会科学文献出版社,2012:110.
③ 王名,李勇,黄浩明.美国非营利组织[M].北京:社会科学文献出版社,2012:116.

组织进行罚款、财产扣押、账户冻结，甚至取消其免税资格。除此之外，联邦税务局也会组织全国性的宣传活动，组织各种法律培训、电话会议和网络直播辅导等活动，同时还编写和出版相关的指南与手册等资料，以普及相关的法律知识，减少非营利组织的违法行为①。

各州政府对于非营利组织的监管则集中于登记注册、运行监督和州税赋的免税资格。虽然各州的监管机构设置和权限稍有不同，但是各州都设有专门负责非营利组织的检察官，即所谓的州检察官制度②。对于州内非营利组织的可疑行为和违法行为，州检察官拥有调查权和起诉权，从而在一定程度上促进了非营利组织作出合理合法的决策。以宾夕法尼亚州为例，该州的州检察官办公室有 12 位公职律师。除了部门内部公职律师的支持，必要时可以再从外部聘请律师③。

思考题

(1)我国行政监管体制的特点是什么？

(2)双重管理体制的优势和劣势分别有哪些？

第二节 我国社会组织行政监管的体系

一、《慈善法》颁布之前的行政监管法律规范

(一)立法及执法状况

《慈善法》颁布之前，我国社会组织监管的立法主要有以下部分。①法律：《公益事业捐赠法》；②法规：《社会团体登记管理条例》《民办非企业单位登记管理暂行条例》《基金会管理条例》等；③部门规章：《社会组织登记管理机关行政处罚程序规定》《社会团体设立专项基金管理机构暂行规定》《取缔非法民间组织暂行办法》《社会团体分支机构、代表机构登记办法》《民办非企业单位印章管理规定》《民间非营利组织会计制度》等；④地方法规、规章及规定等。

民政部分别于 2000 年和 2012 年发布了《取缔非法民间组织暂行办法》和《社会组织登记管理机关行政处罚程序规定》④，对查处社会组织违法违规行为和非法社会组织活动的具

---

① 梁俊娇,王颖峰.美国联邦税务局的内部机构设置及对我国的借鉴[J].中央财经大学学报,2009(4):14-18.

② 梁俊娇,王颖峰.美国联邦税务局的内部机构设置及对我国的借鉴[J].中央财经大学学报,2009(4):14-18.

③ 梁俊娇,王颖峰.美国联邦税务局的内部机构设置及对我国的借鉴[J].中央财经大学学报,2009(4):14-18.

④ 修订后的《社会组织登记管理机关行政处罚程序规定》已经于 2021 年 9 月 9 日在民政部部委会议上通过,并于 2021 年 10 月 15 日起施行。

体程序做出了规定,对登记管理机关的执法规范化水平提出了较高要求。

我国政府对社会组织的日常监管中面对的问题非常庞杂,在年检制度中,监管机关要对社会组织经营情况、业务开展等情况进行检查;除此之外,包括社会组织变更登记、信息公开等很多行为都需要登记机关进行监管。作为登记管理机关的民政部门的人员配置远低于类似工商部门、证监会等其他相似的监督管理机构。此外,登记机关人员专业程度不够等内部问题,也使得目前的监管工作存在一些困难。

(二)存在的问题

立法上,中国在《慈善法》颁布之前没有任何一部专门针对社会组织监管的法律。按照《中华人民共和国立法法》《中华人民共和国行政处罚法》等法律规定,行政机关的一些行政处罚手段设立受到较大限制。所以为民政部门设定对社会组织行政处罚权的法律法规非常少且层级较低,除三大条例外,就只有一些部门规章和地方性法规,而且现有的执法依据也在不同程度上存在表述过于概括性的问题。上述问题带来的不利影响包括:第一,执法权依据层级较低,对监管机关来说可操作性差,造成了监管缺失。第二,各地政府对社会组织的监管态度不一,同地区对不同行业的监管也不一,这就造成社会组织发展地区不平衡、行业不平衡。第三,执法部门缺少可参照的处罚标准,就会面临无法控制自由裁量权限的问题,很难保证执法的公正与公平。

执法上,民政部门的执法呈现出执法力量薄弱且缺乏主动监管。根据网上公开的信息数据,被处罚的社会组织里绝大部分是因为两年没有年检或者年检不合格。有限的执法人员造成执法部门在执法时有时"抓大放小",即选择法律规定比较明确且违法行为较为严重的社会组织进行处罚。现有的行政处罚案件多来源于社会组织每年一次的年检和群众举报,多为"被动监管",而"主动监管"较少,造成了行政处罚案例和结果单一化的现象。

二、《慈善法》颁布后的行政监管法律规范

《慈善法》不仅从强化信息公开、加强慈善组织内部治理、规范慈善组织财产管理运行等各个方面进行规范,而且构建了行政监管、行业自律、社会监督组成的监管体系,其中尤以对行政监管的规定为重大突破。《慈善法》专设第十章规定监督管理,明确了政府监管部门及其职责:"县级以上人民政府民政部门应当依法履行职责,对慈善活动进行监督检查,对慈善行业组织进行指导",这是对民政部门职责的概括性规定,同时又对民政部门的监管措施以及监管程序等做了明确具体的规定。根据《慈善法》对行政处罚权设立的相关规定,可以得出下列结论。

1.民政部门是慈善组织监管的主导机关

《慈善法》中设立了28项行政处罚权,其中25项行政处罚权的执法权主体都是民政部门,体现了其在慈善组织监管中的绝对主导地位。3项由其他部门执行行政处罚的违法行为分别为募捐活动中对于广播、电视、报刊以及网络提供者、电信运营商未履行《慈善法》第

二十七条规定的,假借慈善名义或者假冒慈善名义骗取财产的,违反《慈善法》规定,构成违反治安管理行为的;其他的都是由民政部门负责行政监管。这使得民政部门在《慈善法》的法律执行中成为名副其实的负责人。

2.《慈善法》的行政处罚种类多样、涵盖范围广

通过对《慈善法》中设定的行政处罚进行整理,我们可以发现行政处罚的种类主要为以下几种:最轻的为警告,其次为责令限期停止活动或责令限期整改,最严重的为吊销登记证书并予以公告。对于有违法所得的,一般会予以没收并对直接负责人员处以2万元以上20万元以下罚款。这几项行政处罚包括了除行政拘留以外的所有常见的行政处罚种类,涵盖了申诫罚、财产罚和行为罚三类行政处罚。相对于过去立法中对行政处罚寥寥可数的规定,《慈善法》对于行政处罚的规定可以说是详尽而全面。

《慈善法》设立的行政处罚针对的违法行为涵盖了各个方面,《慈善法》中的禁止性规范几乎都规定了相应的法律责任。这使得每一条法律规范都有相应的法律责任,使得《慈善法》不是华而不实的摆设,让《慈善法》真正具有法律的可执行性和实效性。

3.《慈善法》还规定了行政执法的实施方式

《慈善法》不仅设定了行政处罚,在对行政处罚的具体实施方面也赋予了民政部门一定的权力。《慈善法》第十章规定了民政部门执行行政监管时采取的措施,分别有:对慈善组织的住所和慈善活动发生地进行现场检查;要求慈善组织作出说明,查阅、复制有关资料;向与慈善活动有关的单位和个人调查与监督管理有关的情况;经本级人民政府批准,可以查询慈善组织的金融账户;法律、行政法规规定的其他措施。在赋予民政部门一定的权力的同时,也规定了民政部门的行政处罚流程,《慈善法》第九十四条规定:"县级以上人民政府民政部门对慈善组织、有关单位和个人进行检查或者调查时,检查人员或者调查人员不得少于二人,并应当出示合法证件和检查、调查通知书。"虽然这样的规定相较于《中华人民共和国行政处罚法》中的规定来说是比较简单的,但在《慈善法》中加以规定再次确认了其重要性。

4.民政部出台新规,创新社会组织监管方式

在《慈善法》颁布之后,民政部还出台了一系列创新社会组织监管方式方面的新规定,旨在加强对社会组织的事中事后监管,例如,民政部2016年8月15日颁布的《社会组织登记管理机关受理投诉举报办法(试行)》、2017年3月13日颁布的《社会组织抽查暂行办法》、2018年1月12日颁布的《社会组织信用信息管理办法》等。

作为新近出台的法律法规文件,《社会组织信用信息管理办法》中规定了不少新颖的监管方式。该办法对失信社会组织设置了"活动异常名录"和"严重违法失信名单"两个梯次的信用管理制度。

信用监管与行政处罚是登记管理机关两种不同类型的行政管理措施,可以同时并用。活动异常名录与严重违法失信名单属于对社会组织的信用约束和惩戒,并不免除其依法应当承担的其他法律责任。社会组织受到行政处罚的,将被认定存在失信行为,登记管理机关根据情节轻重,分别将其纳入活动异常名录或者严重违法失信名单。

具体来说,以下情形将被列入活动异常名录。

一是未按照规定报送年度工作报告的。主要包括未按照规定时限报送年报和所报送的年报材料不符合有关规定等情形。

二是未按规定设立党组织的。社会组织党建是社会组织自身建设的重要组成部分,是保证社会组织正确政治方向的根本所在。根据中央加强社会组织党建的部署及党的十九大精神,《社会组织信用信息管理办法》将党建情况作为衡量社会组织信用的一个标准。

三是未按期完成整改的。实施信用管理是为了更好促进社会组织规范运作,对于轻微违规的社会组织,登记管理机关以教育和责令改正为主。只要社会组织在规定期限内完成了整改,《社会组织信用信息管理办法》不将其认定为失信行为;未按期完成整改的,则认定为失信。

四是具有公开募捐资格的慈善组织不再符合公开募捐资格条件或者6个月以上不开展公开募捐活动的。本项是落实《慈善法》的有关规定。

五是受到较轻行政处罚的。社会组织受到行政处罚,说明该组织存在客观、确定的违法行为,应视为存在失信情形。其中,受到较轻行政处罚的(警告或者不满5万元罚款),将被列入活动异常名录。需要注意的是,《社会组织信用信息管理办法》所列示的处罚,并不限于由登记管理机关作出,其他部门对社会组织的行政处罚也应记入。

六是住所无法联系的。住所是社会组织活动的必要条件,也是社会公众联系、监督社会组织的重要途径。通过登记的住所无法与社会组织取得联系,登记管理机关应当及时向社会提示风险。

七是法律、行政法规规定的其他情形。

以下情形将被列入严重违法失信名单。

一是被列入活动异常名录满2年的。社会组织被列入活动异常名录后,如果对违法违规情形一直不予纠正,说明该组织要么不愿改正,要么没有能力改正,应当被列入严重违法失信名单。

二是被撤销登记的。社会组织弄虚作假骗取登记(包括成立登记和变更登记)的,主观恶意明显,行为性质恶劣,应当被列入严重违法失信名单。

三是受到较重行政处罚的。社会组织被处以较重行政处罚(包括限期停止活动、5万元以上罚款、吊销登记证书),说明该组织存在严重违法行为,应当被列入严重违法失信名单。

四是3年内多次受到较轻行政处罚的。单次较轻行政处罚属于应列入活动异常名录的情形,但若3年内两次以上受到处罚,属于情节严重,将被列入严重违法失信名单。

五是被司法机关纳入"失信被执行人"名单的。本项属于对既有失信信息的采集和转载。

六是法律、行政法规规定的其他情形。

被列入严重违法失信名单的社会组织还将被作为重点监督管理对象,同时,在获取资金资助、购买服务、授予荣誉、等级评估等方面将受到资格限制或影响。此外,登记管理机关还将与相关部门通过签署联合惩戒备忘录等方式,建立失信联合惩戒机制,对列入严重违法失信名单的社会组织实施联合惩戒。

三、全国人大常委会《慈善法》执法检查报告中对监管的评论

2020年10月15日,第十三届全国人民代表大会常务委员会第二十二次会议上,由时任副委员长张春贤所做的《全国人民代表大会常务委员会执法检查组关于检查〈中华人民共和国慈善法〉实施情况的报告》①对慈善法颁布后的监管问题,也做了标题为"监管不足与监管过度并存"的总结。

1. 监管力量不足

2019年,民政部设立慈善事业促进和社会工作司,各级民政部门也参照设立了专门负责慈善工作的内部机构。《慈善法》第九十四条规定:"县级以上人民政府民政部门对慈善组织、有关单位和个人进行检查或者调查时,检查人员或者调查人员不得少于二人,并应当出示合法证件和检查、调查通知书。"实际运行中,省级慈善监管和执法工作机构平均不到四人,有些地市级、县级机构甚至没有专人负责,无法达到法律要求。

2. 监督力度不够

《慈善法》第三十三条规定,禁止任何组织或者个人假借慈善名义或者假冒慈善组织开展募捐活动,骗取财产。当前,部分慈善组织存在操作不规范的问题,个别存在侵占慈善财产等现象。法律实施以来,全国31个省(区、市)依据《慈善法》实施行政处罚还不多,一些设区的市一直是"零处罚"。检查发现,部分基层主管部门行政监督不到位。

3. 监管制约过度

《慈善法》第十二条规定,慈善组织应当根据法律法规以及章程的规定,建立健全内部治理结构,明确决策、执行、监督等方面的职责权限,开展慈善活动。在监管工作中,对大型慈善组织监管偏严,对小型慈善组织监管较为宽松;存在着要求偏多、指导服务不够的现象。慈善组织的章程、负责人任期年龄以70岁为上限等方面规定,影响了社会力量参与的灵活性和积极性。

该报告结尾处,提出了如下的"健全综合监管体系"的完善建议:

"加强民政部门慈善工作力量,强化部门合作、部门协调,提升信息化、数字化监管水平,发挥云计算、区块链、大数据等技术优势,探索建立多功能、分级赋权的慈善信息化管理系统。借鉴浙江'最多跑一次'和网上办事经验,推进慈善组织信息一码披露、慈善项目一码展

---

① 全国人民代表大会常务委员会执法检查组关于检查《中华人民共和国慈善法》实施情况的报告[EB/OL].[2020-10-16]. http://www.npc.gov.cn/npc/c30834/202010/afc0a05adb4242b49920c2251017205e.shtml.

示、慈善需求一码发布。

完善全社会共同参与的社会监督机制和信用制度,将捐赠行为纳入法人单位、社会公民征信体系。

建立健全慈善行政指导机制、分类管理制度,区别不同类型、不同规模的慈善组织,制定不同的监管政策。

严格落实对欺诈、骗捐、侵占慈善财产等行为的处罚,保护捐赠人的合法权益。"

思考题

(1)为什么要进行社会组织行政监管的改革与创新?

(2)你对行政监管的改革与创新有什么意见和建议?

本章重点概念

(1)双重管理体制,指社会组织同时接受登记管理机关和业务主管单位的双重管理。各级民政部门是社会组织的登记管理机关,而与社会组织业务相关的政府职能部门或其授权的组织则作为其业务主管单位,行使监督管理职能。

(2)直接登记制度,指社会组织直接向民政部门依法申请登记、变更和注销,不再需要业务主管单位的事先审查同意。

拓展阅读

[1]陆璇,林文漪.中国慈善法手册[M].北京:法律出版社,2018.

[2]王名.社会组织概论[M].北京:中国社会出版社,2010.

[3]王振耀.中华人民共和国慈善法评述与慈善政策展望[M].北京:法律出版社,2016.

[4]阚珂.中华人民共和国慈善法释义[M].北京:法律出版社,2016.

[5]王名,李勇,黄浩明.美国非营利组织[M].北京:社会科学文献出版社,2012.

第十章　社会福利

本章内容概要

　　社会福利是公益慈善事业发挥发挥其作用的重要领域,涉及老年人、残障人士、未成年人以及妇女等诸多主体的权益。本章将梳理以上所述主体在国内外的权益保障体系现状及发展,并结合实践热点及典型案例,探讨各类主体在面对权益侵害风险时可采取的救济路径。

第一节　老年人权益保障

　　国内学界对社会福利的概念界定有诸多分歧。有学者认为社会福利是民政部门代表国家提供的针对弱势老人、残障人士、孤儿和优抚对象的收入和服务保障[①]。也有学者认为社会福利不仅限于部分群体,而是面向社会全体成员,是国家和社会为保障全体社会成员的基本生活而采取的措施和服务[②]。实践中,政府和社会部门所提供的社会福利主要包括老年人福利、儿童福利、残障群体福利和妇女福利。这是一个项目众多、内容广泛的保障系统,旨在让以上群体参与社会活动,实现自我,分享国家发展成果。

一、老年人权益保障体系的演进和现状

　　2021 年 5 月 11 日,第七次全国人口普查结果公布,全国人口约 141178 万人。其中,60 岁及以上人口为 26402 万人,占 18.70%(65 岁及以上人口为 19064 万人,占 13.50%)。人口老龄化程度进一步加深,未来一段时间将持续面临人口长期均衡发展的压力。综合 1952 年联合国《人口老龄化及其社会经济后果》及 1982 年联合国维也纳老龄问题世界大会确立的老龄化标准来看[③],目前我国已进入老龄化社会阶段。加之自 2012 年起,我国劳动年龄人口的数量和比重已经多年出现下降,社会各领域,包括国家福利、经济模式、医疗卫生、公共服务等,都将在今后相当长时间内,面临老年人口增长、劳动供给总量下降带来的经济及社会压力。老龄化由此不再局限于家庭内部的代际交换,而成为社会全体成员需要共同面对

---

　　① 周弘.国外社会福利制度[M].北京:中国社会出版社,2002:5.
　　② 张建明,龚晓京.社会福利与社会保障刍议[M]//窦玉沛.重构中国社会保障体系探索.北京:中国社会科学出版社,2001:53.
　　③ 根据上述会议及文件,目前国际公认,当某个国家或地区 60 岁以上的老年人口达总人口的 10%,或 65 岁以上老年人口达总人口的 7%,该国家或地区可被认定进入老龄化社会。

的公共议题。

二、国际法中的老年人权益保护体系

国际法中的老年人权益保护起步于 20 世纪 40 年代末。1948 年,联合国大会通过了《世界人权宣言》。尽管《世界人权宣言》本身属于无约束力①决议,但作为第一部确立了"所有人的基本人权应得到普遍保护"的国际性文件,其对日后国际人权法案的内容和形式产生了深远的影响,因而《世界人权宣言》事实上已经作为设立或者至少体现了联合国会员国在人权保护上应承担的法律义务的规范性文书,并作为一种习惯国际法被广泛接受。而老年人群体在《世界人权宣言》中虽未有特别列明,但普遍被认为已包含于《世界人权宣言》第二条所述的享有一切权利和自由的主体范围之内。而在《世界人权宣言》之后,联合国又相继通过了包括九部核心人权公约在内的一系列世界性人权文书,并通过设立人权条约机构来监督核心人权公约的落实情况。联合国还颁布了其他细化的政策性文件来进一步指导各国政府在作出有关本国社会福利、就业等领域决策时与国际法原则相协调。而有关老年人权利保护的规范,正体现于上述公约、人权条约机构出具的意见书及其他无约束性决议、行动计划之中。在具有法律约束力的核心人权公约中,老龄群体多数被归入"人人"的宽泛定义之中,基于所有权利的普适性而获得一般性保护。

除此之外,联合国框架下还有专门针对老龄问题的一系列"计划""原则"等政策性文件。这类政治性文书属于"软法"性质,缺乏强制性的法律约束力,但基于联合国这一国际组织事实上的影响力,它们可以视为各会员国内部的承诺,将对制定各国国内法产生影响。

目前联合国并未设立针对老年人人权保护的专门机构,但联合国人权理事会在 2014 年任命了首任"老年人享有所有人权问题独立专家"②,负责核查和汇报某国及全球范围内老年人人权情况,提供相应建议,促进国际人权标准的完善。独立专家每年向人权理事会作年度报告,并向联合国大会报告其大多数任务的完成情况。

由此可见,老龄问题已经引起国际社会的普遍关注,国际层面上老年人人权已通过普遍性公约和原则、宣言等"软法"得到法律上的确权,同时各类发展战略和政策也将老年人人权保护纳入主流的决策过程,但目前,国际层面对老年人人权没有专门性公约的保护,也未有相应的专门机构负责监督。

三、我国的老年人权益保障体系

我国在立法层面已初步建立起老年人权益保护的多层次法律规范框架。

---

① 所谓"无约束力"和后文所称的"软法",指以价值和理念倡导为主的文件,不具备法律约束力,但可以通过呼吁、引导产生一定的实际效力。

② 罗莎·科恩菲尔德-马特(Rosa Kornfeld-Matte)于 2011 年 5 月被任命为首任"老年人享有所有人权问题独立专家",这一职务已于 2020 年 5 月由 Claudia Mahler 接任。

1. 宪法

宪法作为国家的根本大法,在我国的法律体系中具有最高地位。因此,宪法中有关老年人权益保障的条款,不仅对老年人的财产权、人身权、获得医疗权、获得赡养权等提供了正当性基础,也为其他老年人权益保障相关法律法规的制定起到了指导性的作用。尽管在我国现实的司法实践中,宪法不具有事实上的可诉性,目前仍不会援引宪法作为裁判依据,但不可否认,宪法仍是老年人权益保护根本性的法律保障。

2.《中华人民共和国老年人权益保障法》及其他相关的法律法规

我国于 1996 年颁布了《中华人民共和国老年人权益保障法》(以下简称《老年人权益保障法》),其后为适应我国社会经济状况和家庭结构的变迁,该法分别于 2009 年、2015 年、2018 年进行了三次修订。修订后的《老年人权益保障法》分为总则、家庭赡养与扶养、社会保障、社会服务、社会优待、宜居环境、参与社会发展、法律责任、附则,共 9 章 85 条。《老年人权益保障法》落实了宪法的相关精神和原则,明确了老年人的各项基本权利,充实完善了有关法律责任及相应救济的规定,同时更将养老问题从家庭层面提升至公共议题层面,设立了政府对于养老事业进行支持、监督的义务,从家庭、社会、国家等多层次全面为老年人的合法权益提供保障。

在《老年人权益保障法》这一特别法之外,《民法典》、《中华人民共和国社会保险法》(以下简称《社会保险法》)、《中华人民共和国刑法》(以下简称《刑法》)、《中华人民共和国反家庭暴力法》(以下简称《反家庭暴力法》)等法律中均有涉及老年人权益保护的相关条款。首先,《民法典》规定了公民应享有的各项民事权利。老年人作为我国公民,依据《民法典》当然享有生命权、健康权、身体权、肖像权、名誉权、隐私权、婚姻自由权、个人信息权等人身权利以及物权、债权、继承权及知识产权等权利。此外,《民法典》第一百二十八条还对老年人等特殊群体民事权利的法律适用问题做出规定:"法律对未成年人、老年人、残疾人、妇女、消费者等的民事权利保护有特别规定的,依照其规定。"而《民法典》也对老年人受赡养的权利进行了保护,其第一千零六十七条第二款规定:"成年子女不履行赡养义务的,缺乏劳动能力或者生活困难的父母,有要求成年子女给付赡养费的权利。"其第一千一百二十五条规定,遗弃被继承人,或者虐待被继承人情节严重的,丧失继承权。《反家庭暴力法》第五条规定,老年人遭受家庭暴力的,应当给予特殊保护。

而若上述法条所涉针对老年人的虐待行为及拒绝扶养行为已达到情节恶劣程度,则当事人可能将被追究刑事责任。《刑法》第二百六十条第一款和第二款规定:"虐待家庭成员,情节恶劣的,处二年以下有期徒刑、拘役或者管制。犯前款罪,致使被害人重伤、死亡的,处二年以上七年以下有期徒刑。"第二百六十一条规定:"对于年老、年幼、患病或者其他没有独立生活能力的人,负有扶养义务而拒绝扶养,情节恶劣的,处五年以下有期徒刑、拘役或者管制。"另外,就看护机构及个人虐待老人的现象,《刑法》特别在二百六十条之后补充规定:"对未成年人、老年人、患病的人、残疾人等负有监护、看护职责的人虐待被监护、看护的人,情节恶劣的,处三年以下有期徒刑或者拘役。单位犯前款罪的,对单位判处罚金,并对其直接负责的主管人员和其他直接责任人员,依照前款的规定处罚。有第一款行为,同时构成其他犯罪的,依照处罚较重的规定定罪处罚。"由此,无论是家庭层面,还是非家庭层面对于老年人人身权利的侵害均被纳入了《刑法》的调整范围,为老年人提供更为全面的法律保障。

而《社会保险法》也为公民的养老生活提供必要的经济保障。《社会保险法》第二条规定:"国家建立基本养老保险、基本医疗保险、工伤保险、失业保险、生育保险等社会保险制度,保障公民在年老、疾病、工伤、失业、生育等情况下依法从国家和社会获得物质帮助的权利。"该法第二章又针对城镇职工、城镇居民、农村居民设计了三种类型的养老保险制度。第十八条进一步就养老保险额度调整规定:"国家建立基本养老金正常调整机制。根据职工工资增长、物价上涨情况,适时提高基本养老保险待遇水平。"该部法律为我国之后建立更为完善、公平的养老保险制度提供了重要的法律依据。

除却上述立法机关颁布的法律之外,最高人民法院也就老年人常见的权益纠纷出台了相关的司法解释,其中包括《关于依法办理家庭暴力犯罪案件的意见》(2015)、《最高人民法院关于审理涉及人民调解协议的民事案件的若干规定》(2002)等。该类司法解释为现实中常见的遗产分配与继承、赡养权利及义务等法律问题的解决提供了依据,具有法律约束力。

3.行政法规、地方性立法、行政规章以及规范性文件

在《老年人权益保障法》出台后,各地政府结合地方实际,相继出台了配套的地方性法规、规章和政策。同时,国务院也就老年人离退休生活待遇、养老保障、医疗福利、社区服务等问题,颁布了一系列行政法规和政策性文件,如有关老年人医疗保障的《公费医疗管理办法》、有关特殊人群养老保障的《城市居民最低生活保障条例》,以及有关社会养老服务的《关于加快发展养老服务业的若干意见》《"十三五"国家老龄事业发展和养老体系建设规划》等。

总体而言,我国已逐渐形成了以《老年人权益保障法》及相关地方立法为主体,辅以法律、行政法规、政策性文件的老年人权益法律保障体系。尽管在养老保险、养老社会服务监管、精神赡养等领域,还存在着立法碎片化、可操作性低的问题,但现有规范已初步为我国老年人维权工作的开展奠定了扎实的法律和政策基础。而未来随着对于我国家庭结构、社会经济状况和现实养老模式的调研探究的深入,相关法律政策有望进一步完善细化,为广大老龄群体的合法权益提供更切实有效的保障。

思考题

在老年人遭遇权益纠纷,尤其是与子女、配偶等有特殊亲属关系的人发生的矛盾纠纷时,如何在保护老年人合法权益的同时实现双方的谅解及关系重建?

第二节 妇女权益保障

随着启蒙运动的开展,现代意义上的人权观念诞生,"天赋人权"成为许多女性意识到性别平等的原点。至今,女性主义思潮自身的丰富和发展依然起着填平法律意义上赋权平等与事实意义上歧视鸿沟的桥梁作用,而女性经验较强的共情性和包容性使得女性主义可以成为了解"进入不公正或不平等宏大对话的一般路径"①,推动对其他弱势群体在法律和实质意义上实现平权的关注。

一、建构保障妇女权益的国际框架

联合国对于妇女权利的支持始于《联合国宪章》。《联合国宪章》第一条在定义联合国宗旨时,称联合国将"不分种族、性别、语言或宗教,增进并激励对于全体人类之人权及基本自由之尊重",标志着性别平等正式成为国际社会的普遍准则。之后,联合国大会通过的《世界人权宣言》,整部文件均采用了性别中立的语言,进一步强调了人权对所有人的普遍使用,不得基于性别区别对待。这一理念同样被贯彻于另外两份普遍性国际人权公约之中。《公民权利和政治权利国际公约》第二条规定:"本公约每一缔约国承担尊重和保证在其领土内和受其管辖的一切人享有本公约所承认的权利,不分种族、肤色、性别、语言、宗教、政治或其他见解、国籍或社会出身、财产、出生或其他身份等任何区别。"《经济、社会和文化权利国际公约》也同样有此规定。两份公约项下的一切实质性公民政治、经济、社会和文化权利由男性和女性同等享有,包括生命权,选举权和被选举权,迁徙自由,工作权,社会保障权,对家庭、母亲和儿童的保护及协助,受教育权等。

同时,联合国还通过了一系列专门保障妇女权利的公约,充分保障妇女在人身自由、政治权利、教育权利、劳动权利等方面的固有权利,如 1949 年的《禁止贩卖人口及取缔意图赢利使人卖淫的公约》、1967 年的《消除对妇女歧视宣言》。1979 年联合国《消除对妇女一切形式歧视公约》,不仅在《消除对妇女歧视宣言》的基础上进一步明确界定了对妇女歧视的内涵,明确了女性具有选择是否生育的权利,同时还详细阐述了各缔约国政府在消除针对妇女歧视上应尽的义务,将其提升到了具有法律约束力的层面,《消除对妇女一切形式歧视公约》在之后也经常被视为"国际妇女权利宪章"。此后,随着国际社会对针对妇女暴力的问题的普遍性关注,联合国大会又于 1993 年通过了《消除对妇女暴力行为宣言》,界定了针对妇女暴力行为的形式和内涵,各缔约国也做出了消除社会、国家层面意义上对妇女暴力的承诺。

普遍性国际人权文书和为保障妇女权利制定的专门性文书为妇女权利保障提供了基本工具,实现了法律意义上的基本平等。然而,要从法律平等进一步过渡到事实平等,还需要

---

① 梅·C.奎恩.女性主义法律现实主义:法律现实主义与女性主义法学[J].王新宇,译.中国政法大学学报,2018(2):117 - 130.

重新审视妇女承担的社会角色及对该角色的态度和认知①。因此,联合国以四次世界妇女大会为平台,制定了一系列政策和战略,包括《提高妇女地位内罗华前瞻性战略》《北京宣言和行动纲要》等。这些国际性政策针对与妇女平等有重大关切的领域,如贫困问题、教育与培训、健康、暴力、武装冲突、经济、权利与决策、制度机制、人权、媒体、环境、女童等,阐释了具体的战略目标,并将"社会性别主流化"作为一项倡导两性平等的全国性战略②,呼吁各国在构建发展模式、公共行动及公共政策时,将性别理念纳入其中。而在联合国提出的 17 个可持续发展目标中也囊括了"性别平等,为所有妇女、女童赋权"的内容。这对妇女在国际和国内层面实现实质性权利平等有重大意义。

为保障上述国际人权规范和发展战略允诺的平等权利能够落实,联合国建立了相应的监督和执行机制,包括缔约国定期报告制度、国家间指控制度、个人申诉制度、实情调查制度和国际法院的司法解决程序等。

二、我国妇女权益保障体系现状

我国作为《消除对妇女一切形式歧视公约》的第一批缔约国,历来重视妇女权利保障和歧视消除工作,在立法、政府政策与扶持、司法实践、民间力量参与等方面构建了我国妇女权益保障体系。

1. 立法

在立法层面,我国目前已经形成了以宪法为基础,以《中华人民共和国妇女权益保障法》(以下简称《妇女权益保障法》)及相关地方法规条例为核心,辅以部门法中有关妇女权利保障的条款以及相关部门规章的法律法规体系。

《宪法》第四十八条明确宣告了妇女在社会政治、经济、文化、社会、家庭等各领域与男性享有同等权利。

1992 年制定,经 2005 年和 2018 年两次修正的《妇女权益保障法》作为妇女权益保护的特别法,明确了妇女享有的各项权利,确立了政府保障妇女权益的相关义务,并对侵害妇女权益的行为应承担的法律责任做了具体规定。妇女权益的保障条款同样散布于其他部门法中。例如,《中华人民共和国全国人民代表大会和地方各级人民代表大会选举法》(以下简称《选举法》)第三条规定,公民应不分性别地享有选举权和被选举权,第六条第一款进一步表明应保证并逐步提高妇女代表的数量和比例。《刑法》第四十九条将怀孕妇女排除于死刑使用范围之外;《中华人民共和国刑事诉讼法》(以下简称《刑事诉讼法》)第七十二条规定对于正在怀孕和正在哺乳的妇女不予逮捕;《民法典》第一千零八十二条规定,"女方在怀孕期间、分娩后一年内或者终止妊娠后六个月内,男方不得提出离婚",第一千零四十二条对家庭暴

---

① 黄列.社会性别与国际人权法[J].环球法律评论,2005(1):7-17.
② 第四次世界妇女大会第 16 次全体会议通过行动纲领[EB/OL].[1995-09-15].http://www.un.org/womenwatch/daw/beijing/pdf/BDPfA%20C.pdf.

力行为明令禁止,并在第一千零七十九条中将其作为提起离婚的法定事由之一,受害人可以据此提出赔偿。

同时就家庭暴力行为,2016年3月1日颁布的《中华人民共和国反家庭暴力法》(以下简称《反家庭暴力法》)首次对家庭暴力的范围进行界定,并向包括妇女在内的受害者提供公安机关出具的告诫书和向人民法院申请人身安全保护令等救济措施。

此外,孕期和哺乳期的妇女遭受家暴的,应当给予特殊的保障;《中华人民共和国劳动合同法》(以下简称《劳动合同法》)第四十二条、《中华人民共和国劳动法》(以下简称《劳动法》)第六十一条则对孕期妇女的职业安全、薪酬待遇、工作内容提供了特殊保护;《中华人民共和国农村土地承包法》(以下简称《农村土地承包法》)第六条、第三十条也强调了对妇女,尤其是已婚、离婚与丧偶妇女正当的农村承包经营权的保障。

我国还通过国务院行政法规和各类部门规章保障妇女在社会各领域,尤其是职场内的权益。如《女职工劳动保护特别规定》《企业职工生育保险试行办法》《女职工禁忌劳动范围的规定》《女职工保健工作规定》等,对在各类企业、社会组织及其他组织等用人单位工作的女职工的安全健康、生育期间和产假期间的经济补偿和医疗保健提供保障,并明确用人单位对此应承担的主体责任。

同时,各个省、自治区、直辖市的人民代表大会及其常务委员会,在不与宪法、法律、行政法规冲突的情况下,也根据地方实际情况,出台了与妇女权益保障相关的地方性法规和实施办法。

2. 政府层面政策与制度保障

在承认法律意义上权利平等的同时,我国也正在将性别平等、女性权益的理念纳入国家总体的发展规划和政策制定的主流之中。在1995年9月4日北京举行的联合国第四次世界妇女大会欢迎仪式上,时任国家主席江泽民指出中国将"把男女平等作为促进我国社会发展的一项基本国策"。这标志着男女平等这一宪法原则正式进入国家政策体系的最高层,影响着具体法律政策的制定和实施。而在此之后,我国于1995年起,制定并发布《中国妇女发展纲要》,对1995—2000年、2001—2010年、2010—2020年期间妇女健康、教育经济、决策管理、社会保障、环境、法律等方面的发展和权益保障进行系统规划,并由国家统计局发布相关的年度统计监测报告,对《中国妇女发展纲要》实施情况向社会公众做出反馈。由此,《中国妇女发展纲要》等国家顶层的对于妇女发展的规划设计不再仅仅停留于倡导性"软法"的层面,而更具权威和可操作性。

在地方法规及政策制定方面,包括上海、江苏、湖南、浙江、山东、深圳在内的地方政府近年来相继建立了政策法规性别平等咨询评估机制,旨在使地方性法规、政府规章、规范性文件在制定和修订时融入性别视角,并对不符合两性平等发展理念的法规和政策进行及时修正。目前,我国的性别平等评估机制尚在逐步试点推广的过程中,各地对于评估主体、评估范围、评估指标的规定均未完全统一,而未来,在性别统计和性别分析数据案例不断充实的基础上,法律性别平等评估有望逐步走至国家层面,实现程序化和规范化。

在政策制定之外,政府也创设了保障妇女权益和发展的专门机构。国务院于1990年成立了国务院妇女儿童工作协调委员会,后于1993年正式更名为国务院妇女儿童工作委员会。目前该委员会下设35个成员单位,在全国各地建有妇女儿童工作委员会分支机构。委员会旨在协调、推动有关部门落实《消除对妇女一切形式歧视公约》,执行保障妇女儿童权利的各项法律法规和政策措施,并对国家级妇女发展纲要等展开监测评估等。此外,法院系统、检察院系统、公安机关及相关非政府组织在中央和地方建立开展维护妇女儿童权益联席会,促进各部门在妇女权益保障问题上的沟通协作。上述专门机构的设立为落实相关法律和政策提供了制度保障。

2012年6月28日,在深圳市第五届人大常委会第十六次会议上,《深圳经济特区性别平等促进条例》由深圳市人大常委会三次审议通过。此条例也成为国内首部关于性别平等的地方性法规。该条例共31条,首次明确了"性别平等"的法律含义,加强对家庭暴力的干预和对性骚扰的防治,同时提出设立专门的性别平等机构,发布监测和评估报告,协调相关部门进行社会性别统计、社会性别预算和社会性别审计,对公共政策进行性别平等评估等。这一条例的颁布是我国性别平等专门立法的破冰之举,相关制度的实践将为性别平等立法在我国其他地区乃至国家层面的推广积累宝贵经验。

3. 司法实践

我国在司法程序上对妇女的维权提供了经济援助、心理支持等必要援助。例如,根据《诉讼费用交纳办法》第四十四条和四十五条规定,妇女在追索赡养费、扶养费、抚育费、抚恤金等案件中,可以申请司法救助,免交诉讼费用。在审理机制上,目前北京、上海、辽宁等地也建立了妇女儿童维权合议庭,建立针对妇女儿童专门的涉案快速办理机制、法律释明机制和法律救助机制,帮助妇女更好地行使诉讼权,维护其合法利益。

4. 人民团体与社会组织

人民团体(主要是各级妇女联合会)和有关妇女权益的社会组织作为提供社会公共服务、倡导社会理念的重要力量之一,在推广性别平等意识、开展妇女权益情况调研、呼吁推进立法完善、提供权益保障服务等方面发挥着重要作用。

总体而言,我国已初具形式较为完备的妇女权益保障体系。但家庭暴力、性侵犯罪和性骚扰行为防治、职场隐形歧视等问题依然存在,尚待立法和执法的完善,政府与民间的合作,以及性别平等意识在文化层面的深入协同。

三、妇女权益内容的界定

妇女权益,既包含妇女所应享有的固定人权,也强调消除由于历史原因导致女性面临的结构性障碍。因此当下不仅需要制定普遍性的法律法规以保障妇女权益,更需要制定单独适用的法律法规或特定条款以指出造成妇女权益不平等的历史原因,并消除结构性障碍,例如由社会性别和不合理的法律法规所导致的女性"生育惩罚"和"母职惩罚"等。结合国际妇女人权保护规范性文书和我国《妇女权益保障法》等法律的规定,妇女所享有的权益内容包括以下六个方面。

1. 政治权益

政治权益,主要指妇女有权获得平等的政治权利,享有通过各种途径和形式,管理国家事务、管理经济和文化事业、管理社会事务,依法参与国家政治生活的权利,其主要包括选举权与被选举权,言论、出版、集会、结社、游行、示威等政治自由,以及批评、建议、检举、申诉、控告等监督权利。

《宪法》第三十三条和三十四条均强调了公民无论性别享有平等的政治权利;《妇女益保障法》第二章在宣告妇女平等政治权利的同时,更提出对妇女的参政权的具体保障方式、加强妇联的参政影响力以及侵害妇女政治权利后的法律责任做出明确规定;《选举法》第七条第一款通过保障妇女参政比例来扩大女性对于政治生活、决策过程的参与程度。

2. 劳动和社会保障权益

劳动和社会保障权益,主要指妇女在劳动、就业上享有与男性同等的机会和权利,不因性别而遭到区别对待,其中包括同工同酬,享有平等就业或特定行业的机会,获得安全的工作环境,获得平等的晋升与职业培训机会,及社会保护保障的权利。

我国历来注重以法律形式保障妇女劳动权利,《宪法》、《妇女权益保障法》、《中华人民共和国就业促进法》(以下简称《就业促进法》)、《劳动合同法》、《女职工劳动保护规定》等法律法规,均对女性平等就业机会、薪酬待遇、职业晋升机会和基于生理特点获得职业安全保障,经期、孕期劳动强度调整和产假的权利进行了界定,并明确了侵害上述权利的法律责任和救济途径。如《妇女权益保障法》第二十七条就规定,任何单位不得因结婚、怀孕、产假、哺乳等情形,降低女职工的工资,辞退女职工,单方解除劳动(聘用)合同或者服务协议。《就业促进法》亦要求用人单位不得在招聘时以性别为原因拒绝录用女员工,也不得在劳动合同中对女性权利做出限制。在 2019 年 3 月,人力资源社会保障部、教育部等就部门印发的《关于进一步规范招聘行为促进妇女就业的通知》(以下简称《促进妇女就业通知》)中,又对妇女就业机会平等做了更具体的制度设计,包括明确要求各用人单位不得以性别为由限制妇女求职就业、拒绝录用妇女,不得询问妇女婚育情况,不得将妊娠测试作为入职体检项目,不得将限制生育作为录用条件,不得差别化地提高对妇女的录用标准等。同时,《促进妇女就业通知》还承诺将建立联合约谈机制和健全司法救济机制,进一步细化完善对侵害妇女平等就业权利的行为的事前行政监管和事后法律救济程序。

3. 文化和教育权益

文化和教育权益,指妇女有权享有、使用既有文化成果,参与文化创造,接受教育,并且此类权利不因性别而受到区别对待。

我国各项法律法规均为该项权利的实现提供保障。首先,受教育权在《宪法》中被明确规定为一项公民的基本权利。其次,对于在教育的各个阶段的机会平等问题,相关法律也致力于保障和实现性别公平。《中华人民共和国教育法》(以下简称《教育法》)和《中华人民共和国义务教育法》(以下简称《义务教育法》)均强调了义务教育无条件普适于所有公民;《妇女权益保障法》的第十六条也规定,女性在"入学、升学、毕业分配、授予学位、派出留学"等方面与男性享有平等权利。

4. 财产权益

财产权益,指妇女有占有、使用、支配资源和社会发展成果的权利,有权依法占有、支配、使用社会财富。财产权益主要包括以下方面:①依法享有物权,即对特定的物的所有权、用益物权和担保物权;②依法享有与其他民事主体订立、变更、转让、解除合同的权利;③依法享有股权和其他投资性权利;④依法享有知识产权,包括但不限于其中的财产权利;⑤夫妻间财产的共有权和平等处理权;⑥依法继承财产的权利。

我国在《民法典》《妇女权益保障法》《农村土地承包法》中均有对妇女财产权益的规范,保障女性在婚姻、继承、农村土地承包经营权等方面的财产权益,不因性别而受到歧视性对待。

5. 人身权益

人身权益,指妇女依法享有的人格权和身份权,包括生命权、身体与健康权、人身自由权、性自主权、生育权利、姓名权、名誉权、隐私权等。

我国除了在《宪法》《民法典》《妇女权益保障法》乃至《刑法》中,明确保障妇女普遍性人身权益,将如非法拘禁、拐卖、绑架或收买被拐卖、绑架妇女等侵害妇女人身权利的行为纳入刑法调整范围予以严厉处罚外,还对妇女在婚姻家庭场域下"使用自己姓名的权利"(《民法典》第一千零五十六条),"参加生产、工作、学习和社会活动的自由"(《民法典》第一千零五十七条),生育权利和"不生育的自由"(《妇女权益保障法》第五十一条),禁止被施加家庭暴力(《妇女权益保障法》第四十六条)等单独制定了专门保护规范,强化对该类人身权益的保障,配合相关司法解释和地方立法,以法律体系为基础消除婚姻及社会的结构性障碍。

我国关于"性骚扰"的立法最早产生于 2005 年 8 月的《妇女权益保障法》。第四十条规定:"禁止对妇女实施性骚扰。受害妇女有权向单位和有关机关投诉。"该法首次将"禁止性骚扰"明确纳入法律。2020 年 5 月,十三届全国人大三次会议表决通过的《民法典》第一千零一十条对性骚扰进行了更为详细的规定:"违背他人意愿,以言语、文字、图像、肢体行为等方式对他人实施性骚扰的,受害人有权依法请求行为人承担民事责任。机关、企业、学校等单位应当采取合理的预防、受理投诉、调查处置等措施,防止和制止利用职权、从属关系等实施性骚扰。"据此,性骚扰具有三个构成要件,即必须是和性有关的骚扰行为、违背了受害人的意愿、针对特定的受害人。

6.婚姻家庭权益

婚姻家庭权益,指与婚姻关系相关的或妇女由于与他人缔结婚姻关系而产生的各项人身和财产权益,主要包括:①缔结婚姻和解除婚姻的自由(《妇女权益保障法》第四十四条);②对怀孕期间、分娩后一年内或者终止妊娠后六个月内男方离婚请求权的限制以保护妇女权益(《民法典》第一千零八十二条);③承担较多家庭照顾义务的一方离婚时获得补偿的权利(《民法典》第一千零八十八条);④生育权和生育保健权(《妇女权益保障法》第五十一条);⑤生命及健康权,尤其是免遭家庭暴力及发生家庭暴力时获得救助的权利(《反家庭暴力法》、《妇女权益保障法》第四十六条);⑥平等处分双方财产的权利(《民法典》第一千零六十二条);⑦受到扶养的权利和被拒绝扶养时请求救济的权利(《民法典》第一千零五十九条)。我国法律对上述权益的保障,既有原则性的权利宣告,同时亦有对权利侵害的救济及权利地位失衡的调整措施的规定。

思考题

(1)妇女人权的基本内容是什么?

(2)为什么国际法在已界定普遍性人权的情况下要再对妇女的权利保障进行专门定义和保护?

第三节 未成年人权益保障

一、建构保护儿童权益的国际框架

1.国际公约和政策框架

儿童权利的国际法保护始于1924年国际联盟通过的《儿童权利宣言》(或称《日内瓦宣言》),该宣言首次明确提出各个国家及其公民均有保护儿童的义务。1959年《儿童权利宣言》提出应给予儿童特殊的保护和照顾,并提出了保护儿童幸福的十项原则。尽管上述两份文件并不具有法律上的强制约束力,但对于世界范围内儿童的保护发展具有重要的宣示和指导意义。

1989年,联合国大会通过了《儿童权利公约》,作为目前为止有关儿童权利最完整的国际公约。《儿童权利公约》将儿童作为权利的主体予以尊重,强调在对权利尊重的程度上,儿童的各项权利应以对待其他成人人权的方式来进行保护。《儿童权利公约》首次明确提出"儿童最大利益原则",要求缔约国任何机构在做出涉及儿童的一切行为,都应以儿童的最大利益为首要考虑,这一原则后来也被各缔约国国内立法和司法裁判标准所吸收。

同时,在青少年犯罪和童工等具体问题上,1985年,联合国大会通过关于少年司法的规范性文件——《联合国少年司法最低限度标准规则》(或称《北京规则》),该规则是目前最完整的关于青少年犯罪问题的立法。1999年,国际劳工组织大会第八十七届会议通过了《关于禁止和立即行动消除最有害的童工形式公约》,对于使用童工的最低年龄、工作环境等做了详细规定。

2.国际儿童权利保护监督与执行机制

在儿童权利保护立法不断完善的同时,国际社会也建立了监督公约执行情况的机构和儿童权利保护的国际组织,从司法、行政等多个层次为儿童提供了日趋完善的保护机制,主要机构有联合国儿童权利委员会等。联合国儿童权利委员会成立于1991年,是根据《儿童权利公约》第四十三条设立的负责监督该公约及各项任择议定书落实情况的专门机构。该机构由18名独立专家组成,负责审议缔约国提交的定期报告。所有缔约国应向委员会提交关于落实这些权利的定期报告。缔约国必须在加入《儿童权利公约》后两年内提交首份报告,之后每五年提交一次。委员会审查各项报告,并以"结论性意见"的形式向缔约国转达其关注和建议。委员会在日内瓦开会,一般每年召开三次会议,包括一次为期三周的全体会议和一次为期一周的会前工作组会议。

二、我国的未成年人权益保障体系

我国在1992年就正式加入了《儿童权利公约》,目前已在立法、政府政策与扶持、司法实践、民间力量参与等层面构建了我国未成年人权益保障体系。

1.立法体系

在立法层面上,我国已通过宪法、专门性立法、法规、规章、司法解释和散布于其他部门法、法规、规章的有关规定,建立了多层级、多面向的未成年人权利保护法律规范体系。

从第一层级的宪法来看,我国宪法不仅明确未成年人作为一般公民,享有与成年公民同等的基本权利,同时还对未成年人这一特殊群体的基本权利做了专门规定。例如,《宪法》第四十六条规定了儿童受教育的基本权利和国家培养青少年全面发展的固有义务;第四十九条宣示了儿童享有受保护、受抚养及免受虐待的权利。同时,就未成年人的性别平等权,《宪法》第四十八条以"妇女"这一总括性的权利主体界定,明确女童在政治、经济、文化、社会和家庭等层面应与男童享有平等权利。尽管无法在现实司法裁判中作为判决依据直接适用,但宪法作为根本大法,仍然为我国未成年人权益保障立法体系的建立奠定了基础,提供了指导性的原则和方向。

从第二层级专门性立法和其他散落于部门法中相关条款来看,我国目前已有三部专门性未成年人法律,分别为《中华人民共和国未成年人保护法》(以下简称《未成年人保护法》)、《中华人民共和国预防未成年人犯罪法》(以下简称《预防未成年人犯罪法》)和《义务教育法》。《未成年人保护法》是我国未成年人权利保护的宪章式法律,2020年修订后,其在家庭、学校、社会与司法保护基础上,特别增加了网络保护和政府保护,从各个层面和角度明确了未成年人享有的各项权利和各方义务及责任;《预防未成年人犯罪法》则从未成年人犯罪预防及重新犯罪预防、不良行为矫正等方面,对父母或其他监护人、学校、政府、青少年活动机构、未成年人自身等设立了相应的义务规范;《义务教育法》涵盖了学生权利、学校与教师责任、经费保障及违反本法相应法律责任等多个层面,为接受义务教育阶段未成年人受教育权的落实提供了法律保障。除却专门性立法之外,我国在儿童医疗保健、儿童收养、青少年犯罪、儿童诱拐问题解决等多个方面,以部门法中专门条款制定的形式,为儿童提供权利保护的规范依据。例如,《中华人民共和国传染病防治法》(以下简称《传染病防治法》)就确立了儿童预防接种证制度,要求儿童监护人和相应的医疗机构、疾病控制机构互相配合,保证儿童获得接种疫苗保健服务的权利;《民法典》中通过对收养家庭经济状况、子女数量和婚姻状况等条件的限制,为待收养儿童未来成长环境的稳定健康提供制度保障;《刑法》则在处理青少年犯罪问题时,从刑事责任年龄限制、从轻或减轻处罚情节、免除未成年人死刑等规范层面,对于未成年人这一特殊主体,考虑其认知特点和改过可能性,对其进行矫正和再教育,并对其回归社会提供适当帮助。

从第三个层次,即行政法规、地方性法规、部门规章、司法解释等较低位阶的法律文件来看,我国未成年人保护立法呈现了细分化的倾向,明确了各方对儿童权利保护的权利义务和法律责任。典型案例包括对未成年人的个人信息专门进行保护的《儿童个人信息网络保护规定》,禁止未满 16 周岁未成年人被单位或个体工商户招用的《禁止使用童工规定》,各省、自治区、直辖市出台的未成年人保护条例,对未成年人违法犯罪讯问方式和戒具做出特殊规定的《公安机关办理未成年人违法犯罪案件的规定》,为违法犯罪的未成年人进入司法审判程序后提供不公开审理、排除死刑等保护措施的司法解释等。

尽管我国目前的未成年人权益保障法律体系,仍有立法过于分散、部分问题未得到足够重视的弊端,但总体来看,我国已建立起了较为全面且有应用可能的规范体系。未来,我国的未成年人立法,对于部分缺位但必要的制度,如媒体管理制度、未成年人司法制度等,亦可以较高位阶的法律法规形式巩固确认。

2. 未成年人权益保护与监督机制

未成年人权利的实现,不仅需要立法的约束力,更需要政府部门、非政府组织及私营部门协力合作,建立有效的权利制度保障,主要有以下类型的机构。

(1)政府部门。目前,我国政府架构下未成年人权利的专门保护机构为国务院及其下设的各级妇女儿童工作委员会和国务院领导的 33 个成员单位。作为议事协调机构,妇女儿童工作委员会的基本职能是负责协调和推动政府各部门维护妇女儿童权益工作、制定和实施妇女和儿童发展纲要、协调执行各项法律法规和政策措施,确保其服务于妇女儿童。

2019 年初,民政部机构改革,设立了儿童福利司。儿童福利司的主要职责是拟订儿童福利、孤弃儿童保障、儿童收养、儿童救助保护政策、标准,健全农村留守儿童关爱服务体系和困境儿童保障制度,指导儿童福利、收养登记、救助保护机构管理工作。儿童福利司的设立,对切实维护好中国孤弃儿童、困境儿童、留守儿童等的合法权益,落实儿童利益最大化的原则具有重要意义。

(2)刑事司法国家机关。司法机关对于未成年人权利的保护贯穿于整个刑事案件过程之中。公安机关、公诉机关、审判机关对于违法青少年在刑事程序中所享有的特殊保护、刑事程序结束之后的矫正教育,均承担相应的职责。

(3)社会力量。各级妇女、儿童联合会长期以来承担着对少年儿童的保护职能。妇联在各地参与有关未成年人权益保护法律法规的制定,同时,在各类家事审判、少年犯罪案件及家庭暴力的处理中,妇联也作为未成年人权益的观察和保护者,及时干预、介入家暴、性侵等针对少年儿童的恶性事件,监督在各项司法程序中未成年人权益是否实现最大化,维护未成年人各项实体和程序权利。

此外,随着第三部门的兴起,各类社会组织已成为维护未成年人权利的重要力量。在心理咨询、安全教育、体育教育等领域,社会组织自身的专业性和细分度将成为对政府、学校和私营部门职能的良好补充。

三、未成年人权益内容的法律界定

未成年人除享有宪法所明确的基本权利之外,还基于其特殊的身心需求,享有特殊的权利保护,主要权利类型可列举如下。

受抚养权,是指未成年人有权得到父母或其法定监护人的养育与生活上的照顾,这是未成年人维持生存和身心健康发展所必需的物质支持。

受监护权,是指未成年人人身和财产权益应受到其监护人的监督保护。

受教育权,是指未成年人所享有的并由国家保障实现的接受教育的权利。该种权利不仅存在于义务教育阶段,也不仅限于普通儿童,也延伸至特殊教育、高等教育、职业教育、融合教育等。

隐私及个人信息受保护权,是指未成年人的私密信息不受他人刺探、侵扰、泄露,以及其个人信息不得未经同意被处理或公开。随着互联网的发展,网络信息安全愈加被重视,而未成年人的隐私和个人信息更需要法律法规的重点保护。为此,全国人大常委会在制定《中华人民共和国网络安全法》之后,国家互联网信息办公室就制定发布了《儿童个人信息网络保护规定》,专门针对儿童的信息网络安全问题做出了规定。随后,全国人大常委会又在2020年修订《未成年人保护法》时特别加入了"网络保护"一章,保障未成年人在网络空间的合法权益。

刑责减免权,是基于未成年人有限的认知能力,而给予这一群体特殊的出罪或减罪的权利。该项权利可被细化至刑事程序的各个环节,包括:不得对疾障人士歧视;获得与其年龄相适应的人道待遇;获得法律援助。我国针对未成年人犯罪也设置了特殊的法律规范。如《刑法》第十七条,将刑事责任年龄设置为十四周岁;《刑法修正案(十一)》第一条对刑法的相关规定作出修改,明确在特定情形下,经特别程序,对法定最低刑事责任年龄作个别下调。不满十二周岁的,不对犯罪行为负刑事责任;已满十四周岁不满十六周岁的,除犯故意杀人、故意伤害致人重伤或死亡、强奸、抢劫、贩卖毒品、放火、爆炸、投毒罪外的,不负刑事责任;已满十二周岁不满十四周岁的人,犯故意杀人、故意伤害罪,致人死亡或者以特别残忍手段致人重伤造成严重残疾,情节恶劣,经最高人民检察院核准追诉的,应当负刑事责任。已满十二周岁未满十八周岁的,应当从轻或减轻处罚;因不满十六周岁不予刑事处罚的,责令其父母或者其他监护人加以管教;在必要的时候,依法进行专门矫治教育。

儿童自主权是未成年人的一种基本人权,该项基本人权可以进一步细化为参与权、工作权、游戏权等。其中,游戏权是一种专属于儿童的权利。《儿童权利公约》和《未成年人保护法》都以规范形式,对此予以确认,保障儿童享受休息和闲暇,从事与年龄相宜的游戏和娱乐活动,以及自由参加文化生活和艺术活动的权利。

思考题

(1)未成年人权益内容有哪些? 当该种权利受到侵害时应该如何处理?

(2)未成年人因其限制行为能力,往往在民事诉讼程序中,其陈述的权利和内容无法得到完全的采信和尊重,如何保障未成年人在此类程序中的权利(试以离婚案件举例)?

第四节　残障人士权益保障

一、残障人士权益保障体系的演进和现状

(一)残障认知:从医学模式、社会模式到权利模式

对于残障的认知,学界经历了从医学模式到社会模式,再到权利模式三个阶段。自19世纪末20世纪初开始,医学模式取代之前人类社会长期以来对于残障人士的排除和隔离,开始占据残障认知的主导地位。该模式认为,残障是一种个人的缺陷,它将使得个体在参与社会生活时面临巨大障碍,因此有必要通过医疗及康复手段尽可能弥补这种缺陷,给予残障人士必要的救济和帮助。依据这种模式,残障人士在社会福利层面获得救助和常态保障的权利得到肯定,但残障仍然被视为一个偏离"正常"标准、需要被矫正修改的身体缺陷,其所面临的障碍也被完全归责其病理原因而忽略了社会因素。

20世纪70年代,随着社会经济的发展和残障人士追求平等权利的社会运动的推动,人们逐渐意识到,相比生理功能的局限,残障更应被理解为外部制度因素和社会环境对特定人群施加限制的结果,换而言之,残障人士参与社会的障碍并非是由于其身体机能的不同,而是由于社会结构的缺陷。例如,道路没有盲道、红绿灯没有声音提示使得视障人士无法出行,手语翻译和无障碍设施的缺位使得听障和身体障碍人士无法前往影院享受文化生活,对于自闭症等精神障碍人士劳动能力的刻板印象剥夺了这一群体就业机会等。社会模式学说也由此应运而生。该学说认为,若能消除上述物理意义和思想意义的社会障碍,残障人士仍然能够参与社会发展,共享社会发展的成果。

相比社会模式,权利模式则进一步强调了残障人士生理意义上的损伤不应影响其对于人权的享有。《残疾人权利公约》所采用的就是人权模式,即残障人士也是权利的拥有者,而非慈善对象。例如,《残疾人权利公约》第十二条第三款中设立了缔约国为残障人士平等权利行使提供合理便利的义务,第二十九条对残障人士参与政治和公共生活进行赋权,尊重其自主参与决策和社会资源分配的权利。在权利模式之下,残障人士的权利主体地位才真正得到保障。

(二)国际残障人士权利保护体系

1.国际公约和政策框架

国际法对于残障人士权利保障经历了从一般人权到专门立法,从指导性倡议、专项行动到约束力规范的演进。1948年通过的《世界人权宣言》第二条"不歧视原则"和第七条"平等原则",规定了人人均享有同等权利,残障人士同属《世界人权宣言》项下"人人"的定义,理应受到上述条款的保障。同时《世界人权宣言》第二十五条第一款,明示残障人士的生命权、健康权、社会保障权利应得到特别保障。在《世界人权宣言》倡导式的残障人士权利保障原则确立之后,1966年通过的《公民权利和政治权利国际公约》和《经济、社会和文化权利国际公约》第二条将《世界人权宣言》不歧视原则和平等原则以约束力规范的形式确立下来,再次宣示残障人士的权利。

在一般人权保障之外,为加强国际社会对于残障人士权利的关注和保护力度,联合国通过了一系列专门保护宣言,包括《禁止一切无视残疾人的社会条件的决议》《残疾人权利宣言》等,使得残障人士权利保护正式以专门权利的形式进入了国际人权法视野。

在上述宣言和决议的基础之上,联合国开展了一系列专项行动,通过了国际性的行动计划,消除残障人士参与社会的障碍,保障残障人士共享社会经济和发展成果的权利。联合国于1982年正式通过了《关于残疾人的世界行动纲领》,对各缔约国国内残障人士权利保障立法提出了具体要求,包括:消除一切形式的歧视;确保公平机会;特别注意残障人士平等受教育权、工作权、获得社会保障权利免受影响。该种要求和立法精神在2006年联合国大会通过的《残疾人权利公约》中得到了延续。

《残疾人权利公约》于2006年12月13日由联合国大会通过,并于2007年3月30日开放供各成员国签字。这是有史以来在开放供签字之日获得签字数量最多的联合国公约。《残疾人权利公约》是第一部专门保障残障人士权利的国际公约,它标志着社会对待残障人士的态度和方法发生了"示范性转变"。《残疾人权利公约》的原则是:尊重残障人士固有尊严和个人自主,包括自主决策,以及个人的自立;不歧视残障人士;充分和切实地参与和融入社会;尊重差异,接受残障人士是人的多样性的一部分和人类的一分子;机会均等;无障碍;男女平等;尊重残疾儿童逐渐发展的能力并尊重残疾儿童保持其身份特性的权利。该公约第五条到第三十条是实质性残障人士权利保障条款,共保障了26项权利,其保障的权利具有前所未有的广泛性,包括平等及不歧视、妇女特别保障、儿童特别保障、提高认识、无障碍环境、生命权、武装冲突之特别保护、法律面前获得平等承认、获得司法保护、人身自由及安全、受教育权、健康权、康复权、工作及就业权等。

2007 年 3 月 30 日，时任中国常驻联合国代表、特命全权大使王光亚代表中国在纽约联合国总部签署了《残疾人权利公约》。2008 年 6 月 26 日第十一届全国人民代表大会常务委员会第三次会议决定，批准 2006 年 12 月 13 日由第六十一届联合国大会通过的《残疾人权利公约》。

2. 国际残障人士权利保护监督与执行机制

根据《残疾人权利公约》第三十三条的规定，缔约国应当按照本国建制，在政府内指定一个或多个协调中心，负责有关实施本公约的事项，并应当适当考虑在政府内设立或指定一个协调机制，以便利在不同部门和不同级别采取有关行动。

联合国主要通过缔约国会议和残疾人权利委员会来实现国际监测。缔约国会议由《残疾人权利公约》签字国组成，有权审查与实施《残疾人权利公约》有关的任何问题，并选举残疾人权利委员会。残疾人权利委员会由 18 名独立专家组成，独立专家以其个人身份参与工作，不代表任何国家或政府，缔约国应每两年向该权利委员会提交报告，详细解释该国在实施《残疾人权利公约》方面取得的进展，残疾人权利委员会将对缔约国定期报告展开审议，并给予意见与反馈。

就国内监测机制而言，《残疾人权利公约》明确要求各缔约国建立"某种独立监测机制"，即某一单独的国家人权机构，负责协调国内立法、制定残障人士权利保护专项行动和发展纲要等政策，保障《残疾人权利公约》原则及权利义务条款得以在各缔约国内具体落实。

二、我国残障人士权益保障体系现状

我国残障人士权益保障体系主要有法律规范体系、国家政策落实与倡导及民间力量参与共同构成，这里主要谈法律规范体系。

1. 法律规范体系的建立

宪法作为国家的根本大法，赋予残障人士与他人平等的一切基本权利，同时强调作为残障人士有权获得的其他社会保障和福利。例如，《宪法》第四十五条明确规定残障人士有从国家和社会获得物质帮助的权利。国家有义务发展为公民享受这些权利所需要的社会保险、社会救济和医疗卫生事业。

在法律这一立法层级上，我国目前已形成了以《中华人民共和国残疾人保障法》（以下简称《残疾人保障法》）为核心，以《教育法》《义务教育法》《就业促进法》《未成年人保护法》《反家庭暴力法》等立法中的专门条款为补充的法律体系。同时，对于精神障碍患者等残障人士中的特定群体，我国也出台了《中华人民共和国精神卫生法》（以下简称《精神卫生法》）等专门立法，旨在维护精神障碍人士的合法权益，呈现一定精准化立法的倾向。

为将法律中残障人士权利内容和各方义务进一步细化，国务院及其部委发布了一系列规范性文件，在教育、康复托养、平等就业等领域明确各方的责任义务，为残障人士权利的具体实现建立了配套的执行机制。

由于我国各地区经济发展程度有一定差异,因此,各地对于残障人士权益保障体系有所不同。以上海为例,依据《关于印发〈上海市 2007 年对 2000 名 7 岁以下残疾儿童进行康复救助的工作方案〉的通知》(沪残联〔2007〕57 号)、《关于对本市 8～16 周岁残疾少年儿童康复训练实施补贴的通知》(沪残联〔2010〕81 号)、《关于调整本市脑瘫、孤独症残疾少年儿童康复救助补贴标准的通知》(沪残联〔2012〕114 号)等文件的精神,0～16 岁残障青少年可在上海市残疾人康复工作办公室约定的专业康复机构进行康复训练,并凭借相关证件和康复训练发票,前往户籍所在地街道(乡镇)残联申请救助,报销康复训练的费用。

综上,我国已初步形成了以宪法为立法基础,以专门性立法为核心,结合我国具体国情的法律框架,但相关立法仍以原则性条款为多数,对于残障人士社会融合过程中的种种问题的具体规定还需完善。

2. 我国残障人士权益的制度保障

我国残障人士权益保障制度的构建,涉及各级政府,医院、学校等专门机构及社会力量的参与,关乎私法上权利的实现和公法上公权力的规制。

(1)监督与协调机构的设立。依据《残疾人权利公约》第三十三条的规定,我国建立了以国务院残疾人工作委员会及其下设的地方各级分支机构为总领、以各级残疾人联合会和基层残疾人协会和非残联系统的残障人士群众系统为重要组成的组织体系。除此之外,各级社会救助部门和社会福利申领机构亦是政府向残障人士提供必要社会保障、处理相关事宜的重要窗口。

(2)具体制度构建。

①残疾人证制度。目前,我国残障类别共分为七类:视力残疾、听力残疾、言语残疾、智力残疾、精神残疾、肢体残疾及多重残障。根据残障程度分为四级:一级为极重度,四级为轻度。现在所有国家针对残障人士的权益保障的发放,都是以残疾证为发放前提的。不同的残障级别所享受到的政策补助力度也不一。具体可享有的权益包括:困难残障人士生活补贴和重度残障人士护理补贴;创业就业、税收、职业培训、金融扶持、社会保障上的优惠政策;交通优惠政策以及法律援助权益。

②就业保障金制度。为了解决残障人士就业的实际困难,政府机关、团体、企业事业单位和城乡集体经济组织安排残障人士就业达不到一定比例的,根据《残疾人就业条例》应当缴纳残疾人保障金(残障金)。根据财政部于 2015 年下发的《残疾人就业保障金征收使用管理办法》,用人单位安排残障人士就业的比例不得低于本单位在职职工总数的 1.5%。用人单位安排残障人士就业达不到其所在地省、自治区、直辖市人民政府规定比例的,应当缴纳保障金。

③融合教育制度。2017 年,国家教育事业发展"十三五"规划中,在顶层教育政策设计中再次明确将重点放在各地,包括在农村和贫困地区普通中小学开展残障人士随班就读,推

行融合教育。同时,《中华人民共和国残疾人教育条例》第十七条规定:"适龄残疾儿童、少年可以根据条件,通过下列形式接受义务教育:(一)在普通学校随班就读;(二)在普通学校、儿童福利机构或者其他机构附设的残疾儿童、少年特殊教育班就读;(三)在残疾儿童、少年特殊教育学校就读。"各地如深圳等也出台专门的随班就读政策,对残障学生每天的个体训练时间、教师环境建设等设立具体的规范和标准。

④普惠性社会保障制度。除却针对残障人士的特惠性保障制度外,残障人士同样在立法和政策层面,明确平等享有普惠性社会保障的权利,包括社会福利、社会保险、社会救助和社会优抚等。

三、残障人士权益内容的法律界定

权利的内容关乎有形或无形的社会利益。结合国际法和国内法的相关法律法规规定,除所有公民一般享有的各项基本权利之外,残障人士还享有行使该项权利时得到必要协助的权利,以消除残障人士行使法定权利过程中可能遭遇的障碍,具体如下。

1. 生命与健康权

残障人士享有生命与健康权。为保障残障人士的生命健康权,在普适的"人人享有生命权、健康权"的基础之上,法律规定了残障人士有权获得国家和社会力量通过一切适当措施、方法和手段,为残障人士提供协助和支持,防止其遭受剥削、暴力和凌虐的保护。《反家庭暴力法》规定,残障人士遭受家庭暴力的,应当给予特殊保护。

2. 自主权和表达意见的权利

自主权包括个人的自立和个人做出选择的自由。根据《残疾人权利公约》和国内其他相关法律法规,残障人士自由迁徙、自由选择居所、独立生活和融入社区、自主行动能力的权利理应得到保护,国家和社会应尊重残障人士的该项权利,并为其实现该项权利提供必要协助,包括但不限于提供廉价助行器具和辅助技术、培训为残障人士自主决策提供服务和协助的工作人员等。

3. 表达意见的权利

表达意见的权利,指残障人士有通过多种手段,接收和传递信息和思想的自由,国家和社会应结合残障人士的具体残障类别和级别,提供无障碍多媒体、盲文、字幕等替代交流方式。

4. 参政权

残障人士除应享有其作为普通公民参与政治和公共生活的权利之外,还应得到国家对于行使该种类型权利的必要协助,包括:参与选举活动使用各种物质无障碍和信息无障碍设施;与其他公民平等参与社会公共事务的组织和管理;在各级政府担任公职的权利和行使该项职务政府层面应提供的支持和协助;建立和加入残障人士组织的权利。

5. 教育权

残障人士应在不受歧视和机会均等的情况下实现受教育权,且该项权利并不仅仅限制于义务教育阶段,除非有重要公共利益的事由,否则对残障人士继续深造、自主选择学习领域、终身学习的权利不应设置不合理的限制。

6. 康复权

残障人士的康复权,是指其有权达到和保持生理、感官、智力、精神和社交能力上的最佳水平。康复权不仅仅包含传统意义上的医疗康复,即残障人士有权接受相应的医疗支持,一定程度上恢复或至少适应缺少的身体功能,减少由社会带来的障碍,同时还包含教育康复、职业康复、社会康复等,帮助残障人士参与社会的各项康复过程。

7. 就业权

残障人士的就业权,既包含了残障人士获得就业机会和生活保障机会的平等,同时也包含获得特殊保护的权利,即要求政府在必要情况下,通过合理的照顾政策,来尽可能降低由于自然或者社会结构性因素而带来的不平等和障碍。采取的措施包括但不限于:为残障人士提供职业介绍服务、职业培训;以税收或政策的鼓励,促使私营部门雇佣残障人士;在同等条件下,公共部门优先雇佣残障人士等。

8. 获得无障碍公共服务权利

残障人士获得无障碍公共服务的权利,即残障人士有权获得国家和社会层面的协助,来消除其在物质、信息、制度和态度等层面面临的障碍。

📃 思考题

(1)残障人士在社会参与方面的权利应该如何得到有效保障?

(2)请就建设无障碍社会的某一方面提供意见或建议。

🔘 本章重点概念

(1)性骚扰,指以言语、文字、图像、肢体行为等方式,违背他人意愿而实施的以性为取向的、有辱他人尊严的性暗示、性挑逗、性暴力等行为。

(2)儿童最大利益原则,即联合国《儿童权利公约》正式提出,要求各缔约国任何机构涉及儿童的一切行为,都应以儿童的最大利益作为首要考虑。这一原则后来被包括我国在内的世界各国纳入了本国法及涉及未成年人纠纷的司法裁判标准之中。

(3)家庭暴力,指家庭成员之间以殴打、捆绑、残害、限制人身自由以及经常性谩骂、恐吓等方式实施的身体、精神等侵害行为。

(4)人身安全保护令,即一种暂时性预防、制止家庭暴力的救济途径。当事人若正在遭受家庭暴力或者有遭受家庭暴力的迫切现实危险时,可依照《反家庭暴力法》和相关司法解释的规定,向申请人或被申请人居住地、家庭暴力发生地的基层人民法院申请人身安全保护令,将加害人阻拦在不对受害人构成威胁的范围内。

拓展阅读

[1]伯根索尔,谢尔顿,斯图尔特.国际人权法精要[M].黎作恒,译.北京:法律出版社,2010.

[2]温小洁.我国未成年人刑事案件诉讼程序研究[M].北京:中国人民公安大学出版社,2003.

[3]张卫平.民事诉讼法[M].北京:法律出版社,2016.

[4]杨春福.权利法哲学研究导论[M].南京:南京大学出版社,2000.

[5]汪金兰.儿童权利保护的国际私法公约及其实施机制研究:以海牙公约为例[M].北京:
法律出版社,2014.

[6]全国妇联权益部.反家庭暴力法实用问答及典型案例[M].北京:中国法制出版社,2016.

[7]最高人民法院民事审判第一庭.婚姻法司法解释的理解和适用[M].北京:中国法制出版
社,2002.

第十一章 环境保护

本章内容概要

随着社会经济的发展,环境与人类之间的矛盾愈发尖锐。以全球气候变暖和生物多样性急剧减少为典型代表的环境问题,引起了人们对于环境保护的重视。减轻环境污染、遏制生态恶化成为社会管理的重要任务,也是公益慈善事业长久以来的一项重要内容。本章将用两节的篇幅分别对有关自然资源保护和污染防治的法律环境进行阐述。

第一节 自然资源保护法

一、自然资源的定义与特征

联合国环境规划署(UNEP)将自然资源解释为"在一定时间、地点的条件下能够产生经济价值的、以提高人类当前和将来福利的自然环境因素的总称"。尽管现有的文献对自然资源的定义都稍有不同,根据现有主流学派的通常解释,自然资源是在一定经济和技术条件下,自然界中可以被人类利用的物质和能量的总称。这是一个处于发展中的概念,随着科学技术的发展,自然资源的范围也将不断扩大,也包括将来可被人类利用的自然物质和能量(成为潜在资源)[①]。

自然资源若根据其地理属性特征,可分为矿产资源、水资源、土地资源、生物资源、气候资源五大类。若按照其再生性质,可分为可再生资源(如土地、水、气候、生物等)和非可再生资源(如矿产)。

综合各方定义内容来看,自然资源具有以下特征。

1. 生态属性、经济属性和客观性

凡是自然资源都具有生态属性和经济属性。要进行生态理性选择,必须明确自然资源的生态属性与经济属性对人的生存价值[②]。同时,自然资源的客观性决定自然资源不依赖于人类的主观意识而客观存在于自然界,它们的产生、发展和变化都必须遵循一定的自然规

---

① 中国农业百科全书编辑部.中国农业百科全书生物学卷[M].北京:农业出版社,1991:718-719.
② 吕忠梅.物权立法的"绿色"理性选择[J].法学,2004(12):91-93.

律,不以人的意志为转移①。

2. 有限性

有限性是自然资源最本质的特征。多数自然资源都具有一定的资源负荷能力,随着人口的增加和社会生产需求、消费需求的增加,自然资源可能变得越发稀缺。

3. 区域性

自然资源的分布往往受到不同区域生态环境的影响,具有较强的区域分布特征,尤其是水资源、生物资源、石油等矿物资源的分布上,区域性更显突出②。

4. 整体性

各种自然资源在生物圈中都是相互依存、相互制约的,构成一个有机的自然综合体,可称为资源生态系统。自然资源的整体性要求对自然资源的开发利用必须进行综合研究,统筹安排,以确保生态系统的良性循环。

5. 可用性和多用性

可用性是指自然资源必须具有使用价值。多用性是指同一自然资源可具有多种使用用途的可能性,如果单一地开发和利用资源,就使得很多资源的功能不能得到发挥。自然资源的可用性和多用性要求人类在开发利用自然资源时必须根据其可供利用的广度和深度,实行综合开发,以做到物尽其用,取得最佳效益。

6. 变动性

资源生态系统时刻都处于运动和变化之中,有些变化是由于自然原因造成,有些变化则是由于经济系统的干预造成,而后者的影响越发突出。此外,自然资源的内涵与外延会随着科技水平的提高和经济的发展而不断扩展、延伸。自然资源的变动性要求人类社会不断改进对自然资源开发利用的领域和范围,拓展自然资源的利用效率和供给能力。

二、自然资源保护法的原理

自然资源保护法是国家制定或认可,以国家强制力保障实施的,以实现经济、社会可持续发展为目的,调整有关保护及改善生态、环境,合理开发、利用、保护各种自然资源,防治污染和其他公害等社会关系的法律规范的总称③。其目的是为了确认、建立和保护符合生态规律的环境法律秩序,实现生态、社会、经济的可持续发展。

现行有效的自然资源保护法律包括《中华人民共和国水法》(以下简称《水法》)、《中华人民共和国森林法》(以下简称《森林法》)、《中华人民共和国草原法》(以下简称《草原法》)、《中华人民共和国渔业法》(以下简称《渔业法》)、《中华人民共和国矿产资源法》(以下简称《矿产

---

① 何立慧. 环境与资源保护法学[M]. 北京:经济科学出版社,2009:204 - 301.

② 马传栋. 生态经济学[M]. 北京:中国社会科学出版社,2015:20 - 105.

③ 何立慧. 环境与资源保护法学[M]. 北京:经济科学出版社,2009:597 - 1035.

资源法》)、《中华人民共和国野生动物保护法》(以下简称《野生动物保护法》)、《中华人民共和国土地管理法》(以下简称《土地管理法》)等。国务院制定的行政法规则主要有《中华人民共和国陆生野生动物保护实施条例》《中华人民共和国土地管理法实施条例》《基本农田保护条例》《森林防火条例》《森林采伐更新管理办法》《森林资源档案管理办法》《森林病虫害防治条例》《草原防火条例》等。

自然资源保护法调整的社会关系是人在利用和保护环境过程中所形成的特定的社会关系[①]。传统法律中的社会关系是一种单纯的人与人之间的关系,并且这种社会关系之中的人也只是具有社会属性的人。但在人类发展的过程中,社会属性固然重要,却离不开自然属性的支撑。基于此,对人的自然属性及其带来的社会关系进行调整的自然资源保护法应运而生。而相应被调整的社会关系基本包括两类:与防治各种污染和公害有关的社会关系;与保护、合理开发利用自然资源有关的社会关系。具体来说,就是资源权属关系、资源流转关系、资源管理关系和涉及自然资源的其他经济关系。

自然资源保护法具有以下特征。

第一,自然资源保护法具有综合性。其保护的范围和对象在空间和地域上均十分广泛,所调整的社会关系也十分复杂,涉及生产、流通、生活各个领域,这就决定了需要多种法律规范、多种方法从各个方面对环境与资源保护法律关系进行综合调整。

第二,自然资源保护法具有技术性。环境保护需要采取各种工程的、技术的措施,环境与资源保护法必须把大量的技术规范、操作规程、环境标准、控制污染的各种工艺技术要求等包括在法律体系之中。

第三,自然资源保护法具有社会性。环境保护的利益同全社会的利益是一致的,从这个角度说,自然资源保护法具有广泛的社会性和公益性,最明显地体现了法的社会职能的一面。

第四,自然资源保护法具有共同性。污染是没有国界限制的,一国的环境污染会给别国带来危害,因此,环境问题是人类共同面临的问题,尤其是全球性环境问题的解决,需要各国的合作与交流。

自然资源保护法的主体是指依法享有权利和承担义务的自然资源保护法律关系的参加者,又称"权义主体"或"权利主体",在我国,包括国家、国家机关、企事业单位、其他社会组织和公民。以上主体大体可分为两类,即管理主体与受制主体。一般而言,管理主体是能够代表国家行使环境保护职能的各种国家机关;受制主体则是在经济和社会活动中接受国家的调控和管理的主体,包括企事业单位、公民、社会团体等。在自然资源保护法中,自然人无论年龄大小都有保护环境资源的义务。

自然资源保护法的客体则是指主体的权利和义务所指向的对象,又称权利客体或义务客体,即自然资源(物)和对自然资源有影响的行为。自然资源保护法客体的范围包括环境

---

① 吕忠梅.环境法学[M].北京:法律出版社,2008:31-38.

资源(如大气、水、海洋、土地、矿藏、森林、草原、野生生物、自然遗迹等)和环境行为(如开发、利用、保护、改善自然资源的行为,污染防治行为和管理自然资源的行为)。

三、国外自然资源保护法的管理模式

(一)美国

美国的自然资源分为公有和私有,以公有为主。美国政府采用自然资源有偿使用制度,构建了较为清晰的自然资源产权体系。多元的自然资源所有权主体、发展较为充分的经济条件、相对完善的法律制度,为美国自然资源交易市场起步奠定了基础条件。在美国,所有自然资源产权的获取和交易都要有偿付费并按照规定进行。资源管理体制采用管理和监管合为一体的方式,由自然资源管理部门行使自然资源资产管理和资源监管两项职能。美国内政部既负责土地、矿产和森林等自然资源的开发、利用和保护,肩负国家公园、遗产资源等方面的管理职能,又负责自然资源资产的征收、出租和出售等管理,还负有自然资源资产评估等方面的职责[①]。

美国现行的自然资源保护法律主要包括以下几部。

(1)《清洁空气法》是美国第一部规定"公民诉讼"(citizen suit)条款的环境法案。该法律于 1963 年颁布,随后在 1990 年修订,增加了解决酸雨、臭氧消耗和有毒空气等污染问题,建立了固定污染源的国家许可证计划[②]。

(2)1969 年颁布的《国家环境政策法》(*National Environmental Policy Act*)主张促成人与其生存环境和谐相处,努力防范或消除对环境及生物圈的危害,增进民众健康与福祉,加强人对生态及其重要资源的了解[③]。

(3)1972 年颁布的《清洁水法》(*Clean Water Act*)是美国管理水污染的主要联邦法律。该法案的目标是恢复和维持国家水域的化学、物理和生物的完整性,通过设定排污上限和颁发排污许可证的方式来控制点源污染[④]。

(4)1976 年颁布的《资源保护和恢复法》(*Resource Conservation and Recovery Act*)是美国固体和有害废物处置的主要立法,它创设了以"从摇篮到坟墓"的方式来管理有害废物,以确保无害化环保地管理废弃物。

(5)《综合环境反应补偿与责任法》(*Comprehensive Environmental Response Compensation Liability Act*),也被称为《超级基金法》。该法是美国于 1980 年为解决危险物质泄漏的治理及其费用负担而颁布的法律,旨在通过设立超级信托基金以治理高污染废弃地。该法案授

---

① 陈静,陈丽萍,吴初国.国外公有自然资源资产的管理及启示[J].中国土地,2018(3):50-51.

② 徐苗苗.美国清洁空气法对我国防治雾霾天气的启示及借鉴[J].智库时代,2017(11):3-4.

③ 丹尼尔·R.曼德尔克,卢锟.美国《国家环境政策法》:经验与问题评述[J].甘肃政法学院学报,2018(5):114-125.

④ 朱婧.美国水污染防治制度中的启示[J].人民司法,2017(25):105-111.

权美国环境保护署督促责任各方治理全国范围内的闲置不用或被抛弃的危险废物处理场，并对危险物品环境污染做出紧急反应。通过环境损害赔偿基金制度，保障受害者获得相应的救济权利。

(6)2005 年颁布的《能源政策法案》(*Energy Policy Act*)旨在鼓励提高能源效率和能源节约，促进发展可替代能源和可再生能源，通过为各种类型的能源生产提供税收优惠和贷款担保，继而改变美国的能源政策[1]。

此外，美国政府颁布的相关法令还有《濒危物种法案》(*Endangered Species Act*)、《联邦土地政策和管理法案》(*Federal Land Policy and Management Act*)、《鱼类和野生动物协调法案》(*Fish and Wildlife Coordination Act*)、《海洋哺乳动物保护法》(*Marine Mammal Protection Act*)、《矿物租赁法》(*Mineral Leasing Act*)、《海洋倾倒法案》(*Ocean Dumping Act*)、《国家森林管理法》(*National Forest Management Act*)、《国家森林公园服务组织法》(*National Park Service Organic Act*)等。

(二)英国

英国作为世界上第一个君主立宪制国家，其土地及地上附着的自然资源所有权归属于皇家。与美国不同，英国采用公有自然资源资产的管理方式，设立皇家财产管理局，统一行使土地和大部分能源矿产的所有者和管理者职责。英国独立的管理机构保证了其管理的有效性和合法性。

即便在私有制国家，也不存在绝对意义上的自然资源所有权，自然资源资产的使用和处置都要受到生态保护等公共利益方面的限制。例如，英国林业委员会作为英国森林和林地的保护机构，不论国有林还是私有林的采伐，都要经过该机构的审批和许可，确保森林生态系统的健康发展[2]。

英国现行的自然资源保护法律主要包括以下几部。

(1)《清洁空气法案》(*Clean Air Act*)，1956 年颁布。1952 年伦敦烟雾事件推动了《清洁空气法案》的出台。该法案是一部控制大气污染的基本法，规定设立无烟区，并对煤烟等排放标准做了详细具体的规定[3]。

(2)《环境保护条例》(*Environmental Protection Act*)，1990 年颁布。该条例将对地方空气质量的管理纳入法律，旨在有效降低一氧化碳、氮氧化合物、二氧化硫等常见污染物的排放量[4]。

(3)2008 年颁布的《气候变化法案》(*Climate Change Act*)是全球较早确定温室气体减

[1] 罗涛.美国新能源和可再生能源立法模式[J].中外能源,2009(7):19-25.
[2] 陈静,陈丽萍,吴初国.国外公有自然资源资产的管理及启示[J].中国土地,2018(3):50-51.
[3] 张梅.发达国家是如何摆脱雾霾的[J].党政视野,2016(3):41.
[4] UK Parliament,the Environmental Protection Act 1990[EB/OL].[2019-02-12].https://en.wikipedia.org/wiki/Environmental_Protection_Act_1990.

排目标的法案。该法案承诺,英国将在 2050 年将温室气体排放量在 1990 年基础上减少80%,并确定了今后五年的"碳预算"①。

(4)《气候变化和可持续能源法案》(*The Climate Change and Sustainable Energy Act*),2006 年颁布,该法案规定旨在调整英国国内能源消费结构,促进微生物和利用可再生能源,以帮助减少温室气体排放,减轻燃料贫瘠,使 2020 年可再生能源所占比例可提高到 30%②。

此外,英国政府颁布的相关法令还有《狩猎法》(*Hunting Act*)(2004 年颁布)、《商船(污染)法)》[*Merchant Shipping(Pollution)Act*](2006 年颁布)、《水法》(*Water Act*)(2003 年颁布)、《林业法》(*Forestry Act*)(1991 年颁布)等。

四、我国自然资源保护法的立法体系和机构设置

(一)我国自然资源保护法律体系

1.宪法

1982 年《宪法》第九条规定:"矿藏、水流、森林、山岭、草原、荒地、滩涂等自然资源,都属于国家所有,即全民所有;由法律规定属于集体所有的森林和山岭、草原、荒地、滩涂除外",确立了自然资源的全民所有制和集体所有制形式。第九条同时规定:"国家保障自然资源的合理利用,保护珍贵的动物和植物。禁止任何组织或者个人用任何手段侵占或者破坏自然资源。"《宪法》第二十六条"国家保护和改善生活环境和生态环境,防治污染和其他公害"的规定,首次将环境保护工作写入了宪法并沿用至今,把环境资源保护确定为国家的一项基本政策和职责,为我国环境资源保护进入法制轨道发挥了先导性作用。

2.环境基本法

2014 年 4 月 24 日修订、2015 年 1 月 1 日起施行的《中华人民共和国环境保护法》(以下简称《环境保护法》),是我国环境法成为一个独立法律部门的标志,其中有多个条文涉及自然资源保护问题,对自然资源的开发、保护、补偿、法律责任等均做了原则性规定。

3.单行法、部门规章和地方性法规

十一届三中全会以后,我国进入改革开放时期,到 1999 年,我国颁布了多部单行的自然资源保护法律,奠定了我国自然资源保护法律体系的基本构架。随后我国经济社会的快速发展逐渐加大了对水、土地和生物资源的开发利用强度。为了阻止生态环境的进一步恶化,加强生态保护监管,进入 21 世纪之后,我国又制定、修改和完善了一批资源保护的法律、法规,标志着我国进入环境与资源保护立法的新时期。

法律方面,包括 1996 年修正、2009 最新修订的《矿产资源法》,1998 年修正、2009 年最新

---

① 张鹏飞,郭悦,付晨,等.《英国 2008 年气候变化法案》中译本[J].金融服务法评论,2011(1):457－566.

② 低碳发电英国有望实现 2020 年可再生能源目标[J].电站信息,2013(1):101.

修订的《森林法》和 2004 年最新修订的《土地管理法》,1991 年颁布、2010 年最新修订的《中华人民共和国水土保持法》(以下简称《水土保持法》),1996 年颁布、2016 年最新修订的《中华人民共和国煤炭法》(以下简称《煤炭法》),1988 年颁布、2016 年最新修订的《水法》,1985 年颁布、2013 年最新修订的《草原法》,2005 年颁布、2009 年最新修订的《中华人民共和国可再生能源法》(以下简称《可再生能源法》),1988 年颁布、2018 年最新修订的《野生动物保护法》,1997 年颁布、2018 年最新修订的《中华人民共和国节约能源法》(以下简称《节约能源法》)等。行政法规方面有 1985 年颁布、2017 年最新修订的《海洋倾废管理条例》,1994 年颁布、2017 年最新修订的《自然保护区条例》,1996 年颁布、2017 年最新修订的《野生植物保护条例》等。

4.其他法律部门中有关自然资源保护及合理利用的规定

刑法对自然资源保护给予有效保障。《刑法》在第六章中规定了"破坏环境资源保护罪",共涉及了污染环境罪,非法猎捕、杀害珍贵、濒危野生动物罪和非法采伐、毁坏国家重点保护植物罪等 15 个罪名。此外,《民事诉讼法》中还设置了关于处理自然资源纠纷的程序性规定。

5.有关自然资源保护的地方性法规

除了国家层面的法律、法规和规章之外,各地还结合实际制定了不低于国家标准和要求的地方性环境法规和规章,其中既有综合性环境立法,也有专门和单行的环境立法,既有利于弥补国家立法之不足,又通过地方的实践和试点,推动了国家层面环境立法的整体创新。

(二)我国自然资源保护的行政执法机构

由于不同时期的重要任务不同,土地、矿藏、水流、森林、山岭、草原、荒地、滩涂等自然资源分别由不同的行政机构管理。基于各机构不同利益的考虑,自然资源的开发利用和保护并未形成一个统一的整体。自然资源资产所有者职责并不明确,造成监管乱、监管难现象,从而导致国家保障自然资源的合理利用并未完全兑现。

2018 年 3 月国家组建了自然资源部。自然资源部作为国务院组成部门,将国土资源部的职责,国家发展和改革委员会的组织编制主体功能区规划职责,住房和城乡建设部的城乡规划管理职责,水利部的水资源调查和确权登记管理职责,农业部的草原资源调查和确权登记管理职责,国家林业局的森林、湿地等资源调查和确权登记管理职责,国家海洋局的职责,国家测绘地理信息局的职责进行整合,真正实现了"多规合一"的布局。自然资源部的成立,是深化党和国家机构改革的一个重要举措,其承载了三大主要职责:发展保障、生态保护和民生服务。由自然资源部统一行使全民所有自然资源资产所有者职责,统一行使所有国土空间用途管制和生态保护修复职责,统一行使监管城乡各类污染排放和全国范围内的行政执法职责,并可根据中央授权,向地方派驻国家自然资源督察局,承担对所辖区域的自然资源督察工作。

思考题

(1)简述自然资源的定义及其特征。

(2)简述自然资源保护法的概念及其调整对象。

(3)我国自然资源保护法律体系与国外有何不同?

第二节 污染防治法

一、我国污染防治法的起源

进入 21 世纪以来,我国取得了巨大的经济成就,却不得不面临日益严重的生态危机问题。2011—2012 年,长三角、珠三角和京津冀等区域遭遇了大范围的雾霾天气,局部地区年雾霾日数超过 100 天。PM2.5 成为社会公众普遍关注的问题,形成了广泛的社会舆论压力。

水污染方面,流域水环境问题突出,饮用水水源和水生态面临考验。环境保护部发布的 2009 年《中国环境状况公报》显示,我国七大大水系总体轻度污染,浙闽区河流轻度污染,西北诸河轻度污染,主要污染源为总氮、总磷和铜超标,全国近岸海域水质总体轻度污染①。

土壤是生态系统的要素之一,长期以来土壤环境状况不容乐观。环境保护部 2006—2010 年组织开展的土壤污染调查结果表明:在珠三角、长三角、环渤海等发达地区,不同程度地出现了局部或区域性土壤环境质量下降的现象。工业"三废"的排放及各种农用化学品的使用,导致城市污染向农村转移。污染物通过大气、水体进入土壤,重金属和难降解有机污染物在土壤中长期累积,致使局部地区土壤污染负荷不断加大②。长此以往,土壤环境将不堪重负,土壤环境保护的难度将不断增加。

经济的发展不能以破坏环境为代价,立足经济快速增长而破坏环境的代价巨大。环境问题已经成为影响社会稳定及经济可持续发展的重要因素。党的十八大以后,完善环境资源领域法律被列入全国人大立法计划。摒弃"先污染、后治理"的老路,政府对环境污染防治工作做出了一系列重要部署,强化以政府主导、企业主体、公众参与的模式。通过生态文明顶层设计和制度体系建设,深入实施大气、水、土壤污染防治三大行动计划;相继制定和修改了一系列法律、法规,制度出台频度之密、监管执法尺度之严、环境质量改善速度之快前所未有,我国环境保护逐步进入"强监管时代"。

---

① 环境保护部.2009 年中国环境公报[J].领导决策信息,2010(23):26.

② 环境保护部,国土资源部.全国土壤污染状况调查公报[J].中国环保产业,2014(5):10-11.

二、我国污染防治法的发展

(一)环境基本法及其配套规定

自 1979 年《中华人民共和国环境保护法(试行)》(已于 1989 年废止)颁布开始,中国环境保护法制化工作全面启动。1989 年 12 月我国首部《环境保护法》颁布,后于 2014 年修订。修订后的《环境保护法》自 2015 年 1 月 1 日起施行,从此我国环境法成为一个独立的法律部门。

新修订的《环境保护法》严格规定了企业防治环境污染的责任,加大了企业环保违法的惩罚力度,建立了环境公益诉讼制度,并且在公众参与、信息公开等诸多方面做出了制度创新,新修订的内容主要包括以下方面。

1. 完善了环境影响评价制度

新修订的《环境保护法》扩大了需要进行环境影响评价的项目范围,弥补住了"未批先建"的漏洞(第十九条、第六十一条)。

2. 实行重点污染物排放总量控制制度

企事业单位在执行国家和地方污染物排放标准的同时,还应当遵守分解落实到本单位的重点污染物排放总量控制指标。超过总量控制指标排放污染物的,将面临行政处罚。

3. 建立排污许可管理制度

将排污许可放在固定污染源环境管理的核心地位,并衔接环评制度,整合总量控制制度,为排污收费、环境统计、排污权交易等公共年工作提供统一的污染排放数据。

4. 建立环境信息公开制度

明确要求重点排污企业如实向社会公开其主要污染物的名称、排放方式、排放浓度和总量、超标排放情况以及防治污染设施的建设和运行情况,接受社会公众监督。违反者将记入"社会诚信档案",并面临行政处罚。

5. 加大环境违法惩治力度

加大污染企业环境违法的处罚力度,对违法排放污染物的企业,可以实施查封、扣押等措施,情节严重的企业可责令停业、关闭,处罚金额按倍计罚,上不封顶,同时增加了"按日计罚"的规定。

6. 增加企业主管人员的个人责任

对四种行为严重的环保违法行为,可将企业直接负责的主管人员和其他直接责任人员处以 5～15 日的拘留。

7. 鼓励社会公众对环境违法行为进行监督

公民、法人和其他组织发现任何单位和个人有污染环境和破坏生态行为的,有权向环境保护主管部门或者其他负有环境保护监督管理职责的部门举报。环境保护部(现生态环境部)已开通了"12369"环保举报热线和网络举报平台,接受公众关于环保违法行为的举报。

8. 建立环境公益诉讼制度

对污染环境、破坏生态、损害社会公共利益的行为,符合条件的社会组织(如各地的环保协会)可以向人民法院提起诉讼。关于环境公益诉讼的具体内容,将在本书第十二章中予以详细说明。

与新修订的《环境保护法》配套,环境保护部单独或会同有关部门和司法机关出台了一系列配套文件,包括《环境保护主管部门实施按日连续处罚办法》《环境保护主管部门实施查封、扣押办法》《环境保护主管部门实施限制生产、停产整治办法》《企业事业单位环境信息公开办法》《环境保护公众参与办法》《排污许可证管理暂行规定》《突发环境事件应急管理办法》《环保举报热线工作管理办法》等。同时,最高人民法院于 2014 年底与民政部和环境保护部联合出台了《关于贯彻实施环境民事公益诉讼制度的通知》,还发布了《关于审理环境民事公益诉讼案件适用若干问题的解释》,作为环境公益诉讼的审理和处理依据。至此,新修订的《环境保护法》作为支撑环境管理的一项基本制度基本确立,标志着我国以《环境保护法》为统领的各环境要素污染防治法律体系业已正式建成。

事实证明,新修订的《环境保护法》的实行取得了明显的成效。从环境保护部发布的历年环境状况公报统计数据可以看出,新修订的《环境保护法》实施以后,环保部门处理的环境违法案件数量、行政处罚决定的数量和罚款金额均呈逐年上升趋势,说明我国环境执法力度持续加大、空前增强,具体见表 11-1。

表 11-1 2014—2016 年环境违法案件具体情况

年度	环境违法案件立案数量/万件	比上年度增长	行政处罚决定数量/万份	比上年度增长	罚款金额/亿元	比上年度增长
2014 年	7.3	10.5%	8.3	25.5%	31.7	34.4%
2015 年	10.3	41%	9.7	17%	42.5	34%
2016 年	13.8	34%	12.4	28%	66.3	56%

(二)大气污染防治相关法律法规

2013 年,国务院印发《大气污染防治行动计划》(简称"大气十条"),确定了治污思路和方向。新的《中华人民共和国大气污染防治法》(以下简称《大气污染防治法》)作为能源领域的重要立法,除了在内容上同步落实了"大气十条"的内容,并且加强了与修订后的《环境保护法》的相互衔接。

现行《大气污染防治法》始于 1987 年,经过 1995 年、2000 年、2015 年和 2018 年四次修订,于 2018 年 10 月 26 日起开始实施。回溯过往,2000 年修订时重点加强了对二氧化硫排放物的控制;2015 年的修订着重于大气污染末端治理,制定了针对性规定与更严厉的惩戒,以改善大气环境质量为目标,强化地方政府的责任,加强对地方政府的监督;2018 年的修订则主要是顺应部门改革的趋势,将"环境保护主管部门"的字样更改为"生态环境主管部门"。

新修订的《大气污染防治法》的总则开宗明义,将保护和改善环境、防治大气污染、保障公众健康、推进生态文明建设作为经济可持续发展的前提和保障,涵盖了燃煤和其他能源污染防治、工业污染防治、机动车船污染防治、扬尘污染防治和农业污染防治五大大气污染防治相关内容。在污染防治方面,主要有以下重要举措。

1. 实施污染物排放源头治理和控制

从源头上着手,在控制机动车辆、提高燃油品质和燃煤治理方面做出了明确的规定,对颗粒物、二氧化硫、氮氧化物、挥发性有机物、氨等大气污染物和温室气体实施协同控制。

2. 对重点大气污染物实行总量指标控制

增加重点大气污染物建设项目的,企业必须事先确定拟建项目所在地是否属于超过国家重点大气污染物排放总量控制指标或者未完成国家下达的大气环境质量改善目标的地区。若属于,则暂停审批该区域新增重点大气污染物建设项目的环评文件。

3. 排污许可证制度

排放工业废气的企事业单位、排放有毒有害大气污染物名录中所列大气污染物的企事业单位、集中供热设施的燃煤热源生产运营单位和其他依法实行排污许可管理的单位必须取得排污许可证。

4. 排污监测手段多元化

环保部门及其他负有环境保护职责的部门有权通过现场检查监测、自动监测、遥感监测、远红外摄像等方式,对排放大气污染物的单位进行监督检查。比如以机动车生产、进口、销售企业为例,《大气污染防治法》增加了可使用遥感监测对在道路上行驶的机动车的大气污染物排放状况进行监督抽测的条款。

5. 对排放物超标的机动车和非道路移动机械实施召回制度

机动车和非道路移动机械生产、进口企业发现其生产、进口的机动车或非道路移动机械大气污染物排放超过标准,属于设计、生产缺陷或者不符合规定的环境保护耐久性要求,应当召回。未召回的,执法机关有权责令召回。

6. 地方政府监督联动机制,强化其监督责任

"约谈主要负责人"和"责任考核"成为考核地方政府实施是否到位的利器。地方政府每年需就大气环境质量改善目标、大气污染防治重点任务完成情况接受考核;对未达标城市要制定限期达标规划,向同级人大报告;对超总量和未完成达标任务的地区实行区域限批,并约谈主要负责人。

7. 加大违法处罚力度

加大污染企业环境违法的处罚力度,处罚金额按倍计罚,上不封顶,同时增加了"按日计罚"的规定,企业直接负责的相关人员将为大气污染事故承担连带责任。

作为《大气污染防治法》的补充,生态环境部根据大气污染物对公众健康和生态环境的危害和影响程度,于2019年初发布了《有毒有害大气污染物名录(第一批)》,筛选出可以实施管控的11类化学物质实行风险管理,并将依据风险评估结果,实时更新大气名录。此外,还制定和公布了《环境空气质量标准》(GB 3095—2012)、《大气颗粒物来源解析技术指南(试行)》、《非道路移动柴油机械排气烟度限值及测量方法》(GB 36886—2018)、《汽油车污染物排放限值及测量方法(双怠速法及简易工况法)》(GB 18285—2018)、《柴油车污染物排放限值及测量方法(自由加速法及加载减速法)》(GB3847—2018)等相关污染物排放标准。

根据生态环境部办公厅2018年5月发布的关于《大气污染防治行动计划》实施情况终期考核结果的通报(环办大气函〔2018〕367号),2017年全国地级及以上城市可吸入颗粒物(PM10)平均浓度比2013年下降22.7%;京津冀、长三角、珠三角等重点区域细颗粒物(PM2.5)平均浓度分别比2013年下降39.6%、34.3%、27.7%;北京市PM2.5年均浓度降至58微克/立方米。全国有15个省份考核等级为优秀,8个省份考核等级为良好,8个省份考核等级为及格。总体上看,空气质量总体改善,但个别地区污染仍然严重,仍需加大治理力度。

下面的案例被誉为大气污染公益诉讼第一案[①],系2017年最高人民法院发布的十起环境公益诉讼案例之一。

被告德州××有限公司是一家从事玻璃及玻璃深加工产品制造的企业。××公司虽投入资金建设脱硫除尘设施,但仍有两个烟囱长期超标排放污染物,造成大气污染,严重影响了周围居民生活。中华环保联合会提起诉讼,请求××公司立即停止超标向大气排放污染物,增设大气污染防治设施,赔偿因超标排放污染物造成的损失,并在省级及以上媒体向社会公开赔礼道歉。

德州市中级人民法院一审认为,××公司未安装或者未运行脱硫和脱硝治理设施,未安装除尘设施或者除尘设施处理能力不够,多次超标向大气排放二氧化硫、氮氧化物、烟粉尘等污染物。其中,二氧化硫、氮氧化物是酸雨的前导物,过量排放形成的酸雨会造成居民人身及财产损害,过量排放烟粉尘将影响大气能见度及清洁度。××公司超标排放污染物的行为导致了大气环境的生态附加值功能受到损害,应当依法承担生态环境修复责任,赔偿生态环境受到损害至恢复原状期间服务功能损失。

本案判决结果确立了企业超标排放行为构成违法性和对环境公益的侵害,在事实认定方面,确认了鉴定报告可以作为认定违法行为的依据,并按大气污染的虚拟治理成本的4倍计算生态损害数额,同时援引《环境保护法》的规定,认定被告承担赔礼道歉的民事责任。本案打破了无"受害人"则败诉的诉讼传统,扭转了环境违法成本低的局面,为今后环境公益诉讼正确和有效地处理相关方面的问题提供了有益的经验。

---

① 韩德强,李宁.大气污染环境公益诉讼第一案最大亮点:打破无"受害人"则败诉的诉讼传统[J].环境经济,2017(1):100－103.

（三）水污染防治相关法律法规

2015 年 4 月，国务院印发《水污染防治行动计划》，对水污染防治工作作出全面部署。修改后的《中华人民共和国水污染防治法》（以下简称《水污染防治法》）于 2018 年 1 月 1 日实施，适用于中华人民共和国领域内的江河、湖泊、运河、渠道、水库等地表水体以及地下水体的污染防治。此次修订保持了原有的法律框架，全面落实了《水污染防治行动计划》确定的主要制度措施，并与新修订的《环境保护法》相衔接，增添了更多具有实操性的内容，体现出处罚更严格、内容更具体、控制更提前的特点。修订后的《水污染防治法》主要体现在以下几个方面。

1. 强化地方政府责任

未达到水环境质量改善目标的，有关市、县级人民政府应当制定限期达标规划，明确防治措施及达标时限，并授权监管部门根据达标需要提出更严格的排放控制要求。

2. 加强流域水污染联合防治与生态保护

国务院环境保护主管部门会同有关部门和省级政府，建立重要江河、湖泊的流域水环境保护联动协调机制，加强水污染联合防治。同时，为提升流域环境资源承载能力，明确流域生态环境保护要求，组织开展监测评价，实施有关生态修复工程。有关开发建设活动要采取有效措施维护流域生态功能。

3. 完善水污染防治监督管理制度

一是确立排污许可证制度，做好排污许可与总量控制、达标排放等制度的衔接，规定排污许可证应当明确水污染物种类、浓度、总量和排放去向等要求。二是完善环境监测制度，明确排污单位的自行监测义务。三是建立有毒有害水污染物名录制度，加强风险管理。

4. 强化重点领域水污染防治措施

在工业废水管理方面，明确工业集聚区废水实行集中处理，并严格其排放要求；在地下水污染防治方面，明确有关企事业单位应当采取防渗漏等措施，加强地下水水质监测；在农业和农村水污染防治方面，规定县级以上地方人民政府要统筹规划、建设农村污水、垃圾处理设施，禁止有关工业废水排入农田；在船舶污染防治方面，要求进入我国内河的国际航线船舶对压载水进行灭活处理，禁止采取冲滩方式进行船舶拆解作业。

5. 强化饮用水安全保障制度

在现行法律规定的饮用水水源保护区制度的基础上，增加了以下内容：一是开展饮用水水源污染风险调查评估，筛查可能存在的污染风险因素，并采取相应的风险防范措施；二是规定单一水源供水的城市，应当建设应急水源或者备用水源，或者开展区域联网供水；三是规定有条件的地区要发展规模集中供水，保障农村饮用水安全；四是强化饮用水供水单位责任，保证供水水质达标；五是加强饮用水水质监测，有关信息要向社会公开；六是加强饮用水安全应急管理。

6.严格法律责任

根据《环境保护法》的精神,对无证或者不按证、超标、超总量排放水污染物等违法行为,规定了严格的法律责任,并与《环境保护法》规定的按日连续处罚和拘留措施进行了衔接,提高了排污企业的违法成本。

根据生态环境部发布的《2017年中国生态环境状况公报》显示,全国地表水1940个水质断面(点位)中,Ⅰ~Ⅲ类水质断面(点位)1317个,占67.9%;Ⅳ、Ⅴ类462个,占23.8%;劣Ⅴ类161个,占8.3%。112个重要湖泊(水库)中,Ⅰ类水质的湖泊(水库)6个,占5.4%;Ⅱ类27个,占24.1%;Ⅲ类37个,占33.0%;Ⅳ类22个,占19.6%;Ⅴ类8个,占7.1%;劣Ⅴ类12个,占10.7%。总体来看,我国水污染治理取得了实质性突破和进展,但治理工作仍然十分艰巨[①]。

以下案例为最高人民法院审理的长江流域环境资源审判十大典型案例之一[②]。

2015年,××公司厂房搬迁,生产负责人在未运行污水处理设施的情况下进行电镀生产,造成电镀废水未经处理非法外排,被十堰市环保局当场查获。经环保局现场采样,十堰市环境监测站分析检测,并报湖北省环境监测中心站审查,该公司排出的电镀废水中重金属总铬浓度值为88.8mg/L,六价铬浓度值为80.4mg/L,锌浓度值为11.7mg/L,分别超出国家排放标准88倍、401倍、6.8倍。湖北省十堰市张湾区人民检察院以污染环境罪对××公司和生产负责人提起公诉。

湖北省十堰市张湾区人民法院一审认为,××公司非法排放含重金属的污染物严重超标,已构成污染环境罪;其生产管理负责人,明知电镀作业产生的污水未经处理会流向犟河造成环境污染,仍安排工人从事电镀生产作业,放任单位排放污水污染环境的行为,亦构成污染环境罪,被判处拘役4个月。二审维持原判。

本案以对生态环境的损害情况作为刑事处罚的重要情节,严厉打击了在饮用水水源地非法排放生产废水的违法犯罪行为,并援引《环境保护法》的规定,对企业直接负责的主管人员以间接故意违反排污构成污染环境罪追究其刑事责任(并处拘役和罚金),对重污染企业及其负责人员起到了教育、引导和震慑作用。

(四)土地污染防治相关法律法规

2016年5月,国务院发布《关于印发土壤污染防治行动计划的通知》,确立了以改善土壤环境质量为核心,以保障农产品质量和人居环境安全为出发点的保护目标。我国首部规范土壤污染防治的专门法律——《中华人民共和国土壤污染防治法》,自2019年1月1日起施行,使得我国土壤污染防治有法可依,"净土保卫战"正式纳入法制轨道。该法有以下几大治理原则。

---

① 生态环境部.2017中国生态环境状况公报[J].中国能源,2018(6):1.
② 叶相成,陈海坡.十堰首例污染环境案宣判[N].中国环境报,2016-08-10(6).

1.确立地方政府目标责任制和考核评价制度

国家实行土壤污染防治目标责任制和考核评价制度,将土壤污染防治目标完成情况作为考核评价地方各级人民政府及其负责人、县级以上人民政府负有土壤污染防治监督管理职责的部门及其负责人的内容。

2.建立土壤环境信息共享制度和污染风险管控标准

国务院生态环境主管部门会同有关主管部门建立土壤环境基础数据库,构建全国土壤环境信息平台,实行数据动态更新和信息共享。同时,国务院生态环境主管部门应制定国家土壤风险管控标准,并赋予省级人民政府制定地方土壤污染风险管控标准的权力。

3.地方政府建立土壤污染防治规划制度

县级以上人民政府将土壤污染防治工作纳入国民经济和社会发展规划、环境保护规划。设区的市级以上地方人民政府生态环境主管部门应会同有关主管部门,根据环境保护规划要求、土地用途、土壤污染状况普查和监测结果等,编制土壤污染防治规划,报本级人民政府批准后公布实施。

4.开展土壤污染状况调查和监测制度

国务院每十年至少组织开展一次全国土壤污染状况普查。由国务院生态环境主管部门制定土壤环境监测规范,并会同有关主管部门组织监测网络,统一规划国家土壤环境监测站(点)的设置。

5.强化预防为主、保护优先原则

涉及土壤污染的单位和个人也负有保护土壤、预防土壤污染的义务。强化土壤污染重点监管单位的义务,包括严格控制有毒有害物质排放、建立土壤污染隐患排查制度、制定和实施自行监测方案。

6.实施土壤污染风险管控和修复

土壤污染责任人是土壤污染风险管控与修复的第一责任主体,土地使用权人是第二责任主体。土地使用权已经被地方人民政府收回的,由地方人民政府组织实施土壤污染风险管控和修复,土壤污染风险管控和修复,包括土壤污染状况调查、土壤污染风险评估、风险管控、修复、风险管控效果评估、修复效果评估、后期管理七项流程,并依据土地用途的不同,按农用地和建设用地对土壤污染风险管控和修复分别进行了具体的规定。

7.多种方式解决土壤污染防治资金问题

国家采取有利于土壤污染防治的财政、税收、价格、金融等经济政策和措施,建立土壤污染防治基金制度(包括设立中央和省级两类基金),鼓励金融机构加大对土壤污染风险管控和修复项目的信贷投放,鼓励社会各界为防治土壤污染捐赠财产,对从事污染风险管控和修复的单位给予税收优惠(第六十九条至七十二条,第七十四条)。

为配套《土壤污染防治行动计划》的实施,生态环境部制定了《污染地块土壤环境管理办法(试行)》《农用地土壤环境管理办法(试行)》和《工矿用地土壤环境管理办法(试行)》等部门规章,为加强污染地块保护、防止农用地和工矿用地出现新的污染提供法律支撑,推动落实土壤污染防治各项任务。

根据生态环境部发布的《2017 中国生态环境状况公报》显示,全国耕地平均质量等级为 5.09 等,其中,评价为 1~3 等的耕地面积为 5.55 亿亩,占耕地总面积的 27.4%,评价为 4~6 等的耕地面积为 9.12 亿亩,占耕地总面积的 45.0%,评价为 7~10 等的耕地面积为 5.59 亿亩,占耕地总面积的 27.6%。部分重有色金属矿区及周边耕地土壤环境问题较为突出,化肥、农药、农膜等使用量仍处在较高水平,危险化学品生产企业搬迁改造、长江经济带化工污染整治等腾退地块的环境风险管控压力较大,土壤污染防治任务仍然艰巨。

另外,我国还颁布了《中华人民共和国固体废物污染环境防治法》《中华人民共和国海洋环境保护法》《中华人民共和国防沙治沙法》《中华人民共和国环境噪声污染防治法》《中华人民共和国环境影响评价法》《中华人民共和国环境保护税法》《城镇排水与污水处理条例》等法律、法规,为构建全方位的污染治理提供全面、严密的政策支持。

思考题

简述我国污染防治法律结构体系及其主要内容。

本章重点概念

(1)排污许可制,是指生态环境部门通过向企事业单位发放排污许可证来控制污染物,禁止无证排污或不按许可证规定排污。

(2)环境公益诉讼,是指由于自然人、法人或其他组织的违法行为或不作为,使环境公共利益遭受侵害时,法律允许其他的法人、自然人或社会团体为维护公共利益而向人民法院提起的诉讼。

(3)大气污染,是指由于人类活动(工业废气、燃料、汽车尾气等)或自然因素(如火山爆发、森林火灾等)排入大气的有害物,对环境或人类生存造成危害的现象。

(4)土地污染,是指土地因受到工业排放(如工业废水等)、农业污染(如农药、化肥等)、生活污染(如生活污水、生活垃圾等)等原因,使土地品质恶化,并对环境或人类生存造成危害的现象。

(5)水污染,是指由有害化学物质造成的水的使用价值降低或丧失。水污染源包括工业废水和生活废水两大类。

拓展阅读

[1]何立慧.环境与资源保护法学[M].北京:经济科学出版社,2009.

[2]吕忠梅.环境法学[M].北京:法律出版社,2008.

[3]金瑞林.环境与资源保护法学[M].北京:北京大学出版社,1999.

第十二章　公益诉讼

本章内容概要

传统诉权理论着重于私人权益受到侵害时的法律救济,而公益诉讼则是针对公共利益被损害的法律救济。消费者权益和环境保护是公共利益集中体现的两个领域,也是近年来我国不断完善公益诉讼制度建设的两个领域。

本章在介绍公益诉讼制度在世界范围内的起源与发展的基础上,重点针对我国公益诉讼在司法实践中的探索及相关立法现状进行了阐述与分析。

第一节　公益诉讼概述

一、公益诉讼基本信息

(一)定义与特征

公益诉讼(public interest litigation),相对于维护私人利益的私益诉讼,着眼于维护公共利益。通常认为公益诉讼指特定的国家机关、组织或个人,根据法律授权,对违反法律法规、侵犯国家利益和社会公共利益的行为向法院提起诉讼,由法院追究违法者法律责任的诉讼制度。公益诉讼根据违法行为性质的不同,分为民事公益诉讼、行政公益诉讼、刑事公益诉讼等不同类型。

相较于私益诉讼,公益诉讼有以下特征。

(1)公益诉讼的目的是维护公共利益不受侵犯。诉讼活动虽立足于个案,但维护的是相关的公共利益。

(2)公益诉讼的起诉主体可以与案件本身无直接利害关系。传统的私益诉讼奉行"无利益无诉权"的原则,原告提出诉讼主张是基于个人利益受到了侵害。而公益诉讼中的侵权行为损害的是社会公共利益,不要求起诉主体与案件有直接利害关系。任何关注自身长远利益以及社会发展之人,都可以为了维护社会公共利益而提起公益诉讼。

(3)公益诉讼的判决效力具有扩张性。普通的私益诉讼中,判决的效力一般只及于案件的当事人,判例法系中的判例属于特殊情况。但公益诉讼的判决,除了会对案件的直接当事人生效,对于其他未参与诉讼但却同样因此受到损害的不特定主体也会产生法律效力。

以上特征并不意味着公益诉讼是一个独立的诉讼领域,它其实是一种与原告资格认定相关的诉讼方式①。公益诉讼并未独立于民事诉讼、行政诉讼和刑事诉讼之外,相反,其往往依托于民事诉讼程序或行政诉讼程序进行。

(二)源起与在国外的发展

一般认为,公益诉讼最早起源于古罗马,后成熟于美、德、日等资本主义国家,而印度则是亚洲第一个引入公益诉讼制度的国家②。罗马法分为"公法"和"私法","公法是关于罗马国家的法律,私法是关于个人利益的法律"③。针对违反"公法"的行为,任何罗马市民,无论与案件是否有利害关系,都可以保护社会公共利益为目的,以原告身份提起诉讼④。有观点认为古罗马公益诉讼的产生与当时维护公共利益的国家机关力量不足有关。周枏教授曾提出,"罗马当时的政治权力机构还远没有近代这样健全和周密,仅依靠官吏的力量来维护公共利益是不够的,故授权市民代表社会集体直接起诉,以补救其不足"⑤。

现代意义的公益诉讼发端于20世纪五六十年代的民权运动。往后,公益诉讼开始全球化推行,其范围也由最初的取消种族隔离扩展到为保护消费者、女性、未成年人等弱势群体的利益。

美国是现代公益诉讼的创始国。作为对美国反垄断基本法则《谢尔曼法》的补充,早在1914年颁布的《克莱顿法》就规定,任何人都可以就商业非法限制和垄断行为向法院提起诉讼并获得救济。20世纪60年代的民权运动和"公地悲剧"理论对公益诉讼起到了极大的推动作用。美国有色人种保护促进会(National Association for the Advancement of Colored People)作为代理组织参与了众多公益性质的案件,其中最为著名的便是"布朗案"。1951年,奥利弗·布朗作为第一原告提起集体诉讼,要求托皮卡教育局停止学校种族隔离的政策。1954年,美国最高法院判决学校种族隔离制度为非法。美国有色人种保护促进会因为其在推动公益诉讼实践方面的作用,被誉为塑造现代公益的熔炉。1968年美国经济学家哈丁提出"公地悲剧"理论。一群牧民一同在一块公共草场放牧。草场上羊的数量已经饱和,羊的数目一旦增加,将使草场的质量下降。若一个牧民想多养一只羊来增加个人收益,牧民将如何取舍?如果每人都从自己私利出发,肯定会选择多养羊以获取收益,因为草场退化的代价是由大家共同负担的。但如果每一位牧民都如此思考时,"公地悲剧"就上演了——草场持续退化,直至无法养羊,最终导致所有牧民破产。这一经济学理论被应用到法学领域后,法学家们意识到在消费、环保、女性和未成年人等领域,都存在同样的"公地悲剧"现象,但却因为缺乏具体的受害人或具体受害人能力资源有限而使得特殊群体的利益无法通过普通的诉讼救济途径得到司法保护。在这一背景下,公益诉讼迅速在美国发展起来,并为其他

① 汪劲.环境法学[M].北京:北京大学出版社,2014:330.
② 李媛.公益诉讼的由来与发展[J].中国法律,2015(3):78.
③ 高其才.法理学[M].北京:清华大学出版社,2007:92.
④ 徐全兵.检察机关提起公益诉讼有关问题[J].国家检察官学院学报,2016(3):158-173,178.
⑤ 周枏.罗马法原论(下册)[M].北京:商务印书馆,1996:886-887.

的国家接受和推广。

在美国,检察官、公民个人和社会团体均有权提起公益诉讼。美国法律规定检察官在涉及联邦利益等七种民事案件中,有权参加诉讼。《美国联邦地区法院民事诉讼规则》规定,在法定情况下,个人或社会团体在保护别人利益的案件中也可以以美利坚合众国国家的名义提起诉讼。个人或社会团队提起的公益诉讼主要包括三种类型:第一,相关人诉讼,指"在私人不具有当事人资格的法域,原则上允许私人以相关人名义起诉"①。《联邦采购法》规定,任何人可代表美利坚合众国对政府采购中的腐败和有损于美国公众利益的行为提起诉讼。第二,职务履行令请求诉讼,指"在公务员未履行其职务的情形下,允许私人以市民的身份向法院提起请求发布职务履行令的诉讼"②。第三,禁止令请求诉讼,指"私人以纳税人的身份,有请求禁止公共资金违法支出的诉讼提起权"③。

大陆法系的法国和德国,检察院是进行公益诉讼的主要机关。1806 年的法国民事诉讼法典最早规定了检察机关代表公共利益参与民事诉讼的制度。现行《法国民事诉讼法》第421 条至 425 条为检察机关提起或参加诉讼的具体规定。此外,法国的职业行会在满足条件时也享有诉权:第一,必须是职业行会;第二,其起诉所追求的利益与行会的目的一致,如工会为了工人的利益可以向劳动法院起诉;第三,损害公共利益的行为不构成犯罪。除此之外,某些社团在法国也享有诉权,例如家庭保护全国联合会、省狩猎联盟、维护著作权的作家协会等。

在德国,检察官可以对婚姻无效、申请禁治产、雇佣劳动等案件提起诉讼。德国在特别经济立法中规定某些领域中的团体享有适格当事人的地位,可以提起包括禁止之诉和为团体成员提起的损害赔偿之诉的民事诉讼,此为团体诉讼。1908 年的《防止不正当竞争法》赋予了一些产业团体请求对不正当竞争行为的禁止令请求权。后于 1965 年修改《防止不正当竞争法》时,该法案又赋权于行业外的消费者团体,使其可提起诉讼,请求发布禁止令。1976 年的《普通交易约款法》也把针对使用违法约款行为的禁止令请求权赋予了消费者团体。

而印度作为亚洲第一个引入公益诉讼制度的国家,也在其中融入了自身经济和社会发展背景下的特点。最高法院对于诉讼主体资格的限制较松,任何人和民间团体都可以提起公益诉讼。而就提起诉讼的方式而言,印度更是首创了极具特色的"书信管辖权"制度,为了简化诉讼程序,降低公益诉讼起诉人的成本,环境公益诉讼不仅可以通过提出正式申请的方

---

① 梁慧星. 开放纳税人诉讼:以私权制衡公权［EB/OL］.［2019 - 02 - 14］. http://www. iolaw. org. cn/showArticle. aspx? id=218.

② 梁慧星. 开放纳税人诉讼:以私权制衡公权［EB/OL］.［2019 - 02 - 14］. http://www. iolaw. org. cn/showArticle. aspx? id=218.

③ 梁慧星. 开放纳税人诉讼:以私权制衡公权［EB/OL］.［2019 - 02 - 14］. http://www. iolaw. org. cn/showArticle. aspx? id=218.

式启动,而且可以通过给法院或法官致信等形式启动①。虽然这在一定程度上导致了"滥诉"问题,但其在公众对抗权力滥用以保护边缘群体利益,推动公益诉讼发展,促进社会变革与公正的实现等方面所取得的积极效果是不可否认的。

二、我国公益诉讼制度的发展历程

(一)中国"公益诉讼"第一案

20世纪90年代,公益诉讼理论被引进中国,并引起了激烈讨论和学术争鸣。很多学者对公益诉讼的理论基础及司法实践、在中国建立公益诉讼制度的必要性和可行性等进行了深入的研究和探索。在这一过程中,发生于1996年的一个案件成为中国公益诉讼发展史上具有重要意义的一案。1996年1月4日,福建省市民丘某东因一公用电话亭未执行邮电部"夜间、节假日长话收费半价"的规定,多收其0.6元,遂援引《中华人民共和国消费者权益保护法》(以下简称《消费者权益保护法》)第四十九条向法院起诉,要求该公用电话亭加倍赔偿,诉讼标的为1.2元,并要求公用电话亭摘下未载明半价规定的资费表以及赔礼道歉。本案以原告胜诉结尾,在当时被称为中国"公益诉讼"第一案。

然而,该案由个人发起,最终的目的也是为了维护个人的权益,肯定不是现在所说的消费者公益诉讼,但从目前《公益事业捐赠法》《慈善法》等相关法律下对于"公益"的狭义理解来看,它其实已经不属于公益诉讼案件了;但是,如果该个案具有社会价值,最终推动了公共利益的实现,例如,促使更多公用电话亭去执行邮电部"夜间、节假日长话收费半价"的规定,那么也可以说具有一定的公益性。

1997年,河南省方城县独树镇工商所将价值超过6万元的门面房以2万元低价处理,方城县人民检察院以原告身份提起国有资产流失民事诉讼,最终法院受理判处合同无效。该案开我国检察机关提起公益诉讼之先河②。

尽管我国20世纪90年代就有公益诉讼的实践,但其发展缓慢,特别是在环境污染案件中,一些环保组织向法院提起公益诉讼却很难立案。究其原因,主要受限于我国当时《民事诉讼法》中对原告资格限定在与本案有直接利害关系的当事人。尽管2005年《国务院关于落实科学发展观加强环境保护的决定》中明确提出"研究建立环境民事和行政公诉制度""推动环境公益诉讼",但因缺乏法律规范的保障,公益诉讼当时在我国的发展仍较为缓慢。

(二)《民事诉讼法》增加公益诉讼制度

2012年在全国范围内引起轰然反响的"毒胶囊"事件加速了环境公益诉讼的立法议程。在2012年4月24日第十一届全国人大常委会第二十六次会议上,全国人大常委会法工委

① 吴卫星.印度环境公益诉讼制度及其启示[J].华东政法大学学报,2010(5):69-70.
② 徐全兵.检察机关提起公益诉讼有关问题[J].国家检察官学院学报,2016(3):158-173,178.

副主任向会议作《民事诉讼法修正案(草案)》说明时表示,随着环境污染和食品安全事故不断发生,一些全国人大代表和有关方面多次提出在《民事诉讼法》中增加公益诉讼制度①。对此,《民事诉讼法修正案(草案)》增加规定,对污染环境、侵害众多消费者合法权益等损害社会公共利益的行为,有关机关、社会团体可以向法院提起诉讼,取消了原本对原告资格的限定。同年8月,第十一届全国人大常委会第二十八次会议通过《民事诉讼法修正案》,我国民事公益诉讼的机制正式在立法层面上得到确立。

(三)《消费者权益保护法》和《环境保护法》增加公益诉讼制度

之后的两年内,《消费者权益保护法》和《环境保护法》的修订案相继通过。修订后的《消费者权益保护法》(2013年修订)第四十七条和《环境保护法》(2014年修订)第五十八条分别规定了在消费者保护领域和环境保护领域的民事公益诉讼制度。《消费者权益保护法》第四十七条规定,对侵害众多消费者合法权益的行为,中国消费者协会以及在省、自治区、直辖市设立的消费者协会,可以向人民法院提起诉讼。《环境保护法》第五十八条则规定,对污染环境、破坏生态、损害社会公共利益的行为,符合下列条件的社会组织可以向人民法院提起诉讼:①依法在设区的市级以上人民政府民政部门登记;②专门从事环境保护公益活动连续五年以上且无违法记录。符合前款规定的社会组织向人民法院提起诉讼,人民法院应当依法受理。提起诉讼的社会组织不得通过诉讼牟取经济利益。根据最高人民法院于2017年7月发布的十起环境公益诉讼典型案例,中华环保联合会、中国生物多样性保护与绿色发展基金会都曾提起环境公益诉讼。

《消费者权益保护法》和《环境保护法》的修订扩大了公益诉讼起诉主体的范围,为社会组织提起消费者保护领域和环境保护领域的公益诉讼提供了主体资格上的法律保障。

为了解决在环境及消费者保护领域公益诉讼中遇到的具体实施问题,后续还出台了《最高人民法院关于审理环境民事公益诉讼案件适用法律若干问题的解释》②(以下简称《环境公益诉讼解释》)、《最高人民法院关于适用〈中华人民共和国民事诉讼法〉的解释》(以下简称《民诉解释》)和《最高人民法院关于审理消费民事公益诉讼案件适用法律若干问题的解释》③(以下简称《消费公益诉讼解释》)。

最高人民法院审判委员会于2015年1月6日颁布了《环境公益诉讼解释》。《环境公益诉讼解释》共35个条文,主要对社会组织可提起环境民事公益诉讼、环境民事公益诉讼案件可跨行政区划管辖、同一污染环境行为的私益诉讼可搭公益诉讼"便车"、减轻原告诉讼费用负担等四方面内容做出了规定。《环境公益诉讼解释》对修订后的《环境保护法》中关于环境公益诉讼的一系列未决问题做出了明确。举例而言,它明确了《环境保护法》第五十八条中

---

① 民诉法大修涉及7大方面首次引入公益诉讼[EB/OL].[2019-02-17]. https://www.iolaw.org.cn/showNews.aspx? id=30348.

② 根据2020年12月23日最高人民法院审判委员会第1823次会议修正。

③ 根据2020年12月23日最高人民法院审判委员会第1823次会议修正。

规定的"人民政府民政部门登记的社会团体、民办非企业单位以及基金会"的定义。该解释第二条规定,"依照法律、法规的规定,在设区的市级以上人民政府民政部门登记的社会团体、民办非企业单位以及基金会等,可以认定为环境保护法第五十八条规定的社会组织"。

《民诉解释》于 2015 年 2 月 4 日正式实施。《民诉解释》为"公益诉讼"专列一章(第十三章),规定了人民法院应当受理环境保护、消费者权益保护领域内公益诉讼的立案条件,有管辖权的人民法院,法院处理公益诉讼案件时与环境行政部门沟通问题以及诉讼相对人的参加制度等。《民诉解释》的实施给生态环境保护和消费者权益保护领域内的公益诉讼提供了切实可行的法律依据。

《消费公益诉讼解释》于 2016 年 5 月 1 日实施。2013 年修订后的《消费者权益保护法》中仅原则性地规定了消费民事公益诉讼制度,但未明确相应配套规范的问题,实践中对如何适用上述法律规定存在分歧意见。《消费公益诉讼解释》的出台明确了消费者权益保护领域内公益诉讼制度的内涵及适用规则,适应了消费民事公益诉讼制度落地实施的迫切需求①。在内容方面,《消费公益诉讼解释》明确了消费民事公益诉讼原告资格、适用范围、消费领域社会公共利益类型化、管辖法院、原告处分权的限制、公益诉讼与私益诉讼的关系、请求权类型及责任承担方式、裁判既判力等问题。举例而言,对于"社会公共利益"的判断,法官是具有一定的自由裁量权的。为合理规范这种自由裁量权,《消费公益诉讼解释》第一条界定了消费领域侵害社会公共利益范围作为认定社会公共利益的原则,既包括"经营者侵害众多不特定消费者合法权益",也包括"具有危及消费者人身、财产安全危险"的情形。第二条则结合《中华人民共和国产品质量法》等法律规定,以《消费者权益保护法》第三章"经营者义务"为主要制定依据,对目前实践中多发的侵害消费者权益情形予以归纳,将对损害社会公共利益的认定进行了具体化②。

(四)确立检察机关提起公益诉讼主体资格

1997 年发生在河南省方城县的首个由检察机关提起公益诉讼的案例并没有成功开启检察机关提起公益诉讼新局面,且这一做法于 2004 年被最高人民法院在《关于恩施市人民检察院诉求张苏文返还国有财产一案的复函》中叫停。随后最高人民检察院在《关于严格依法履行法律监督职责推进检察改革若干问题的通知》中规定"检察机关不得对民事行政纠纷案件提起诉讼。近年来一些地方检察机关试行了提起民事行政诉讼,鉴于这一做法没有法律依据,尚需进一步研究和探索,今后,未经最高人民检察院批准,不得再行试点"。直到 2014 年 10 月 23 日,中国共产党第十八届中央委员会第四次全体会议通过的《中共中央关于全面推进依法治国若干重大问题的决定》中提出"探索建立检察机关提起公益诉讼制度",开

---

① 最高院民一庭负责人就《关于审理消费民事公益诉讼案件适用法律若干问题的解释》答记者[EB/OL]. [2019 - 11 - 26]. http://www.law-lib.com/fzdt/newshtml/21/20160426090055.htm.

② 最高院民一庭负责人就《关于审理消费民事公益诉讼案件适用法律若干问题的解释》答记者[EB/OL]. [2019 - 11 - 26]. http://www.law-lib.com/fzdt/newshtml/21/20160426090055.htm.

启了检察机关正式作为公益诉讼提起机关的制度创新。

2015 年 7 月 1 日,十二届全国人大常委会第十五次会议授权最高人民检察院在北京、内蒙古、吉林、江苏、安徽、福建、山东、湖北、广东、贵州、云南、陕西、甘肃开展生态环境和资源保护、国有资产保护、国有土地使用权出让等领域的行政公益诉讼试点工作[①]。2015 年 7 月 2 日最高人民检察院发布了《检察机关提起公益诉讼试点方案》,试点工作正式启动。2015 年 12 月 16 日,《人民检察院提起公益诉讼试点工作实施办法》正式开始实施,该实施办法设专章就提起行政公益诉讼的相关问题进行了规范。作为推进试点工作配套制度的一部分,最高人民法院制定了《人民法院审理人民检察院提起公益诉讼案件试点工作实施办法》。自此,检察机关提起公益诉讼有据可循,填补了《民事诉讼法》和《中华人民共和国行政诉讼法》(以下简称《行政诉讼法》)中没有明确规定检察机关提起公益诉讼的制度空缺。2015 年 12 月,山东省庆云县人民检察院提起首例行政公益诉讼案件,江苏省常州市人民检察院提起首例民事公益诉讼案件。据统计,至 2016 年 9 月,各试点地区检察机关共在履行职责中发现公益案件线索 2982 件:生态环境和资源保护领域 2221 件,国有土地使用权出让领域 371 件,国有资产保护领域 280 件,食品药品安全领域 110 件[②]。

2017 年,在进行了一系列检察机关提起公益诉讼的试点工作之后,检察机关在民事公益诉讼和行政公益诉讼中的起诉主体资格最终都得以在新修订的《民事诉讼法》和《行政诉讼法》中予以明确。

(五)《行政诉讼法》增加行政公益诉讼制度

经过两年试点,2017 年 6 月 27 日,第十二届全国人大常委会第二十八次会议通过了《关于修改〈中华人民共和国民事诉讼法〉和〈中华人民共和国行政诉讼法〉的决定》,在《行政诉讼法》第二十五条中增加第四款,正式在法律上确立了检察机关提起行政公益诉讼的制度。《行政诉讼法》第二十五条第四款规定:人民检察院在履行职责中发现生态环境和资源保护、食品药品安全、国有财产保护、国有土地使用权出让等领域负有监督管理职责的行政机关违法行使职权或者不作为,致使国家利益或者社会公共利益受到侵害的,应当向行政机关提出检察建议,督促其依法履行职责。行政机关不依法履行职责的,人民检察院依法向人民法院提起诉讼。2017 年 7 月 1 日,修改后的《行政诉讼法》正式实施,标志着我国行政公益诉讼制度完成了从理论研讨到试点探索再到法律实践的全过程。

在理论研讨方面,早在 20 世纪 80 年代我国学者就逐步开展了有关行政公益诉讼的研究。与西方国家不同,我国在讨论行政公益诉讼理论之初就将人民检察院作为可以提出诉讼的主体讨论。早在《行政诉讼法》起草时,即有立法建议主张检察机关亦可作为原告,理由与执行诉讼、公益诉讼相牵连。但关于除了检察机关之外,法律是否应当允许其他主体提起

---

①　姜明安.提起行政公益诉讼是推进行政法治的重要举措[N].检察日报,2015 - 10 - 21(3).

②　最高检:试点地区检察机关办理公益诉讼案件 1710 件[EB/OL].[2016 - 11 - 05].http://www. xinhuanet.com/politics/2016 - 11/05/c_1119856715.htm.

行政公益诉讼的问题,经历了相当长时间的讨论。到 21 世纪初,行政公益诉讼研究出现井喷之势,相关论文不计其数,这个时期的研究主要集中于介绍国外行政公益诉讼制度,阐述行政公益诉讼的内涵、外延、特点以及构建我国行政公益诉讼制度的设想等①。笔者在中国知网搜索以"行政公益诉讼"为主体的文章,可以检索到 6221 篇文章,时间跨度自 1999 年至 2021 年。作者中除了高校学者之外还有大量的检察官、法官、律师等,所涉的刊物也遍及各大主流学术期刊。以上数据可见,在过去的 20 年中,国内学界、实务界对于我国的行政公益诉讼理论及发展有了较为深入的研究和讨论。

前文中也提到了,检察机关从未放弃在公益行政诉讼方面的有益探索。根据最高人民检察院副检察长张雪樵在《人民检察》杂志上发表的题为《改革在路上,监督进行时》的文章,自 20 世纪 90 年代起,一些地方的检察机关基于其宪法赋予的监督职权,尝试就侵害社会利益的事件以检察院的名义直接向法院提起诉讼,弥补我国公益保护制度的不足。在河南省方城县人民检察院以原告身份起诉该县工商局擅自出让房地产致使国有资产流失之后,湖南、浙江、山东等地检察机关也相继成功办理了国有财产、环境保护等领域的公益诉讼案件。2008 年首次报告"涉及公益案件的支持起诉、督促起诉工作",成为公益诉讼制度的雏形②。2014 年 10 月,党的十八届四中全会正式提出探索建立检察机关提起公益诉讼制度。在不到三年的时间内,检察公益诉讼经历了顶层设计、法律授权、试点先行、立法保障、全面推进五个阶段,公益诉讼工作不断引向深入③。2018 年 3 月 2 日,最高人民法院、最高人民检察院发布《最高人民法院 最高人民检察院关于检察公益诉讼案件适用法律若干问题的解释》,对行政公益诉讼的程序问题做出具体规定。其中,第十三条规定人民检察院在履行职责中发现破坏生态环境和资源保护、食品药品安全领域侵害众多消费者合法权益等损害社会公共利益的行为,拟提起公益诉讼的,应当依法公告,公告期间为 30 日。公告期满,法律规定的机关和有关组织不提起诉讼的,人民检察院可以向人民法院提起诉讼。

至此,经过地方政策试点和中央统一立法的吸纳,行政公益诉讼成为我国一项正式的制度④。

(六)公民个人作为公益诉讼主体的资格

由于政治经济、历史文化的不同,各国采取的与本国固有法律制度与文化传统相适应的公益诉讼模式并无优劣之分。自 20 世纪 90 年代公益诉讼在国内兴起,公民一直作为公益诉讼的先行者和主力军活跃着,但法院往往都以公民不具备原告起诉资格为由不予受理或驳回起诉。立法者对此持同样的否定态度,并未赋予公民的公益诉讼起诉资格,其主要顾虑则在于可能会由此引起的滥诉问题。

---

① 林仪明.我国行政公益诉讼立法难题与司法应对[J].东方法学,2018(2):151-160.
② 张雪樵.改革在路上,监督进行时[J].人民检察,2018(22):23.
③ 张雪樵.改革在路上,监督进行时[J].人民检察,2018(22):23.
④ 卢超.从司法过程到组织激励:行政公益诉讼的中国试验[J].法商研究,2018(5):26-36.

但事实上,任何诉讼都有时间和经济成本,尤其是涉及广泛公共利益的公益诉讼,其高昂成本有时连社会组织都望而却步,何谈更加势单力薄的公民个人。另外,有些赋予公民起诉资格的英美法系国家还规定了成熟的前置程序,即公民提起公益诉讼之前,必须向相关国家机关举报,要求其制止该不法行为或者提起诉讼。若有关国家机关不作为,公民才可以直接起诉。这也是对个人提起公益诉讼的限制性措施。在我国公益诉讼实践趋向成熟的未来,公民被纳为起诉主体具有一定的必要性,可以考虑借鉴上述诉前程序限制的方式,以增加将公民纳为起诉主体的可行性。

思考题

(1)我国目前公益诉讼的案件范围包括哪些?是否有扩展的可能?如果扩展,将往哪些领域扩展?

(2)简述民事公益诉讼与代表人诉讼的区别。

第二节 消费者公益诉讼

一、消费者保护法概述

(一)消费者运动

消费者与经营者的买卖关系本是由合同法调整的平等主体之间的法律关系。但是,随着工业化和市场经济的发展,消费者与经营者的地位开始失衡。经营者利用资源和信息的优势,通过格式合同、行业垄断等手段减免自己的责任,苛重消费者责任,迫使消费者接受不平等条款。消费者为维护自身权益兴起了一场消费者运动。

国际上的消费者运动起源于19世纪的美国。世界上第一个消费者组织——纽约消费者协会于1891年在纽约成立,开辟了消费者有组织保护自身权益的先河。1899年美国消费者联盟成立,这是首个美国全国性的消费者组织。美国消费者运动的内容涉及了产品的安全、卫生、质量等各个方面。二战以后,各国的消费者组织相继诞生。1960年由美国、英国、荷兰、澳大利亚、比利时五国消费者组织发起,国际消费者联盟组织在海牙成立。

中国的消费者运动始于20世纪80年代。1983年我国第一个消费者组织在河北省新乐市成立。1984年广州市消费者委员会和中国消费者协会相继成立。1987年,中国消费者协会成为国际消费者联盟组织的会员。

消费者运动的兴起也推动了各国消费者保护的立法活动。

(二)消费者保护立法

在经济发展的不同时期,国家保护消费者的政策和立法各有侧重。以美国为例,19世纪末20世纪初,美国政府重点打击不正当竞争和垄断行为,先后颁布了《谢尔曼法》和《克莱顿法》。至 20 世纪 60 年代之前,美国消费者运动热点领域为食品药品领域,同时期的消费者保护立法也侧重于食品药品的安全卫生及产品质量责任,《纯净食品和药品法》《肉类食品卫生法》《肉类检察法》《联邦食品药物及化妆品法案》在这一时期出台。20 世纪 60 年代以后,随着消费者信贷的普及,美国在信贷消费者交易规则领域又有进一步发展,出台了《消费者信贷保护法》和《公平信贷报告法》等法案。21 世纪初,电子商务兴起,《统一电子交易法》和《电子签名法》相继施行。

中国的消费者立法始于改革开放后。改革开放初期,国家经济工作的重心落在发展经济建设上,消费者政策服从于经济发展的需要。随着改革的深入,市场化程度提高,消费者保护问题已经影响到经济的稳定,政府开始关注消费者保护和市场秩序监管。自 1985 年起,《中华人民共和国计量法》《中华人民共和国标准化法》《中华人民共和国产品质量法》《中华人民共和国食品安全法》《中华人民共和国反不正当竞争法》和《中华人民共和国消费者权益保护法》等法律法规先后出台,初步形成了我国消费者权益保护法律体系。

二、消费者及其权利

(一)消费者的定义

我国《消费者权益保护法》第二条规定:"消费者为生活消费需要购买、使用商品或接受服务,其权益受本法保护;本法未作规定的,受其他有关法律、法规保护。"由此可以看出,消费者指为达到个人消费使用目的而购买各种产品与服务的个人或最终产品的个人使用者。消费行为指消费者以生活消费为目的的行为,而经营活动和将购买物再次投入流通赚取差价的行为则不在此列。消费者仅限于自然人。消费者的消费客体则包括商品和服务。

此外,《消费者权益保护法》第六十二条规定:"农民购买、使用直接用于农业生产的生产资料,参照本法执行。"农民购买、使用直接用于农业生产资料的行为受《消费者权益保护法》的同等保护。

(二)消费者的权利

根据《消费者权益保护法》,消费者享有以下权利。

(1)安全权。消费者在购买、使用商品和接受服务时,享有人身和财产安全不受侵害的权利。这要求经营者提供的商品和服务本身安全,且经营者提供的消费场所有必要的安全保障。

(2)知悉权。消费者有权了解其购买、使用的商品或接受的服务的真实情况,有权要求经营者提供"商品的价格、产地、生产者、用途、性能、规格、等级、主要成分、生产日期、有效日期、检验合格证明、使用方法说明书、售后服务,或服务的内容、规格、费用等有关情况"。

(3)选择权。消费者有权自主选择商品与服务,以及提供商品或服务的经营者,在选择过程中有权进行比较、鉴别和挑选。

(4)公平交易权。消费者在购买商品或接受服务时,有权获得质量保障、价格合理、计量正确等公平交易条件。经营者不得强制交易。

(5)索赔权。消费者对其在购买、使用商品或接受服务过程中受到的人身财产损害享有依法获得赔偿的权利。

(6)结社权。消费者享有为维护自身合法权益而依法组织社会团体的权利。

(7)获得有关知识权。消费者享有获得有关消费和消费者权益保护方面的知识的权利。

(8)受尊重权。消费者在购买、使用商品,接受服务时,享有人格尊严、民族风俗习惯受到尊重,个人信息得到保护的权利。

(9)监督权。消费者有权对商品和服务以及消费者权益保护工作进行监督。

三、经营者及其义务

(一)经营者的定义

根据我国《消费者权益保护法》第三条和《反不正当竞争法》第二条的规定,经营者是以营利为目的为消费者提供其生产、销售的产品或者提供服务的自然人、法人和其他非法人组织。

(二)经营者的义务

经营者的义务与消费者权利相对应。《消费者权益保护法》中规定的经营者义务包括以下内容。

(1)依法履行义务,恪守商业道德,保障消费者的合法权益。

(2)听取消费者对其提供的商品或服务的意见,接受消费者监督。

(3)其提供的商品或服务,其经营场所符合保证消费者人身、财产安全的要求;发现有安全隐患的商品或服务,应报告有关部门、告知消费者并采取合理措施。

(4)向消费者提供有关商品或服务的真实信息。

(5)提供经营者的真实名称和标记。

(6)依法出具消费凭证或单据。

(7)提供符合要求的商品或服务。

(8)依法接受退货和换货。

(9)依法使用格式条款。

(10)不得侵犯消费者人格权和人身自由权。

(11)依法收集和使用消费者个人信息。

四、消费者组织

消费者组织是消费者行使结社权的产物,是"依法成立的对商品和服务进行社会监督的保护消费者合法权益的社会组织"。我国《消费者权益保护法》将消费者组织分为两类,即消费者协会和其他消费者组织。

消费者协会基本按照行政区划设置。自上而下有全国性的中国消费者协会,省、自治区、直辖市消费者协会,地级消费者协会等。依照《消费者权益保护法》第三十七条规定,消费者协会履行下列公益性职责:①向消费者提供消费信息和咨询服务,提高消费者维护自身合法权益的能力,引导文明、健康、节约资源和保护环境的消费方式;②参与制定有关消费者权益的法律、法规、规章和强制性标准;③参与有关行政部门对商品和服务的监督、检查;④就有关消费者合法权益的问题,向有关部门反映、查询,提出建议;⑤受理消费者的投诉,并对投诉事项进行调查、调解;⑥投诉事项涉及商品和服务质量问题的,可以委托具备资格的鉴定人鉴定,鉴定人应当告知鉴定意见;⑦就损害消费者合法权益的行为,支持受损害的消费者提起诉讼或者依照本法提起诉讼;⑧对损害消费者合法权益的行为,通过大众传播媒介予以揭露、批评。

依法成立的其他消费者组织依照法律、法规及其章程的规定,开展保护消费者合法权益的活动。

五、消费者公益诉讼实现的途径

消费者公益诉讼是公益诉讼在消费者保护领域的应用。2012年《民事诉讼法》首次规定了消费者公益诉讼制度。2013年《消费者权益保护法》规定对侵害众多消费者权益的行为,中国消费者协会以及省、自治区、直辖市设立的消费者协会可以向人民法院提起诉讼。

《民事诉讼法》和《消费者权益保护法》的相关规定均为原则性规定。为指导实践操作,最高人民法院在2015年《民诉解释》第二百八十四条到第二百九十一条做了更细化的规定。《环境保护法》《消费者权益保护法》等法律规定的机关和有关组织对污染环境、侵害众多消费者合法权益等损害社会公共利益的行为,根据《民事诉讼法》第一百二十二条规定提起公益诉讼,符合下列条件的,人民法院应当受理:①原告是与本案有直接利害关系的公民、法人和其他组织;②有明确的被告;③有具体的诉讼请求和事实、理由;④属于人民法院受理民事诉讼的范围和受诉人民法院管辖。此外,由于公益诉讼案件本质上是侵权案件,《民诉解释》规定公益诉讼案件原则上由侵权行为地或者被告住所地中级人民法院管辖。

2016年《消费公益诉讼解释》开始施行,进一步明晰消费民事公益诉讼的司法实践。该解释放宽了对原告资格的限定,除了中国消费者协会以及省、自治区、直辖市设立的消费者协会,还纳入了法律规定或者全国人大及其常委会授权的机关和社会组织,为2017年《民事诉讼法》新增人民检察院在履行职责中发现食品药品安全领域侵害众多消费者合法行为向人民法院提起公益诉讼进行了铺垫。

关于管辖法院,该解释新增:经最高人民法院批准,高级人民法院可以根据本辖区实际情况,在辖区内确定部分中级人民法院受理第一审消费者民事公益诉讼案件。

该解释还规定了公益诉讼的提起不以发生实际损害为前提,但凡经营者提供的商品或服务"可能危及消费者人身、财产安全",适格主体有权提起诉讼,表明消费者合法权益损害既包括实际损害,也包括损害危险。同时,该解释将消费者民事公益诉讼案件的诉讼请求限定为停止侵害、排除妨碍、消除危险、赔礼道歉等民事责任,并明确了消费者私益诉讼搭公益诉讼"便车"的问题:公益诉讼的审理不影响实际受害人另行提起私益诉讼,私益诉讼的原告请求适用公益诉讼裁判的,法院可以准许,但被告有相反证据足以推翻的除外。此外,该解释第六条和第十四条确立了行政权与司法权的合力互动:法院在受理案件和裁判生效后,分别于立案之日起和裁判生效后 10 日内书面告知相关行政主管部门,并可发出司法建议。这一规定强化了行政权与司法权的衔接,有助于形成对消费市场的合力监管。

思考题

(1)消费公益诉讼实行怎样的举证责任分配制度?

(2)现行法律将检察机关提起公益诉讼的案件来源限定在"履行职责过程中发现",检察机关"履行职责"包括哪些活动? 该界定是否缩小了检察机关提起公益诉讼的案件范围?

第三节　环境公益诉讼

一、环境公益诉讼的理论基础

(一)公共信托理论

公共信托理论产生于罗马法时期。"根据自然法,空气、水、海洋及海岸为全人类共有,为了公共利益和公众利用之目的而通过信托的方式由国王或政府持有。任何人包括国王在内,都无权对共同物和公有物进行排他性占有,侵害社会公众的使用权。"①意指自然资源归全体公民所有,是政府通过信托方式管理和使用的公共财产。至于"那些为维护公共利益而设置的罚金诉讼为民众诉讼,任何市民均有权提出它"②。而后美国法以判例的形式吸收并发展了罗马法的公共信托理论。宾夕法尼亚州宪法宣称该州的自然资源是人民的公共财产,州政府是公共自然资源的受托管理人,基于全体人民的利益来保护和管理这些自然资源。

环境公共信托理论肯定了环境资源的价值归全体人民所有,确认了政府环境资源保护、管理的主体地位,授权个人和团体对发现任何不利于环境公共利益的行为提起诉讼。

(二)"私人检察总长"理论

"私人检察总长"理论是指私人可以基于公共利益,对与其私人利益没有关联的事项提起诉讼,是公共权力与私人权利功能的一种混合。美国联邦最高法院提出:在发现官吏有违法行为时,国会可以授权一个公共官吏例如检察总长,或者制定法律授权私人或私人团体提起诉讼,制止官吏的违法行为。"宪法不禁止国会授权任何人,不论是官吏还是非官吏提起

①　彼得罗·彭梵得.罗马法教科书[M].黄风,译.北京:中国政法大学出版社,1992:92.
②　彼得罗·彭梵得.罗马法教科书[M].黄风,译.北京:中国政法大学出版社,1992:92.

这类争端的诉讼,即使这个诉讼的唯一目的是主张公共利益也可以。得到这样授权的人可以说是一个私人检察总长。"①美国环境法的公民诉讼是"私人检察总长"理论的表现形式之一。"在政府不能勤勉地应对环境违法行为时,授予私人享有私人检察总长的权力,针对违法者提起诉讼。"②1970年美国的《清洁空气法》规定任何人都可以作为私人检察总长对触犯环保法规者提起诉讼。

(三)环境权理论

20世纪六七十年代环境污染日益严重,环境保护运动兴起,环境权这一理念诞生。1970年,美国的萨克斯教授在《为环境辩护》一文中提到环境权是一项具有可诉性的权利。同年3月所发表的《东京宣言》第52页中提出:"我们请求,把每个人享有的健康和福利等不受侵害的环境权和当代人传给后代的遗产应是一种富有自然美的自然资源的权利,作为一种基本人权,在法律体系中确定下来。"1973年在维也纳召开的欧洲环境部长会议上制定的《欧洲自然资源人权草案》将环境权作为一项新的人权加以肯定,同时还认为应将其作为《世界人权宣言》的补充。1972年联合国召开了第一次人类环境会议,113个国家和一些国际机构1300多名代表参加了会议,标志着环境权成为国际社会认同的一项权利。会议普遍接受了环境权的观点,并在会议所发表的《人类环境宣言》中加以明确确认,"人类有权在一种能够过尊严的和福利的生活环境中,享有自由、平等和充足的生活条件的基本权利,并且负有保证和改善这一代和世世代代的环境的庄严责任"③。

在我国,环境权理论被很多学者认为是环境法的核心问题。蔡守秋教授指出,"环境权对于环境保护的立法、执法及具体的管理和诉讼程序上具有基础性作用,它是环境法的一个根本性、中心性的内容"④,并且环境权建立在公众对环境资源共享的基础上,具有公共权利的属性。在环境权理论下,只要环境遭受现实或潜在的损害以致可能低于环境质量标准,就承认公民对环境污染、生态破坏行为的侵害排除请求权。

我国理论界对环境公益诉讼的概念百家争鸣。通说认为"环境公益诉讼制度是指特定的国家机关、相关团体和个人,对有关民事主体或行政机关侵犯环境公共利益的行为向法院提起诉讼,由法院依法追究行为人法律责任的制度"⑤。立法上没有直接对环境公益诉讼进行分类,但事实上采用了环境民事公益诉讼和环境行政公益诉讼的二元分法。

二、环境民事公益诉讼

2017年修订的《民事诉讼法》第五十八条第一款规定,对污染环境、损害众多消费者合

---

① 王名扬.美国行政法[M].北京:中国法制出版社,1995:467-628.
② 杨严炎.环境诉讼:从案例到制度的深层分析[M].北京:法律出版社,2017:34.
③ 余文静.法学视野下的环境权保护研究[EB/OL].[2020-03-16].http://www.law-lib.com/lw/lw_view.asp? no=6299.
④ 蔡守秋.环境权初探[J].中国社会科学,1982(3):30-40.
⑤ 吕忠梅.环境法原理[M].2版.上海:复旦大学出版社,2017:205.

法权益等损害社会公共利益的行为,法律规定的机关和有关组织可以向人民法院提起诉讼。第二款规定了人民检察院可以提起民事公益诉讼的情形,即人民检察院在履行职责中发现破坏生态环境和资源保护、食品药品安全领域侵害众多消费者合法权益等损害社会公共利益的行为,在没有前款规定的机关和组织或者前款规定的机关和组织不提起诉讼的情况下,可以向人民法院提起诉讼。前款规定的机关或者组织提起诉讼的,人民检察院可以支持起诉。2014年《环境保护法》第五十八条规定了对污染环境、破坏生态、损害社会公共利益的行为可以提起环境公益诉讼的主体条件,即依法在设区的市级以上人民政府民政部门登记且专门从事环境保护公益活动的社会组织,且连续五年以上且无违法记录。

因此,我国环境民事公益诉讼的起诉主体包括符合《环境保护法》第五十八条规定的社会组织和《民事诉讼法》第五十八条规定的情形下的人民检察院。

(一)社会组织提起的环境公益诉讼

1.适格原告

我国环境民事公益诉讼原告制度的发展大致可以分为三个时期。2012年《民事诉讼法》施行前,司法实践处于探索阶段。贵州清镇、云南昆明、江苏无锡等地法院以开放的态度受理了一批由林业、环境保护等行政主管部门、检察机关、社会团体为原告提起的环境公益诉讼。其中,2007年贵阳市两湖一库管理局诉贵州天峰化工有限责任公司环境侵权案成为首例环境民事公益诉讼案件①。在这一时期,除了禁止公民个人提起环境民事公益诉讼外,司法实践未对其他主体的原告资格做出限制。

2012年《民事诉讼法》施行后,环境民事公益诉讼原告被限定为"法律规定的机关和有关社会组织"。这一时期司法实践对原告资格进行了极为严格的限制,大量案件因原告不适格而被裁定不予受理或驳回起诉,例如2013年中华环保联合会提起的8起环境公益诉讼案件。

2014年《环境保护法》及2016年《环境公益诉讼解释》出台后,这一严苛的司法导向得以改变。《环境保护法》第五十八条明确了哪些是法律规定的有关组织:①依法在设区的市级以上人民政府民政部门登记;②专门从事环境保护公益活动连续五年以上且无违法记录的社会组织。

截至2017年,全国符合条件的环保社会组织共有700余家,但是真正提起过环境民事公益诉讼的仅有15家,较活跃的是绿发会、北京市朝阳区自然之友环境研究所(以下简称"自然之友")、中华环保联合会和中华环境保护基金会四家机构②。多数社会组织尚无力提起环境公益诉讼,或是缺乏经济支持,或是没有技术能力完成调查、取证、诉讼等过程。

2015年8月13日绿发会向宁夏回族自治区中级人民法院提起腾格里沙漠污染案,称8

---

① 最高人民法院2016年7月发布的《中国环境资源审判》白皮书第13页。
② 王旭光,王展飞.中国环境公益诉讼的新进展[J].法律适用(司法案例),2017(6):6-17.

家企业违法排污造成腾格里沙漠严重污染。绿发会向法院提交了基金会法人登记证书,显示其是在中华人民共和国民政部登记的基金会法人,还提交了五年内未受到行政、刑事处罚的无违法记录声明。绿发会章程规定,其宗旨为"广泛动员全社会关心和支持生物多样性保护和绿色发展事业,保护国家战略资源,促进生态文明建设和人与自然和谐,构建人类美好家园"。一审、二审法院均以绿发会不能认定为《环境保护法》规定的"专门从事环境保护公益活动"的社会组织为由裁定不予受理。绿发会不服向最高人民法院申请再审,最高人民法院撤销一、二审裁定,指令宁夏回族自治区中卫市中级人民法院受理。该案后被最高人民法院确定为指导性案例。

在该案中,最高人民法院对于社会组织是否"专门从事环境保护公益活动"的审查标准,从以下三个方面做了进一步明确:①社会组织的章程虽未载明维护环境公共利益,但社会组织的工作内容属于保护环境要素及生态系统的,应认定符合《环境公益诉讼解释》第四条关于"社会组织章程确定的宗旨和主要业务范围是维护社会公共利益"的规定。②《环境公益诉讼解释》第四条规定的"环境保护公益活动",既包括直接改善生态环境的行为,也包括与环境保护相关的有利于完善环境治理体系、提高环境治理能力、促进全社会形成环境保护广泛共识的活动。③社会组织起诉的事项与其宗旨和业务范围具有对应关系,或者与其所保护的环境要素及生态系统具有一定联系的,应认定符合《环境公益诉讼解释》第四条关于"与其宗旨和业务范围具有关联性"的规定。

根据以上最高人民法院对《环境保护法》第五十八条规定的社会组织资格条件的进一步明确,可以看出司法实践对社会组织诉讼主体资格的认定呈现出从宽倾向,目的是使那些依法运行并且具备维护环境公共利益能力的社会组织能够参与到环境民事公益诉讼中来。

在2015年1月1日自然之友、福建省绿家园环境友好中心诉谢某锦等四人破坏林地民事公益诉讼案中,争议焦点之一在自然之友在提起诉讼时是否具备原告主体资格。

自然之友于2010年6月18日在北京市朝阳区登记成立,从登记之日起至该案起诉之日不满五年。但福建省高级人民法院在二审判决中认定:"自然之友在登记前已经依法从事环境保护公益活动,至提起本案诉讼前从事环境保护公益活动已满五年,且在本案诉讼过程中其登记设立已满五年,并无违法记录。因此,原告自然之友在本案中符合从事环境保护公益活动连续五年以上的主体资格要件。"

福建省高级人民法院将社会组织登记成立之前从事环境保护公益活动的时间计算在内,并且将计算的截止时间延伸至本案一审诉讼过程中,对于原告主体资格从宽认定的意图也十分明显。

2. 管辖法院

关于级别管辖,由于环境民事公益诉讼司法实践尚不成熟,审理与执行难度较大,社会关注度又高,原则上由中级以上人民法院管辖。《环境公益诉讼解释》第六条第一款规定,第一审环境民事公益诉讼案件由污染环境、破坏生态行为发生地、损害结果地或者被告住所地的中级以上人民法院管辖。考虑到一些基层人民法院已经建立了专门的环保法庭,在审理环境民事公益诉讼领域有一定经验,故而《环境公益诉讼解释》第六条第二款还规定,"中级人民法院认为确有必要的,可以在报请高级人民法院批准后,裁定将本院管辖的第一审环境民事诉讼案件交由基层人民法院审理"。此外,考虑到检察机关提起环境民事公益诉讼的情况,《最高人民法院 最高人民检察院关于检察公益诉讼案件适用法律若干问题的解释》第五条规定,市(分、州)人民检察院提起的第一审民事公益诉讼案件,由侵权行为地或者被告住所地中级人民法院管辖;但对于基层人民检察院提起的第一审行政公益诉讼案件,由被诉行政机关所在地基层人民法院管辖。由此可见,我国环境民事公益诉讼的管辖法院层级以中级人民法院为原则,基层人民法院为有效补充。关于地域管辖,《环境公益诉讼解释》规定,由污染环境、破坏生态行为发生地、结果损害地或被告住所地的人民法院管辖。

关于跨行政区划集中管辖,考虑到空气、水等环境因素具有流动性,而环境监管、资源利用却以行政区划为界限,为避免行政权力配置与生态系统割裂,司法解释规定,"经最高人民法院批准,高级人民法院可以根据本辖区环境和生态保护的实际情况,在辖区内确定部分中级人民法院受理第一审环境民事公益诉讼案件"。

3. 举证责任

《环境保护法》第六十四条规定:"因污染环境和破坏生态造成损害的,应当依据《中华人民共和国侵权责任法》(2021年1月1日《民法典》施行的同时废止)的有关规定承担侵权责任。"《民法典》第一千二百三十条规定:"因污染环境、破坏生态发生纠纷,行为人应当就法律规定的不承担责任或者减轻责任的情形及其行为与损害之间不存在因果关系承担举证责任。"原告对损害发生等事实提供初步证据,被告对其行为与损害之间不存在因果关系及其他减免责任事由承担举证责任。

《环境公益诉讼解释》第十三条规定,原告请求被告提供其排放的污染物名称、排放方式、浓度、总量、超标排放情况及防治污染设施的建设和运行情况等环境信息,法律法规、规章规定被告应当持有或者有证据证明被告持有而拒不提供,如果原告主张相关事实不利于被告的,人民法院可以推定该主张成立。

(二)检察机关提起或支持的环境民事公益诉讼

2017年《民事诉讼法》第五十八条第二款规定人民检察院在履行职责中发现破坏生态环境和资源保护、食品药品安全领域侵害众多消费者合法权益等损害社会公共利益的行为,在没有前款规定的机关和组织或者前款规定的机关和组织不提起诉讼的情况下,可以向人民法院提起诉讼。前款规定的机关或者组织提起诉讼的,人民检察院可以支持起诉。

1. 诉前程序

人民检察院办理公益诉讼案件的主要任务是发挥法律监督职能,维护社会公共利益,督促适格主体依法行使公益诉权。2018年3月2日实施的《最高人民法院 最高人民检察院关于检察公益诉讼案件适用法律若干问题的解释》规定,人民检察院拟提起民事公益诉讼的,应依法公告 30 日。公告期满法律规定的机关和有关组织不提起诉讼的,人民检察院可以起诉。

2. 支持起诉

支持起诉制度规定在《民事诉讼法》第十五条:"机关、社会团体、企业事业单位对损害国家、集体或者个人民事权益的行为,可以支持受损害的单位或者个人向人民法院起诉。"但该制度自初设以来,在司法实践中基本上没有得到过适用。民事公益诉讼的出现和发展,给支持起诉重新注入了生机。

在环境民事公益诉讼案件中,公益性社会组织相对于污染环境的企业而言,在资金能力、举证能力等方面都处于弱势,对支持起诉客观上存在需求。最高人民法院在《环境公益诉讼解释》第十一条进一步明确了支持起诉的实现方式:"检察机关、负有环境保护监督管理职责的部门及其他机关、社会组织、企业事业单位依据《民事诉讼法》第十五条的规定,可以通过提供法律咨询、提交书面意见、协助调查取证等方式支持社会组织依法提起环境民事公益诉讼。"

近年来支持起诉在环境民事公益诉讼中得到广泛运用,呈现出以下特点[①]:

第一,支持起诉人被列为诉讼参加人并在裁判文书中予以载明,但支持起诉人的名称尚不统一,裁判文书中可见"支持起诉人""支持起诉机关"或"支持起诉单位"。

第二,支持起诉人的类型包括检察机关、负有环境保护职责的部门及其他机关、社会组织、企业事业单位。实践中多数情况是检察机关作为支持起诉人,还有检察机关从原告转为支持起诉人的情形。在盐城市人民检察院诉扬州市邗江腾达化工厂等水环境污染责任纠纷案中,在绿色发展基金会申请作为共同原告参加诉讼获得许可后,盐城市人民检察院撤回起诉并作为支持起诉人参加诉讼。

中国政法大学环境资源法研究和服务中心也作为支持起诉人参与了多起环境民事公益诉讼案件。该中心是中国政法大学的内设机构,严格来说并不属于司法解释规定的主体类型,但相关法院仍认可其支持起诉人的地位。最高人民法院法官认为:"鉴于支持起诉制度符合环境法的公众参与原则,且为机关、社会组织和企事业单位依法有序介入环境公共事务提供了有效途径,故对于社会组织和企事业单位的范围应做目的性扩张解释,因此将中国政法大学环境资源法研究和服务中心作为支持起诉人参加诉讼并无不当。"[②]

第三,支持起诉方式多样化。检察机关作为支持起诉人,除了提交支持起诉意见书、出庭支持起诉外,还参与过调查取证、获取鉴定意见、与原被告达成调解协议以及监督环境修复资金的使用。

---

① 王旭光,王展飞.中国环境公益诉讼的新进展[J].法律适用,2017(6):6-17.
② 王旭光,王展飞.中国环境公益诉讼的新进展[J].法律适用,2017(6):6-17.

三、环境行政公益诉讼

(一)概况

环境行政公益诉讼是指对生态环境和资源保护负有监督管理职责的行政机关违法行使职权或者不作为,造成国家和社会公共利益受到侵害,法律规定的机关、组织向人民法院提起的行政诉讼①。

2015 年 5 月 5 日,中央全面深化改革领导小组审议通过《检察机关提起公益诉讼改革试点方案》,并授权最高人民检察院在 13 个省(区、市)就生态环境和资源保护、国有土地使用权出让、国有资产保护、食品药品安全等领域开展提起公益诉讼试点。2015 年,试点地区检察机关提起的行政公益诉讼案件中超过 70% 的案件为环境行政公益诉讼案件②。试点期间,检察机关提起的公益诉讼以诉前程序为主,提起诉讼的案件仅占 11% 左右;检察机关提起的环境公益诉讼中,以行政公益诉讼为主,约占 66% 左右;审结的案件中,检察机关胜诉率几近 100%③。

2017 年修订的《行政诉讼法》第二十五条第四款规定:人民检察院在履行职责中发现生态环境和资源保护、食品药品安全、国有财产保护、国有土地使用权出让等领域负有监督管理职责的行政机关违法行使职权或者不作为,致使国家利益或者社会公共利益受到侵害的,应当向行政机关提出检察建议,督促其依法履行职责。行政机关不依法履行职责的,人民检察院依法向人民法院提起诉讼。这一条款奠定了人民检察院是我国唯一有资格提起行政公益诉讼的主体,否定了此前理论探讨行政公益诉讼多元主体的主张。

(二)检察机关主体地位

2015 年《检察机关提起公益诉讼试点方案》中,检察机关是以"公益诉讼人"而非"原告"的身份提起公益诉讼,《最高人民法院 最高人民检察院关于检察公益诉讼案件适用法律若干问题的解释》同样将检察机关提起诉讼的身份确定为"公益诉讼人"。时任最高人民检察院检察长曹建明称,这一称谓,既与检察机关在刑事诉讼中的传统称谓相区分,又保持了内在的一致性④。

关于人民检察院的诉讼权利义务,《最高人民法院 最高人民检察院关于检察公益诉讼案件适用法律若干问题的解释》规定人民检察院提起行政公益诉讼依照《行政诉讼法》享有相应的诉讼权利、履行相应的诉讼义务,法律、司法解释另有规定的除外。人民检察院办理公益诉讼案件,可以向有关行政机关以及其他组织、公民调查收集证据材料;有关行政机关

---

① 吕忠梅.环境法原理[M].2 版.上海:复旦大学出版社,2017:206.

② 刘超.环境行政公益诉讼诉前程序省思[J].法学,2017(1):116-125.

③ 张忠民,陈乾.检察机关试点环境公益诉讼的环境法审视[J].人民司法,2017(13):4-7.

④ 全国人大常委会拟授权最高人民检察院在部分地区开展公益诉讼改革试点[N].法制日报,2015-06-24(1).

以及其他组织、公民应当配合;需要采取证据保全措施的,依照《行政诉讼法》相关规定办理。人民检察院不服人民法院第一审判决、裁定的,可以向上一级人民法院提起上诉。

(三)诉前程序

检察机关提起公益诉讼的诉前程序是现行制度中的法定程序,体现了检察监督谦抑性原则和节约司法资源的理念。当负有环境监督管理职责的行政机关违法行使职权或者不作为,致使环境公共利益受到侵害,检察机关要对其提出检察建议,督促其履行法定职责,此后,检察机关还要对行政机关的整改情况和公共利益的维护情况进行审查,从而决定是结案,还是提起环境行政公益诉讼。

1.审查标准

检察机关在诉前程序中对行政行为的审查兼采行为标准与结果标准①。其结果导向②对行政机关提出了严苛的要求。检察机关往往以环境污染或生态破坏仍然存在而提起环境行政公益诉讼。在公益诉讼人贵州省贞丰县人民检察院诉兴仁县环保局行政不作为案中,因兴仁县环保局对企业环境违法行为存在监管失职,兴仁县人民检察院和贞丰县人民检察院提出检察建议。兴仁县环保局收到检察建议后对相关企业加强环境监管并作出处罚,但贞丰县人民检察院基于生态污染依然存在,于2017年1月提起环境行政公益诉讼。

此案中,被告收到检察建议后积极作为,包括日常监督管理、现场检查、责令停止违法行为、限期改正、处以罚款、向本级政府报告停业或关闭等。但第三人造成的环境损害短时间内依然存在,部分原因超出了行政权作用范围,比如矿山生态恢复缓慢。虽然被告已经依法履行职责,但在结果导向下,公益诉讼人依然提起了环境行政公益诉讼。

2.履职期限

《行政诉讼法》第二十五条第四款仅概括规定行政机关在提起行政公益诉讼前,应当向行政机关提出检察建议,督促其依法履行职责,并没有规定行政机关的履职期限。《检察机关提起公益诉讼试点方案》和《人民检察院提起公益诉讼试点工作实施办法》规定,"行政机关应当在收到检察建议书后1个月内依法办理,并将办理情况及时书面回复人民检察院"。《最高人民法院 最高人民检察院关于检察公益诉讼案件适用法律若干问题的解释》第二十一条第二款将履职期限延展到2个月,并规定出现国家利益或者社会公共利益损害继续扩大等紧急情形的,行政机关应当在15日内书面回复。

基于现实中检察机关对行政行为的审查标准兼采行为标准与结果标准,要求行政机关在诉前程序中的行政行为实质上达到消除环境损害的结果,短时间的履职期限对行政机关

---

① 刘超.环境行政公益诉讼诉前程序省思[J].法学,2017(1):116-125.
② 《最高人民法院关于审理环境公益诉讼案件的工作规范》对"行政机关是否履行法定职责的审查标准"规定,"行政机关虽已作出足以保护社会公共利益的行政行为,但社会公共利益仍处于受侵害状态,检察机关提起环境行政公益诉讼的,应予受理"。

无疑是相当大的考验。实践中有多方面原因制约行政机关在短期内依法履职。

第一，受限于自然条件，要求一两个月内完全消除环境损害的影响几乎不可能实现。例如，在公益诉讼人吉林省集安市人民检察院诉集安市林业局不依法履职案中①，集安市人民检察院在秋季向集安市林业局发出检察建议，督促其依法履行职责，确保被违法毁坏的林地恢复植被。1个月后，集安市人民检察院基于林业局未对补种林木的数量和质量进行验收而提起诉讼。集安市林业局提出，3000株红松的补种工作已经完成，秋季造林应根据规程在次年春季进行验收，由于气候原因未到验收季节，故没有进行验收。类似的情形也出现在公益诉讼人甘肃省陇南市武都区人民检察院诉武都区林业局未依法履行职责案中②。

第二，行政机关履职行为要经过一定的法定程序。行政机关依法履行职责往往涉及对环境违法行为人实施行政强制措施。《中华人民共和国行政强制法》对行政强制措施和行政强制执行规定了细致的实施程序，履行起来往往需要一定时间。在公益诉讼人陕西省安康铁路运输检察院诉汉阴县国土资源局不履行法定职责案中③，公益诉讼人在提出检察建议1个月后，被告还在履行行政执法程序的过程中。

第三，环境执法行为需要多部门配合。我国环境保护立法以单行法为主。这种立法体系特征使得生态环境与资源保护领域的执法权由多个行政部门共同承担，产生环境行政权力碎片化、职能交叉、政出多门的现象④，行政机关的执法行为往往需要多部门配合才能满足检察建议的要求。在公益诉讼人山东省沂南县人民检察院诉沂南县水利局不履行河道采砂监管法定职责案中⑤，检察建议要求水利局查处和禁止所有盗采河砂、破坏环境公益的行为，但是，根据执法权分配和该县政府文件，制止盗采河砂行为、救济环境公益需要由水利、公安、国土、交通等部门联合执法，仅水利部门很难在短期内实现检察建议的要求。

思考题

为什么检察机关在公益诉讼中以公益诉讼人而非原告的身份提起诉讼？

本章重点概念

（1）公益诉讼，指特定的国家机关、组织或个人，根据法律授权，对违反法律法规、侵犯国家利益和社会公共利益的行为向法院提起诉讼，由法院追究违法者法律责任的诉讼制度。

（2）消费者，指以生活消费为目的购买、使用商品或接受服务的自然人。

（3）环境行政公益诉讼，指对生态环境和资源保护负有监督管理职责的行政机关违法行

---

① 吉林省集安市人民法院行政判决书〔2017〕吉0582行初2号。
② 甘肃省康县人民法院行政判决书〔2017〕甘1224行初1号。
③ 安康铁路运输法院行政判决书〔2016〕陕7101行初103号。
④ 冉冉.中国地方环境政治：政策与执行之间的距离[M].北京：中央编译出版社，2015：53.
⑤ 山东省沂南县人民法院行政判决书〔2017〕鲁1321行初16号。

使职权或者不作为,造成国家和社会公共利益受到侵害,法律规定的机关、组织向人民法院提起的行政诉讼。在我国,环境民事公益诉讼的起诉主体是《行政诉讼法》第二十五条规定的情形下的人民检察院。

(4)公益诉讼诉前程序,指检察机关在向人民法院提起民事、行政公益诉讼前,必须履行的告知、督促等前置性程序,具有程序必经性和方式特定性。

(5)支持起诉,指法律规定的机关、社会团体、企业事业单位对损害国家、集体或者个人民事权益的行为,支持受损害的单位或者个人向人民法院起诉。

拓展阅读

[1]汪劲.环境法学[M].北京:北京大学出版社,2014.

[2]杨严炎.环境诉讼:从案例到制度的深层分析[M].北京:法律出版社,2017.

[3]蔡守秋.环境资源法学教程[M].武汉:武汉大学出版社,2000.

[4]冉冉.中国地方环境政治:政策与执行之间的距离[M].北京:中央编译出版社,2015.

[5]吕忠梅.环境法原理[M].2版.上海:复旦大学出版社,2017.

第十三章　法律救助

本章内容概要

本章主要介绍我国的法律救助制度。我们的法律救助主要包括司法救助和法律援助。所谓司法救助,是为诉讼案件当事人提供经济救助,减轻当事人诉讼经济负担的救助方式。而法律援助,是为诉讼案件当事人指派律师,协助诉讼案件当事人有序参与诉讼程序的救助方式。

另外,人民法院、基层组织也通过人民调解、社区矫正等方式为公民提供公共法律服务。

第一节　法律救助概述

2014 年 10 月 23 日,中共十八届四中全会通过《中共中央关于全面推进依法治国若干重大问题的决定》,强调"加强人权司法保障""增强全社会尊重和保障人权意识",而完善法律援助制度和司法救助制度是提升人权司法保障水平的重要举措。

司法领域的人权保障一直以来备受重视。作为保障人民平等诉权的制度,国家大力发展法律援助制度和司法救助制度。1997 年法律援助制度正式确立后,国务院批准民政部登记成立中国法律援助基金会,用于公开募集法律援助资金,为实施法律援助提供物质支持。根据《中国人权法治化保障的新进展》白皮书,自 2000 年首次确立司法救助制度以来,中央和地方财政对于司法救助的投入力度日益增加,2014 年、2015 年、2016 年,分别投入 24.7 亿元、29.4 亿元、26.6 亿元。根据《为人民谋幸福:新中国人权事业发展 70 年》,2013 年至 2018 年,全国法律援助机构共组织办理法律援助案件 778.8 万余件,受援人 847.5 万余人次,提供法律咨询 4526.8 万余人次。截至 2018 年,全国建成 2917 个县(市、区)公共法律服务中心、3.9 万多个乡镇(街道)公共法律服务工作站,为 65 万个村(居)配备法律顾问,各省(自治区、直辖市)均已建成"12348"法律服务热线平台。

早在 2009 年的全国人民代表大会中,就有代表指出,现行制度中法律援助与司法救助制度缺乏衔接,建议制订法律救助法,对救助对象、经费保障等问题做出规定。全国人民代表大会内务司法委员会(以下简称内司委)审议立法议案时肯定了这一提议,表示法律救助包括法律援助和司法救助两个方面。尽管我国法律援助制度基本框架已经确立,但司法救助目前仍在试点阶段,尚有需要协调解决的问题。

其中,司法救助制度主要是向经济确有困难或情况特殊的当事人参与民事、刑事、行政案件诉讼提供经济上的援助,允许当事人缓交、减少、免除交纳诉讼费用的义务,甚至向当事人支付司法救助金,以此鼓励、方便经济确有困难的当事人通过法律手段维护自身权益①。而法律援助制度是指国家建立的为经济困难公民和符合法定条件的其他当事人无偿提供法律咨询、代理、刑事辩护等法律服务②。

司法救助和法律援助都是对资源的再分配。其中,司法救助允许当事人免交、缓交和减交诉讼费用的规定体现了对资金的再分配;法律援助指派律师为当事人提供法律服务,则体现了对于律师资源的再分配。法律救助通过调配市场中分布不均衡的资源,以减少当事人的维权成本,使得维权所需的资源对当事人来说触手可及,从而协助当事人维护自身权益和尊严。司法救助制度与法律援助制度两相并行,构成了我国的法律救助制度,是具有中华人民共和国特色的司法人权保障体系。

思考题

你认为法律救助对人权保障缘何重要?

第二节　司法救助

一、司法救助的定义

我国的司法救助制度特指诉讼过程中,对经济确有困难的当事人给予减、免、缓交诉讼费用和/或发放司法救助金的救济。

"司法救助"这一概念首次在我国相关法律法规中出现并被赋予明确的定义是在最高人民法院 2000 年发布的《最高人民法院关于对经济确有困难的当事人提供司法救助的规定》中。该规定认为,司法救助特指"人民法院对于当事人为维护自己的合法权益,向人民法院提出民事、行政诉讼,但经济确有困难的,实行诉讼费用的缓交、减交、免交"。据此,司法救助的主体是人民法院,范围仅包括民事、行政案件,不包括刑事案件。同时,司法救助仅针对"经济确有困难"当事人的诉讼费用予以减、缓、免交诉讼费用的经济救助,不涉及其他形式的救助。

救济解困和保证诉权是司法救助的本质目的。司法救助制度脱胎于民事诉讼中的诉讼费减交、免交和缓交制度,希望能够缓解当事人的经济困难,保证当事人不至于因无法按时足额交纳诉讼费用而失去诉权③。根据《为人民谋幸福:新中国人权事业发展 70 年》中的数据,2015 年至 2018 年,国家对生活困难当事人发放司法救助款 37.5 亿元。

① 《最高人民法院关于对经济确有困难的当事人提供司法救助的规定》。
② 《中华人民共和国法律援助法》。
③ 何军,秦新举.国家司法救助目的论[J].法律适用,2019(13):43-51.

2014年1月17日,中央政法委、财政部、最高人民法院、最高人民检察院、公安部和司法部六部门联合印发《关于建立完善国家司法救助制度的意见(试行)》,被视为我国司法救助制度的顶层设计文件,标志着中国特色社会主义司法救助制度的初步建成。该意见首次规范了对司法救助的实施主体、对象、条件、程序等问题;将过去零散的、规范程度不一的司法救助系统整合;明确了国家财政对资金保障的主体责任。2016年,最高人民法院发布《最高人民法院关于加强和规范人民法院国家司法救助工作的意见》,拓展了司法救助的内涵范畴,司法救助的手段也从单一地减少、免除和缓交诉讼费,扩展为支付救助金与减少、免除和缓交诉讼费相并行的救助方式。同时,《最高人民法院关于加强和规范人民法院国家司法救助工作的意见》也拓展了司法救助的帮扶对象。除了民事、行政案件当事人外,刑事案件被害人也能够申请司法救助。人民检察院作为刑事案件公诉人,立即着手配合向刑事案件被害人提供司法救助。2016年发布的《人民检察院国家司法救助工作细则(试行)》明确了刑事案件被害人申请司法救助的条件和程序,明确了刑事案件被害人的司法救助形式是以发放司法救助金为主,落实了向刑事案件被害人提供司法救助的工作。

在2016年发布的《最高人民法院关于加强和规范人民法院国家司法救助工作的意见》中,最高人民法院也明确了司法救助以支付救助金为主要方式,并伴以思想疏导、法律援助和其他社会救助方式,但社会救助与司法救助的衔接关系到多部门联动,社会救助的后续保障需要民政部门的配合。在司法系统层面,司法救助总体没有突破经济救助的范畴。

总体而言,我国司法救助制度是以国家财政作为资金保障,以人民法院和人民检察院作为实施主体,以缓交、减交、免交诉讼费用和支付司法救助金为主要方式的司法社会保障体系。

二、司法救助的基本原则

《关于建立完善国家司法救助制度的意见(试行)》提出了司法救助的四项基本原则,即辅助性救助、公正救助、及时救助和属地救助。

(一)辅助性救助

司法救助是对无力通过法律途径维护自身权益的当事人所提供的救助,《关于建立完善国家司法救助制度的意见(试行)》强调了司法救助的补充性和有限性。所谓补充性,是指只有在当事人无法通过其他社会途径取得救助的情况下,才应予以国家救助。国家所提供的司法救助是当事人获得救助的最后手段,是对当事人的补偿,不应当作为一种普遍采取的手段。而有限性是指当事人必须符合一定的条件才能够申请司法救助,且对于同一案件的同一当事人,无论是否多次申请法律救助,都应当只给予一次救助。

(二)公正救助

所谓公正救助,是指要统一司法救助的标准和条件,但也应当同时兼顾当事人和案件的实际情况。

(三)及时救助

对符合救助条件的当事人,办案机关应根据当事人申请或者依据职权及时提供救助。

(四)属地救助

对符合救助条件的当事人,不论其户籍在本地或外地,原则上都由案件管辖地负责救助。在管辖地有重大影响且救助金额较大的国家司法救助案件,上下级法院可以进行联动救助。

三、减、免、缓交诉讼费用

减交、免交和缓交诉讼费是较为常见的司法救助手段,当事人的申请标准由《诉讼费用交纳办法》规定。当事人向人民法院提出申请的,由人民法院当事人和案件的情况审查决定。

(一)申请条件

1.申请减交诉讼费用的条件

符合下列条件的当事人可以申请减少交纳诉讼费用:

(1)因自然灾害等不可抗力造成生活困难,正在接受社会救济,或者家庭生产经营难以为继的;

(2)属于国家规定的优抚、安置对象的;

(3)社会福利机构和救助管理站;

(4)确实需要减交的其他情形。

《诉讼费用交纳办法》还规定,当事人享受减少交纳诉讼费用的司法救助,其减少交纳诉讼费用的比例不得低于30%。人民法院对于当事人减交诉讼费用的决定,应当在法律文书中载明。

2.申请免交诉讼费用的条件

只有自然人可以享受免交诉讼费用这一类的司法救助,法人不得免除交纳诉讼费用的义务。符合下列条件的自然人,可以申请免除交纳诉讼费用:

(1)无固定生活来源的残障人士;

(2)追索赡养费的老人、追索抚养费的未成年人、离婚后追索抚育费的自然人、追索抚恤金的自然人;

(3)享受城市最低生活保障的自然人、农村特困定期救济对象、农村五保供养对象或者领取失业保险金人员、无其他收入的;

(4)因见义勇为或者为保护社会公共利益致使自身合法权益受到损害,本人或者其近亲属请求赔偿或者补偿的;

(5)确需免交诉讼费用的其他情形。

同样,人民法院对于当事人免交诉讼费用的决定也应当在法律文书中载明。

3. 申请缓交诉讼费用的条件

符合下列条件的自然人和法人,可以申请缓交诉讼费用:

(1)在劳动案件中追索社会保险金、经济补偿金的自然人;

(2)在海上事故、交通事故、医疗事故、工伤事故、产品质量事故或者其他人身伤害事故中请求赔偿的被侵权人;

(3)正在接受有关部门法律援助的,符合法律援助标准的当事人;

(4)确实需要缓交的其他情形。

(二)申请程序

当事人申请减交、免交和缓交诉讼费用的,应当在起诉或上诉时向起诉法院或上诉法院的立案庭递交申请材料和证明材料。

应当注意的是,实践中诉讼费用一般在案件立案时交纳,因此《诉讼费用交纳办法》规定,缓交诉讼费用的决定应当由人民法院在立案之前做出。而减少和免除诉讼费用的决定可以在立案时做出,也可以在案件判决时一并做出。

虽然《诉讼费用交纳办法》第五十条规定,人民法院对一方当事人提供司法救助而对方当事人败诉的,诉讼费用由对方当事人承担;对方当事人胜诉的,可以视申请司法救助的当事人的经济情况决定其减交和免交诉讼费用。但司法判决有其复杂性,双方当事人往往不是全然"胜诉"或全然"败诉",也存在双方都需要承担一定比例的责任,因此存在双方都需分担一部分诉讼费用的情况。在这样的情况下,符合司法救助条件的一方,可以减少交纳或免予交纳其所应当负担的部分诉讼费用,其他当事人仍然应当支付自己应当承担的部分诉讼费用。

四、发放司法救助金

发放司法救助金是 2016 年《最高人民法院关于加强和规范人民法院国家司法救助工作的意见》出台后确立的司法救助形式,仅向"生活面临急迫困难"的当事人发放。减少、免除和缓交司法救助金的实施主体只是人民法院,但发放司法救助金的实施主体还包括人民检察院。

根据《人民检察院国家司法救助工作细则(试行)》的规定,司法救助金的金额以办理案件的人民检察院所在省、自治区、直辖市上一年度职工月平均工资为基准确定,一般不超过36 个月的工资总额。损失特别重大、生活特别困难,需要适当突破救助限额的,应当严格审核控制、报批,总额不得超过人民法院依法应当判决的赔偿数额。人民法院发放司法救助金的标准与人民检察院一致。

(一)申请条件

司法救助申请人向人民检察院申请发放司法救助金的,应当符合下列条件之一:

（1）刑事案件被害人受到犯罪侵害致重伤或者严重残疾，因加害人死亡或者没有赔偿能力，无法通过诉讼获得赔偿，造成生活困难的；

（2）刑事案件被害人受到犯罪侵害危及生命，急需救治，无力承担医疗救治费用的；

（3）刑事案件被害人受到犯罪侵害致死，依靠其收入为主要生活来源的近亲属或者其赡养、扶养、抚养的其他人，因加害人死亡或者没有赔偿能力，无法通过诉讼获得赔偿，造成生活困难的；

（4）刑事案件被害人受到犯罪侵害，致使财产遭受重大损失，因加害人死亡或者没有赔偿能力，无法通过诉讼获得赔偿，造成生活困难的；

（5）举报人、证人、鉴定人因向检察机关举报、作证或者接受检察机关委托进行司法鉴定而受到打击报复，致使人身受到伤害或者财产受到重大损失，无法通过诉讼获得赔偿，造成生活困难的；

（6）因道路交通事故等民事侵权行为造成人身伤害，无法通过诉讼获得赔偿，造成生活困难的；

（7）人民检察院根据实际情况，认为需要救助的其他情形。

救助申请人有下列情形的，人民检察院一般不予以救助：

（1）对案件发生有重大过错的；

（2）无正当理由，拒绝配合查明案件事实的；

（3）故意作虚伪陈述或者伪造证据，妨害诉讼的；

（4）在包括审判、执行的诉讼程序中主动放弃民事赔偿请求或者拒绝侵权责任人及其近亲属赔偿的；

（5）生活困难非案件原因所导致的；

（6）已经通过社会救助措施，得到合理补偿、救助的。

人民法院发放司法救助金的审查标准与人民检察院基本一致，但人民法院发放司法救助金的对象相比人民检察院略宽泛一些。在人民检察院的基础上，人民法院还可以向追索赡养费、抚养费、抚育费的当事人和涉诉信访人发放司法救助金。

（二）申请程序

1. 主动告知

人民法院和人民检察院的办案部门在办理案件过程中，发现当事人符合司法救助条件的，均有义务告知当事人可向本院申请国家司法救助。

人民法院在审判过程中的任何一个环节，包括立案、调解、审判、执行过程中，发现当事人情况，认为其符合司法救助条件的，应当告知当事人其有权申请司法救助。在立案环节发现的，应当立即受理当事人申请司法救助的材料；在审判、执行过程中，由审判、执行部门发现情况，进行告知的，在收到司法救助材料后，应当立即将相关材料移送至立案部门进一步处理。

人民检察院的办案部门发现刑事案件被害人受到犯罪侵害危及生命,急需救治,无力承担医疗救治费用的,应当立即告知刑事申诉检察部门。刑事申诉检察部门应当立即审查并报经分管检察长批准,依据救助标准先行救助,救助后应当及时补办相关手续。

2. 申请

救助申请人可以在案件的任何阶段向有关部门申请司法救助。若救助申请人为完全民事行为人的,由当事人自行申请;当事人经过特殊程序宣告为无民事行为能力人或限制民事行为能力人的,可以由其法定代理人代为申请司法救助;当事人及其法定代理人授权其他人代理案件的,其授权委托人也可以申请司法救助。若受不法侵害死亡的刑事被害人的近亲属或者其赡养、扶养、抚养的其他人,以及法定代理人代为提出申请的,需要提供与被害人的社会关系证明。申请人申请国家司法救助的,应当书面提出申请。救助申请人书面申请确有困难的,可以口头提出,人民法院、人民检察院应当制作笔录。

3. 决定

当事人向人民法院申请发放司法救助金的,经法院审理符合司法救助条件,应当正式立案,由人民司法救助委员会在立案之日起 10 个工作日内做出决定。符合救助条件的,人民法院应当发出国家司法救助决定书,加盖人民法院印章,送达申请人。不符合救助条件或者具有不予救助情形的,应当将不予救助的决定及时告知申请人。

当事人向人民检察院申请发放司法救助金的,应当由人民检察院刑事申诉检察部门自受理救助申请之日起 10 个工作日内做出是否予以救助和具体救助金额的决定。经过刑事申诉检察部门审查,认为救助申请符合救助条件的,应当提出给予救助和具体救助金额的审核意见,报分管检察长审批决定。认为不符合救助条件或者具有不予救助的情形的,应当将不予救助的决定告知救助申请人,并做好解释说明工作。

4. 发放救助金

人民法院做出同意救助的决定的,应当在决定做出后 7 个工作日内按照有关部门相关财务规定办理手续,并在收到财政部门拨付的救助金后的 2 个工作日内通知救助申请人领取救助金。人民检察院发放救助金的义务由人民检察院刑事申诉检察部门承担。

一般而言,司法救助的救助金应当一次性发放。有情况特殊的,可以分批发放。人民法院发放司法救助金确有困难的,可以委托民政部门、乡镇人民政府或者街道办事处、村民委员会、申请人所在单位等组织发放救助金。

2018 年 4 月至 8 月底,全国检察机关共救助 4561 人,发放救助金 6079 万余元,被救助人群中的贫困家庭人数共 1935 人[1]。2015—2017 年,全国法院共办理司法救助案件约 12

---

[1] 最高检:检察机关向 4561 人提供司法救助[EB/OL].[2020 - 02 - 25].http://www.gov.cn/xinwen/2018 - 10/05/content_5327969.htm.

万件,共使用司法救助资金 26.7 亿元,案均救助金额 2.2 万余元①。

思考题

你认为司法救助与法律援助制度应当如何衔接?

第三节　法律援助

法律援助制度起源于 15 世纪的英国。悬殊的贫富差距使得法律资源分布不均,有产阶级由于可以负担高额的律师费,而使其个人权益在司法程序中得以主张和保护;无产阶级则因无法负担律师费用,其个人权益在司法程序中往往被忽视。"法律面前人人平等"在阶级分野面前成为一句空话。为解决这一困境,部分律师机构出于人道主义,派出律师免费为无法负担律师费用的个人进行辩护,帮助他们维护合法权利。

19 世纪,欧洲大陆兴起公平审讯权运动(Right to a Fair Trail Movement),"人人有权委任律师"的理念逐渐深入人心,成为各个阶层的共识。如今,公平审讯权(Right to a Fair Trail)已经成为《联合国人权宣言》等人权文件中所认可的基本人权。

许多法学家和社会学家认为,法律援助对于一个公平和谐的社会来说是必需的——它使个人可透过行使自己在经济、社会及文化上的权利寻求公义。联合国贫穷人口法律赋权委员会(Commission on Legal Empowerment of the Poor)和联合国开发计划署在《让法律为每一个人服务》报告中,将"使穷人受到保护并运用法律来推动其在国家和市场中的权利和权益的过程"定义为"法律赋权"②。法律赋权强调通过法律援助、普法教育和免费法律咨询等公益法律服务手段,促进社会公众运用法律来增强自己对自身生活的控制能力。法律援助作为实现社会公众法律赋权的重要工具之一,向无法获得有效法律资源的经济困难公众或特殊案件当事人提供法律咨询和诉讼代理等服务,使得当事人能够使用法律工具,维护自身权益,掌控自身生活,以此达成一种现实的自我成就感。

一、法律援助制度概述

1994 年初,我国司法部首次提出建立法律援助制度的设想并陆续在北京、上海、广州、青岛等城市开始试点。1996 年 1 月,司法部再次提出将建立有中国特色法律援助制度作为全国司法行政工作的重点。同年 6 月,司法部发布《广州、上海、武汉、北京四地区有关法律

---

① 《最高人民法院工作报告(2017)》。

② 贫穷人口法律赋权委员会、联合国开发计划署,让法律为每一个人服务[EB/OL].[2020 - 02 - 27]. https://www. undp. org/content/dam/aplaws/publication/en/publications/democratic-governance/legal-empowerment/reports-of-the-commission-on-legal-empowerment-of-the-poor/making-the-law-work-for-everyone-volume-i-chinese/VolI_CN. pdf.

援助的工作制度》,明确法律援助是一种"法律救济方式",具体是指"由政府组织律师服务机构,专门为本市需要通过法律途径保障自身合法权益而又无力负担聘请律师费用的公民,指派律师为其提供法律帮助的社会保障措施",并将法律援助制度写入1996年的《刑事诉讼法》中,明确了刑事法律援助制度的雏形。

法律援助制度经过多年的试点、改进和梳理逐渐成型。2003年,国务院颁布的《法律援助条例》是我国第一部全国性的法律援助行政法规,标志着我国法律援助制度的初步建立。律师作为法律援助的主要实施主体,其相关规定也陆续出台,2005年修订的《中华人民共和国律师法》(以下简称《律师法》)规定法律援助为律师必须履行的义务。

我国的法律援助制度被认为是"国家以制度化、法律化的形式,为经济困难、残障人群或特殊案件当事人提供免费或减少费用的法律帮助,以实现法律赋予公民的平等权利"[①]。我国法律援助制度的顶层设计是以《刑事诉讼法》和《律师法》两部法律为基础,《法律援助条例》及各地方法律援助条例为制度结构的体系。

(一)法律援助的主体

法律援助的主体分为责任主体、实施主体和受助人。

1.责任主体

根据《法律援助条例》的规定,法律援助的责任主体是政府。县级以上人民政府应当采取积极措施推动法律援助工作,为法律援助提供财政支持,保障法律援助事业与经济、社会协调发展。明确规定法律援助的责任主体是国家、政府。《法律援助条例》出台后,各地方根据本地经济发展水平纷纷制定了地方法律援助条例,在统一规定的基础上适应地方特色,更具灵活性。直至今日,我国法律援助体系由中央至地方分为四级建制。

中央一级机构设置了两个机构,即司法部法律援助中心和中国法律援助基金会。1996年3月,司法部批准成立国家法律援助中心筹备组,以推动全国法律援助试点工作的迅速开展。1996年12月,司法部法律援助中心建成,是中央级别统筹、提供法律援助服务的机构。在资金方面,我国的法律援助资金一方面由民政部、司法部等各部门拨款,一方面由民间自发筹措。中国法律援助基金会是1997年经国务院批准成立并在民政部登记注册的独立非营利法人。中国法律援助基金会在民政部门登记设立,其业务主管单位仍为司法部,主要业务为劝募、筹募和管理法律援助资金,并组织律师开展各类法律援助项目。

就省级地方的机构设置来说,省级地方设立法律援助中心,在业务上接受司法部法律援助中心的指导和监督,主要职能是对所辖区域的法律援助工作进行指导和监督,此外也承担一部分法律援助工作职能。部分省、直辖市也设立了地方法律援助基金会,例如北京

---

① 肖扬.建立和健全法律援助制度是加强社会主义精神文明建设,推动社会进步的实际步骤[M]//法律援助制度比较研究.北京:法律出版社,1997.

市法律援助基金会、广东省法律援助基金会和青海省法律援助基金会等,用于法律援助的地方筹款。

省级以下由地级市成立的法律援助机构,除对辖区内的下级法律援助机构进行指导监督之外,其本身也提供法律援助服务。由于我国法律援助制度的试点多在地级市,地级市一级的法律援助中心也是最早成立的。1995 年 11 月 9 日,中国首家由政府设立的法律援助机构——广州市法律援助中心成立,其成立时间甚至早于司法部法律援助中心。当然,我国也不乏地级市级别的法律援助基金会,如广州市法律援助基金会、南京市法律援助基金会和三亚市法律援助基金会等,进一步满足了地方法律援助的资金需求。

县(区)级地方设立的法律援助机构是四级建制中最基础的法律援助机构,它们以实施法律援助工作为主。暂不具备条件设立专门法律机构的县(区),则由县(区)司法局负责组织当地律师事务所、公证处和基层法律服务机构,进行法律援助工作。

2. 实施主体

法律援助的实施主体主要是律师。狭义的法律援助律师指供职于各地法律援助中心的、取得法律职业资格证书和律师执业资格证书的专业人员。但实践中专职从事法律援助的律师数量并不多。因此,在提到法律援助律师时,并非仅指供职于法律援助中心的公职律师,还包括自愿参与法律援助工作的社会律师和社会组织等社会力量。从广义上来说,从事法律援助工作的社会律师、社会组织、学校等都可视为法律援助实施主体。

随着法律援助外延的不断扩大,越来越多的法律工作者逐渐加入法律援助的实施主体之中。《司法部关于开展法律援助工作的通知》中规定:"法律援助,是指在国家设立的法律援助机构的指导和协调下,律师、公证员、基层法律工作者等法律服务人员为经济困难或特殊案件的当事人给予减免收费提供法律帮助的一项法律制度。"当前,除了律师在民事、刑事、行政诉讼之中为当事人提供与诉讼有关的法律援助服务外,一些公证员也通过为老人提供免费的遗嘱公证等方式履行法律援助义务。

3. 援助对象

法律援助受助人,是指符合法律援助条件,被批准给予法律援助的当事人。只要是中华人民共和国公民皆为法律援助的当然对象。法律援助的条件主要指经济条件,需要参照当地制订的"最低生活保障线"和"失业救济标准"。

许多学者仍然认为法律援助设置的前述标准过高。就民事、行政案件的法律援助条件来说,所谓"经济困难",是由省、自治区、直辖市人民政府根据本行政区经济发展状况和法律援助的需要而确定的。大部分地区将是否享受最低生活保障作为能否获得法律援助的标准,但现有条件下,各地最低生活保障标准普遍不高。以北京市为例,2020 年北京市最低生活保障标准为家庭月人均 1170 元[①],而案件的代理费用多以 3000 元为起点,根据诉讼标的

---

① 《北京市民政局 北京市财政局关于调整本市最低生活保障标准的通知》。

额呈比例递增,相关公证费、司法鉴定费、诉讼费、执行费等费用也很昂贵。因此收入超出低保标准的人并不一定就能够负担律师费用和诉讼费用,而现实中"因案致贫"的家庭也不在少数。就刑事案件来说,在对于残障人士的法律援助条件就相对狭窄。我国残障分为七类,除了盲、聋、哑外,还有心智障碍、精神障碍、肢体障碍及多重障碍,而这些人群却被排除在法律援助之外。

2019年中共中央办公厅、国务院办公厅发布《中共中央办公厅 国务院办公厅关于加快推进公共法律服务体系建设的意见》,提出"降低法律援助门槛,扩大法律援助范围"的要求。一方面,通过进一步放宽经济困难标准,法律援助覆盖人群逐步从"最低生活保障线"拓展至广义的低收入群体;另一方面,在《残疾人保障法》《妇女权益保障法》和《老年人权益保障法》等相关法律法规中将残障人士、妇女、老年人等人群纳入法律援助受助人的范围。但综合来看,法律援助相关法律法规还应当继续拓宽法律援助范围,可将农民工、青少年、单亲困难群体等特殊群体和军人军属、退役军人及其他优抚对象作为公共法律服务的重点对象纳入,以保障特殊群体的基本公共法律服务权益。

(二)法律援助制度的性质及现状

学界对于法律援助的性质众说纷纭,莫衷一是。有学者认为法律援助具有民间公益慈善性,是律师、公证员自下而上开展的志愿服务,属于"半自治社会领域"[①];也有人认为法律援助是一种社会保障制度,即法律援助是由政府自上而下推行的制度,为保障社会公众的诉权。

事实上,这两种观点并不矛盾,只是从不同的角度出发解读了法律援助制度的性质。将法律援助制度视为民间公益慈善的,主要参考了法律援助的起源,即法律援助是由私人律师出于人道主义精神和慈善而执行,向缺乏律师资源的阶层提供法律服务,向无产阶级无偿提供法律服务。认为法律援助是社会保障制度的,其着眼点则在于我国法律援助的现状。我国当前的法律援助是由政府主导推行的,政府提供资金支持,政府承担相应责任。基层法律援助工作者,包括司法局、律师、公证员基于政府的要求来完成法律援助任务,为无法承担相关费用的个人提供法律服务。

总体来说,法律援助是具有多重性质的。它既有社会保障性,又有民间公益性,是社会各界共同参与的一项制度。

截至2017年中期,全国已有超过90%的地方将法律援助业务经费纳入财政预算,24个省(区、市)设立了省级法律援助专项资金。全国共设立法律援助机构3200多个,法律援助工作站总数达7.1万余个,全国共有法律援助机构人员和管理人员1.4万余人。除西藏外,全国各省、自治区、直辖市均已实现看守所法律援助工作站全覆盖。2017年以来,各地法律援助值班律师共为犯罪嫌疑人、被告人解答咨询26.4万余人次,转交法律援助申请约3.6万件。

---

① 李婉琳.基层法律援助的困境及其理念重塑[J].思想战线,2017,43(3):141-146.

二、民事、行政案件中的法律援助

（一）援助对象条件

截至 2020 年，虽然民事和行政案件法律援助的受助人条件尚未统一性放宽，仍然仅针对经济困难群体提供法律援助，即家庭人均月收入低于本市城乡低收入家庭人均可支配收入标准，但有些地方已经开始尝试逐步放宽受助人的标准。例如上海市就规定以下情况免于审查家庭经济状况：残疾人且无固定生活来源的；在社会福利机构中由政府出资供养或由慈善机构出资供养的；义务兵、供给制学员及军属，执行作战、重大非战争军事行动任务的军人及军属，烈士、因公牺牲军人、病故军人遗属，享受国家抚恤补助的老复员军人、伤残军人；农民工请求支付劳动报酬、工伤赔偿的；因见义勇为行为请求赔偿的①。

（二）援助案件范围

事实上，并非所有民事和行政案件都可以申请法律援助。许多案件中，即便当事人满足"经济困难"这一条件，也无法申请法律援助。根据规定，只有在下列民事和行政类案件中，因经济困难而无法委托律师的当事人才能够申请法律援助。

(1)依法请求国家赔偿的；

(2)请求给予社会保险待遇或者最低生活保障待遇的；

(3)请求发给抚恤金、救济金的；

(4)请求给付赡养费、抚养费、扶养费的；

(5)请求支付劳动报酬的；

(6)主张因见义勇为行为产生的民事权益的。

虽然《法律援助条例》对案件范围并没有放宽，但各地根据本地情况，已经在逐步拓宽受理案件的范围。例如，《安徽省法律援助条例》中规定，如果出现以下情况，可以申请法律援助：经济困难的当事人遭受家庭暴力、虐待、遗弃主张民事权利的；因使用假劣农药、种子、化肥等农业生产资料造成农业生产损失的；与交通、工伤、医疗、食品药品安全、环境污染、产品质量等相关的人身损害、财产损失的；因农村土地承包经营权及其流转中合法权益受到侵害而主张民事权益的②。

（三）申请程序

当事人可以通过向法律援助机构申请获得法律援助。本书内容以《法律援助条例》为准。各地法律援助申请程序虽总体参照《法律援助条例》，但会因各地法律援助机构的要求而略有不同之处。

---

① 《上海市人民政府关于调整法律援助对象经济困难标准和扩大法律援助事项范围的通知》（沪府发〔2011〕73 号）。

② 《安徽省法律援助条例》（2016 修订）。

1. 申请

申请民事和行政类型案件法律援助的,一般向即将受理本案的法院所在地的法律援助机构申请,申请时应当提交下列文件。

(1)法律援助申请表。

(2)申请人的身份证明(原件和复印件)。

(3)申请人的家庭经济状况证明(由申请人户籍所在地或者居住地的街道办事处、乡镇人民政府出具,并加盖出证机关印章。经济困难证明应当包括本人的劳动能力、就业状况以及家庭成员、家庭月/年人均收入、家庭财产等内容)。

(4)与申请事项有关的案件材料。

另外,如果因申请人因未成年人身份、行动不便等原因,需要由他人代为申请的,还要提供代理人的身份证明以及有代理权的证明。

2. 审查

法律援助机构收到法律援助申请后,应当进行审查;认为申请人提交的证件、证明材料不齐全的,可以要求申请人做出必要的补充或者说明,申请人未按要求做出补充或者说明的,视为撤销申请;认为申请人提交的证件、证明材料需要查证的,由法律援助机构向有关机关、单位查证。

对符合法律援助条件的,法律援助机构应当及时决定提供法律援助;对不符合法律援助条件的,应当书面告知申请人理由。申请人对法律援助机构做出的不符合法律援助条件的通知有异议的,可以向确定该法律援助机构的司法行政部门提出,司法行政部门应当在收到异议之日起5个工作日内进行审查,经审查认为申请人符合法律援助条件的,应当以书面形式责令法律援助机构及时对该申请人提供法律援助。

3. 实施

除刑事案件,其他案件中的辩护人由法律援助机构指定。法律援助机构可以指派律师事务所安排律师或者安排本机构的工作人员办理法律援助案件,也可以根据其他社会组织的要求,安排其所属人员办理法律援助案件。

4. 终止

对于同一民事和行政案件,法律援助中心指派的律师应当要"一助到底"。若律师无正当理由拒绝接受或擅自终止法律援助案件的,将受到来自律师协会、司法局的处罚。

但这并不代表法律援助案件不能终止。若法律援助对象经济收入发生变化的,法律援助对象自行委托律师或其他代理人的,或者法律援助对象要求终止法律援助的,法律援助律师可以终止代理法律援助案件。

受指派办理法律援助案件的律师或者接受安排办理法律援助案件的社会组织人员在案件结案时,应当向法律援助机构提交有关的法律文书副本或者复印件,以及结案报告等材料。法律援助机构收到前款规定的结案材料后,应当向受指派办理法律援助案件的律师或者接受安排办理法律援助案件的社会组织人员支付法律援助办案补贴。

(四)律师提供日常法律援助

各地法律援助中心为协助人们规避诉讼风险,节约司法资源,聘请律师在法律援助中心窗口、热线电话或工作站中值班,负责为来访群众提供免费法律咨询。这是法律援助中心向民众提供的日常法律援助服务,即"律师值班"服务。

提供日常法律服务的律师往往不是法律援助律师,而是由本地司法局协调本地律师协会安排的社会律师。过去,律师值班往往是在本地法律援助中心或人民法院的法律工作站坐班,与当事人面对面沟通法律问题。但法律援助中心地方有限,一次能够安排的律师不多。一名律师一天中能够接待的当事人数量也很有限,七八位已是极限。随着技术的进步,律师可以通过电话或者网络值班,法律援助中心一天内可以安排多名律师远程值班,记录当事人情况后加以汇总,大大提高了法律援助中心的接待量。

与法律援助服务不同,社会律师在值班时,并不直接提供代写文书和代理案件等服务,服务仅限于解答当事人的疑问。如果当事人希望委托值班的律师担任自己法律顾问或代理人,可以与该律师正式建立委托关系,委托该律师代理。

三、刑事案件法律援助

(一)援助对象和援助范围

1996 的《刑事诉讼法》首次确立了刑事案件中的法律援助制度。该法第三十五条规定,犯罪嫌疑人、被告人因经济困难或者其他原因没有委托辩护人的,本人及其近亲属可以向法律援助机构提出申请。对符合法律援助条件的,法律援助机构应当指派律师为其提供辩护。作为我国立法史上首次以法律的形式对法律援助做出规定的立法,1996 年的《刑事诉讼法》所规定的法律援助对象很简单,只规定了人民法院可以为以下三类当事人指定辩护人:被告人是视力障碍者、听力障碍者、说话困难者,被告人是未成年人,被告人可能被判处死刑的。

1998 年颁布的《最高人民法院关于执行〈中华人民共和国刑事诉讼法〉若干问题的解释》第三十七条进一步规定了人民法院可以指定辩护人的七种情况:

(1)符合当地政府规定的经济困难标准的;

(2)本人确无经济来源,其家庭经济状况无法查明的;

(3)本人确无经济来源,其家属经多次劝说仍不愿为其承担辩护律师费用的;

(4)共同犯罪案件中,其他被告人已委托辩护人的;

(5)具有外国国籍的;

(6)案件有重大社会影响的;

(7)人民法院认为起诉意见和移送的案件证据材料可能影响正确定罪量刑的。

《法律援助条例》的出台大大拓展了法律援助制度在刑事案件中的运用,刑事案件当事

人只要符合下列条件的刑事案件当事人,都可以申请法律援助:

(1)犯罪嫌疑人在被侦查机关第一次讯问后或者采取强制措施之日起,因经济困难没有聘请律师的;

(2)公诉案件中的被害人及其法定代理人或者近亲属,自案件移送审查起诉之日起,因经济困难没有委托诉讼代理人的;

(3)自诉案件的自诉人及其法定代理人,自案件被人民法院受理之日起,因经济困难没有委托诉讼代理人的。

2017 年,最高人民法院、司法部发布《关于扩大刑事案件律师辩护全覆盖试点范围的通知》,使我国司法人权保障体系更趋完善。该文件要求,自 2017 年 10 月起,北京、上海、浙江、安徽、河南、广东、四川和山西试点刑事案件律师辩护全覆盖,并要求其他省、市、自治区自 2019 年 1 月开始正式启动试点。根据其要求,刑事案件当事人有下列情况的,无论经济是否困难,都可以申请法律援助,指派辩护人。

(1)犯罪嫌疑人在侦查期间没有辩护人的;

(2)犯罪嫌疑人在被侦查机关讯问或者采取强制措施,但没有辩护人的;

(3)犯罪嫌疑人暂予监外执行的;

(4)所有适用普通程序审理的一审案件、二审案件以及按照审判监督程序审理的案件。

另外,适用简易程序和速裁程序审理的案件,如果被告人没有辩护人,人民法院应当通知法律援助机构派驻的值班律师为其提供法律帮助。

(二)申请程序

被告人或犯罪嫌疑人可以自行申请法律援助,也可以由公安机关、检察院或是法院要求法律援助中心提供法律援助。

被告人或犯罪嫌疑人自行申请法律援助的,应当向最终审理案件的法院所在地的法律援助中心提出。人身受到限制的犯罪嫌疑人、被告人、服刑人员和强制隔离戒毒人员自行申请法律援助的,由人民法院、人民检察院、公安机关或者所在的监狱、看守所、强制隔离戒毒所在 24 小时内转交法律援助机构,申请法律援助所需提交的有关证件、证明材料由看守所通知申请人的法定代理人或者近亲属协助提供。

公安机关、检察院认为有必要为犯罪嫌疑人或被告人提供法律援助的,应向最终审理本案的法院所在地的法律援助机构发出提供法律援助通知书或是指定辩护通知书,由该法律援助机构统一受理后指派律师提供法律援助。

刑事案件律师辩护全覆盖试点工作开展后,若法院发现被告人具有应当通知辩护的情形但没有委托辩护人的,法院应当自受理案件之日起 3 日内,告知被告人有权委托辩护并获得值班律师的法律帮助。如果不委托辩护人的,法院应当向其所在地的法律援助机构发出通知辩护公函以及本案起诉书、判决书、抗诉书、申诉立案通知书副本。法律援助机构自收到通知辩护公函后 3 日内,应当指派法律援助律师,并函告法院。

与民事和行政法律援助一样,刑事法律援助案件也要求律师"一助到底"。除非法律援助对象自行委托律师或其他代理人,或者法律援助对象要求终止法律援助。若法律援助对象要求终止法律援助,人民法院和人民检察院应当书面通知法律援助机构另行指派律师为其提供辩护。

(三)值班律师

自认罪认罚从宽制度改革落实以来,最高人民法院、司法部等部门颁布的多部司法解释性文件均要求建立法律援助值班律师制度。在某种意义上,值班律师制度已经成为认罪认罚从宽制度改革的基础性配套措施之一①。《关于在部分地区开展刑事案件速裁程序试点工作的办法》是我国第一个涉及值班律师制度的文件,也是认罪认罚制度改革落实的文件。该文件提出:刑事速裁程序仅针对犯罪事实清楚,犯罪嫌疑人或被告人对犯罪事实、量刑建议无异议,且可能判处一年以下有期徒刑、拘役、管制的案件,或依法单处罚金的案件。速裁程序中,犯罪嫌疑人、被告人有权获得法律帮助,并应当"建立法律援助值班律师制度,法律援助机构在人民法院、看守所派驻法律援助值班律师"。

值班律师与法律援助律师是有所区别的。值班律师提供的是法律帮助,而非法律援助。《关于开展法律援助值班律师工作的意见》中进一步阐明了值班律师的权利和工作职责,包括以下内容:

(1)解答法律咨询;

(2)引导;

(3)帮助犯罪嫌疑人、刑事被告人及其近亲属申请法律援助,转交申请材料;

(4)对刑讯逼供、非法取证情形代理申诉、控告;

(5)承办法律援助机构交办的其他任务。

值班律师虽有会见权和阅卷权,但值班律师并非被告人或犯罪嫌疑人的代理人,不能提供出庭辩护服务。若需律师出庭辩护,符合法律援助条件的犯罪嫌疑人或被告人可以依申请或通知由法律援助机构为其指派律师提供辩护。换而言之,犯罪嫌疑人或被告人可以同时获得值班律师的帮助和法律援助律师的代理服务。

对于被羁押的犯罪嫌疑人或被告人,可以在不同诉讼阶段由派驻看守所的同一值班律师提供法律帮助。对于未被羁押的犯罪嫌疑人或被告人,前一诉讼阶段的值班律师可以在后续诉讼阶段继续为其提供法律帮助。

可见,不同于民事和行政案件中"律师值班"服务,刑事案件中的"值班律师"制度的主要目的是为进入刑事诉讼程序的犯罪嫌疑人或者被告人提供即时和初步的服务,填补刑事案件被告人或犯罪嫌疑人在未能被指派辩护人或委托律师之前的法律服务空档,以较少的司法资源投入让更多的个人获得初步的基础性法律服务。

---

① 中国政法大学刑事法律援助研究中心.中国法律援助发展研究报告(2017)[EB/OL].[2019-06-25].http://www.moj.gov.cn/Directly_subordinate_unit/content/2019-06/25/888_3226583.html.

（四）公设辩护人制度的设想

在刑事案件律师辩护全覆盖试点出台前，我国刑事案件辩护比例长期处于一个很低的范畴，一度不足 30％，有些省市甚至只有 12％[①]。许多学者认为，一方面是因为律师数量稀少，而案件众多，所以刑事律师的数量不足以满足刑事案件的需求；另一方面，法律援助资金有限，很难负担刑事辩护全覆盖的费用。

在刑事案件律师辩护全覆盖试点出台后，刑事律师数量不足和法律援助资金有限的问题依然存在。因此，不少法律援助中心已经开始招聘取得律师资格的专业人士，担任职业法律援助律师。这些受聘于公职部门专门从事法律援助的律师，在我国尚被称为"刑事案件法律援助律师"，但在英美等国家，这些律师被称为"公设辩护人"。基于现状，有学者、专家希望能够借鉴英美法系国家的"公设辩护人"制度，丰富我们刑事法律援助的形式，以此增加我国刑事辩护覆盖率。

"公设辩护人"制度的理论基础是法律援助的社会救助性，即法律援助本质是政府责任。在 1963 年 Gideon 案之前，美国的法律援助也是依靠社会律师的公益慈善行为和微少的政府补贴。但 Gideon 案之后，美国最高法院要求州法院保障被告人或犯罪嫌疑人获得律师辩护的权利。如果被告人或犯罪嫌疑人因为经济原因无力聘请律师，那么政府应当为其提供法律援助。面对法律援助的需求大量增长，原本以政府少量补贴和社会律师志愿服务为实施基础的法律援助制度已经不能满足司法需求。有学者认为，为贫困者提供法律援助应当是政府的责任，而现实中面对少之又少的法律援助补贴，政府将这一责任完全甩给了律师，这一推卸责任的做法并没有任何的正当性。因此，Gideon 案后，美国各地区纷纷招募具有律师资格的个人，授予其政府工作人员的职位和待遇，其职责就是为经济困难的犯罪嫌疑人或被告人提供法律辩护。

法律援助制度无法应对大量的法律援助需求其实也是我国刑事辩护率长期提升较慢的主要原因之一。刑事案件律师辩护全覆盖制度实行后，若依靠社会律师和不高的政府补贴开展法律援助，则法律援助资源远远不能满足需求，而被告人或犯罪嫌疑人的合法权益就无法得到充分保证，法律援助制度作为政府责任的制度优越性亦无法体现。

与自负盈亏的社会律师不同，公设辩护人是公务员，由政府支付固定的薪水，为犯罪嫌疑人或被告人提供法律服务。案件的数量对其收入不产生实质性的影响，犯罪嫌疑人或被告人无需向律师支付报酬。这使得公设辩护人的工作有很强的公职性，也保证了公设辩护人不会因为被告人或犯罪嫌疑人所支付律师费用的高低而厚此薄彼，使得法律援助服务更加公平。

四、社会力量参与法律援助

除了政府和律师之外，许多社会力量也参与了法律援助。中国法律援助基金会作为具

① 熊秋红.刑事辩护的规范体系及其运行环境[J].政法论坛,2012(9):47-58.

有政府背景的非营利组织,虽然其设立初衷是为法律援助募集资金,但随着不断发展,它也开始采用其他方式推进法律援助,如开展项目和设立专项基金等。其中的中央彩票公益金法律援助项目是中国法律援助基金会较早开展的项目,由中国法律援助基金会受财政部、司法部委托开展。该项目的援助对象主要是农民、残障人士、老年人、妇女和未成年人,相比原本的法律援助门槛,中央彩票公益金法律援助项目事实上降低了援助对象的条件,以此应对弱势群体的低收入和市场化的法律服务之间的矛盾。

除了司法行政系统的法律援助组织外,民间社会团体、高等院校也成立了为数不少的法律援助机构。中华全国总工会、中华全国妇女联合会和中国残疾人联合会等社会团体都有一整套自上而下的组织体系,各级都设有独立机构、人员和资金。许多高校也组织了法律援助中心,由教师带领学生开展法律援助工作,提供法律援助服务。还有的法律类公益性社会组织,通过聘请律师志愿者的方式来提供针对各类不同人群的法律援助。

思考题

公职辩护人作为在政府部门任职的辩护人,在代理案件时是否存在利益冲突? 如有,你认为如何才能规避公职辩护人的利益冲突?

第四节 公共法律服务

一、人民调解

依据《中华人民共和国人民调解法》(以下简称《人民调解法》),人民调解是指人民调解委员会通过说服、疏导等方法,促使当事人在平等协商基础上自愿达成调解协议,解决民间纠纷的活动。

国务院司法行政部门,即中华人民共和国司法部负责指导全国的人民调解工作,县级以上地方人民政府司法行政部门,即地方司法局负责指导本行政区域的人民调解工作。就基层业务指导而言,基层人民法院对人民调解委员会调解民间纠纷进行业务指导。

(一)人民调解委员会及相关规定

人民调解委员会并非司法机构,而是基层群众性组织。以居民区为单位,由村民委员会和居民委员会设立人民调解委员会;以工作单位为基础单位,企业事业单位根据需要设立人民调解委员会。村民委员会、居民委员会和有必要设立人民调解委员会的企业事业单位设立人民调解委员会的,村民委员会、居民委员会及企业事业单位应当为人民调解委员会开展工作提供办公设施和必要的工作经费。

人民调解委员会由委员 3~9 人组成,设主任 1 人,必要时,可以设副主任若干人。一般地区的人民调解委员会应当有妇女成员,多民族居住地区的人民调解委员会应当有少数民族的成员加入。村民委员会和居民委员会的人民调解委员会委员由村民会议或者村民代表会议、居民会议推选产生；企业事业单位设立的人民调解委员会委员由职工大会、职工代表大会或者工会组织推选产生。人民调解委员会委员每届任期 3 年，可以连选连任。

人民调解通过人民调解委员会实施。人民调解委员会应当自行建立健全各项调解工作制度，听取群众意见，接受群众监督。县级人民政府司法行政部门应当对本行政区域内人民调解委员会的设立情况进行统计，并且将人民调解委员会以及人员组成和调整情况及时通报所在地基层人民法院。基层人民法院应当通过当地司法行政部门了解所在地人民调解委员会的设立情况，并对人民调解委员会的运行、调解工作以及工作制度提出业务指导。

（二）人民调解员

人民调解员是人民调解委员会委员或是人民调解委员会正式聘任的人员。人民调解委员会委员及其正式聘任的人员应当是公道正派，热心人民调解工作，并具有一定文化水平、政策水平和法律知识的成年公民。县级人民政府司法行政部门应当定期对人民调解员进行业务培训。

人民调解委员会调解民间纠纷不收取任何费用，且应当遵循三条原则：

(1)在当事人自愿、平等的基础上进行调解；

(2)不违背法律、法规和国家政策；

(3)尊重当事人的权利，不得因调解而阻止当事人依法通过仲裁、行政、司法等途径维护自己的权利。

（三）调解程序

当事人可以向人民调解委员会申请调解，人民调解委员会也可以主动调解。但当事人一方明确拒绝调解的，不得调解。基层人民法院、公安机关对适宜通过人民调解方式解决的纠纷，可以在受理前告知当事人向人民调解委员会申请调解。

人民调解委员会根据调解纠纷的需要，可以指定一名或者数名人民调解员进行调解，也可以由当事人选择一名或者数名人民调解员进行调解。人民调解员根据调解纠纷的需要，在征得当事人的同意后，可以邀请当事人的亲属、邻里、同事等参与调解，也可以邀请具有专门知识、特定经验的人员或者有关社会组织的人员参与调解。

人民调解员调解民间纠纷，应当及时、就地进行，防止矛盾激化。

人民调解员根据纠纷的不同情况，可以采取多种方式调解民间纠纷，充分听取当事人的陈述，讲解有关法律、法规和国家政策，耐心疏导，在当事人平等协商、互谅互让的基础上提出纠纷解决方案，帮助当事人自愿达成调解协议。

人民调解员在调解纠纷过程中，发现纠纷有可能激化的，应当采取有针对性的预防措施；对有可能引起治安案件、刑事案件的纠纷，应当及时向当地公安机关或者其他有关部门报告。

人民调解员调解纠纷，调解不成的，应当终止调解，并依据有关法律、法规的规定，告知当事人可以依法通过仲裁、行政、司法等途径维护自己的权利。

人民调解员应当记录调解情况。人民调解委员会应当建立调解工作档案,将调解登记、调解工作记录、调解协议书等材料立卷归档。

(四)调解协议

经人民调解委员会调解达成调解协议的,可以制作调解协议书。当事人认为无需制作调解协议书的,可以采取口头协议方式,人民调解员应当记录协议内容。

调解协议书可以载明下列事项:

(1)当事人的基本情况;

(2)纠纷的主要事实、争议事项以及各方当事人的责任;

(3)当事人达成调解协议的内容,履行的方式、期限。

不同类型的协议有不同的起效日期。书面调解协议书自各方当事人签名、盖章或者按指印,人民调解员签名并加盖人民调解委员会印章之日起生效。调解协议书由当事人各执一份,人民调解委员会留存一份。口头调解协议自各方当事人达成协议之日起生效。

经人民调解委员会调解达成的调解协议,具有法律约束力,当事人应当按照约定履行。人民调解委员会应当对调解协议的履行情况进行监督,督促当事人履行约定的义务。

经人民调解委员会调解达成调解协议后,若当事人之间就调解协议的履行或者调解协议的内容发生争议的,一方当事人可以向人民法院提起诉讼;若双方当事人认为有必要的,可以自调解协议生效之日起30日内共同向人民法院申请司法确认。

人民法院应当及时对调解协议进行审查,依法确认调解协议的效力。如果人民法院依法确认调解协议有效,一方当事人拒绝履行或者未全部履行的,对方当事人可以向人民法院申请强制执行。相反,如果人民法院依法确认调解协议无效的,当事人可以通过人民调解方式变更原调解协议或者达成新的调解协议,也可以向人民法院提起诉讼。

(五)人民调解在实践中的运用

人民调解在化解纠纷方面起了重要作用,国家鼓励和支持人民调解工作。《人民调解法》规定,县级以上地方人民政府对人民调解工作所需经费应当给予必要的支持和保障,对有突出贡献的人民调解委员会和人民调解员按照国家规定给予表彰奖励。

2018年4月27日,时任司法部副部长在新闻发布会上表示,全国人民调解组织每年调解各类矛盾纠纷达900万件左右,调解成功率在96%以上。依据中国司法部统计,截至2017年底,全国共有人民调解委员会约76.6万个,村(社区)人民调解委员会约65.7万个,人民调解员约366.9万人,其中专职调解员约49.7万人[①]。人民调解涉及案件的范围很广,根据现有人民调解案例,人民调解结案案件涵盖婚姻家庭纠纷、经济合同纠纷、土地承包纠纷、征地拆迁纠纷、消费者权益纠纷、劳动纠纷、交通赔偿纠纷、业务纠纷、医疗纠纷等。

---

① 司法部:全国人民调解组织每年调解各类矛盾纠纷逾900万件(2017)[EB/OL].[2020-03-23]. http://www.xinhuanet.com/legal/2018-04/27/c_1122753000.htm.

随着社会经济的发展,日常生活中的纠纷区域多样。面临日趋专业的医疗纠纷、消费者权益纠纷、产品质量纠纷、业务纠纷等内容,仅有常识储备已经不足以应对人民群众和市场经济对于人民调解的专业性需求。

由中华全国人民调解员协会出台的,2019年3月1日起正式实施的《医疗纠纷人民调解指引(试行)》是我国第一部有关人民调解案件的专项指引。该指引就医患双方因诊疗活动引发的争议提出调解制度。该指引要求成立"医疗纠纷人民调解委员会",就当事人之间存在的医疗纠纷进行免费调解。该指引提出,医疗纠纷人民调解员可以是兼职,也可以是专职,但必须具备大专以上学历,具备法学、医学、心理学等专业知识,并经过司法行政部门培训,由省级人民调解员协会颁发证书,才能持证上岗。这是我国人民调解员和人民调解制度走向专业化的一步。

二、社区矫正

社区矫正(community correction)是与监禁矫正相对的行刑方式,是指将符合社区矫正条件的罪犯置于社区内,有专门的国家机关在相关社会团体和民间组织以及社会志愿者的协助下,在判决、裁决或决定确定的期限内,矫正其犯罪心理和行为恶习,并促进其顺利回归社会的非监禁刑罚执行活动①。

社区矫正的实施意义在于降低司法成本,以一种更为人道的方式帮助罪行较轻、主观恶性较小、适用社区矫正的罪犯改过自行,并在服刑后更好地融入社会。所谓适用社区矫正的罪犯,主要包括被判处管制、宣告缓刑、裁定假释、暂予监外执行和被剥夺政治权利,并在社会上服刑的这五类犯罪行为较轻的对象。其中"被暂予监外执行"的对象,包括有严重疾病需要保外就医的,怀孕或者正在哺乳自己婴儿的妇女,生活不能自理、暂予监外执行不致危害社会的罪犯。

在上述五类罪犯中,罪行轻微、主观恶性不大的未成年犯、老病残犯、罪行较轻的初犯及过失犯等,应当作为重点对象使用社区矫正。

2003年第一批试行社区矫正的地区包括北京、天津、上海、江苏、浙江和山东等省(市)。《关于开展社区矫正试点工作的通知》强调要发挥民间组织、社会团体和社会志愿者的作用,积极参与和协助社区矫正的试点工作。

2005年,社区矫正由最初的6个试点省市扩大为18个试点省市,增加了河北、内蒙古、黑龙江、安徽、湖北、湖南、广东、广西、海南、四川、贵州、重庆等省、市、自治区。2008年12月,《中央政法委员会关于深化司法体制和工作机制改革若干问题的意见》(中发〔2008〕19号)对推进社区矫正工作提出了明确要求,认为应当促使不需要、不适宜监禁或者继续监禁的罪犯回归社区,充分利用社会力量有针对性地对其实施矫正,促进其顺利回归和融入社

---

① 参见2003年7月10日,最高人民法院、最高人民检察院、公安部和司法部联合发布的《关于开展社区矫正试点工作的通知》。

会,以降低刑罚执行成本,提高刑罚执行效率,贯彻落实宽严相济的刑事政策。2009 年,最高人民法院、最高人民检察院、公安部、司法部在《关于在全国试行社区矫正工作的意见》中,提出社区矫正工作推广至全国范围。该文件进一步强调社区矫正的任务不仅仅是教育、矫正社区服刑人员,社区矫正应当协调民政、人力资源和社会保障等部门,将符合最低生活保障条件的服刑人员纳入最低生活保障范围,为社区服刑人员提供免费技能培训和就业指导,提高就业谋生能力,加强对社区服刑人员的帮困扶助,使得社区服刑人员在结束刑期后能够顺利融入社会,自谋生路,不致再次犯罪。

《社区矫正实施办法》是在全国范围内全面推广社区矫正后,于 2012 年 1 月 10 日由最高人民法院、最高人民检察院、公安部、司法部联合印发。它确定了司法部为社区矫正指导管理机关,人民检察院对社区矫正各环节依法监督,公安机关对违反规定或重新犯罪的社区矫正服刑人员依法处理。该文件的出台标志着我国社区矫正法律制度的确立,为在全国范围内推广、落实社区矫正做出了指引。

为了推进和规范社区矫正工作,保障刑事判决、刑事裁定和暂予监外执行决定的正确执行,提高教育矫正质量,促进社区矫正对象顺利融入社会,预防和减少犯罪,2019 年 12 月 28 日,《中华人民共和国社区矫正法》(以下简称《社区矫正法》)经十三届全国人大常委会第十五次会议表决通过,于 2020 年 7 月 1 日实施。《社区矫正法》分为总则,机构、人员和职责,决定和接收,监督管理,教育帮扶,解除和终止,未成年人社区矫正特别规定,法律责任,附则,共 9 章 63 条。

为做好《社区矫正法》的贯彻实施,进一步推进和规范社区矫正工作,最高人民法院、最高人民检察院、公安部、司法部对 2012 年 1 月 10 日印发的《社区矫正实施办法》进行了修订,制定了《中华人民共和国社区矫正法实施办法》。

(一)社区矫正的决定和接收

司法部主管全国的社区矫正工作。县级以上地方人民政府司法行政部门主管本行政区域内的社区矫正工作。县级以上地方人民政府根据需要设置社区矫正机构,负责社区矫正工作的具体实施。司法所根据社区矫正机构的委托,承担社区矫正相关工作。

依法判处管制、宣告缓刑、裁定假释、决定暂予监外执行的人民法院和依法批准暂予监外执行的监狱管理机关、公安机关(以下合称社区矫正决定机关)判处管制、宣告缓刑、裁定假释、决定或者批准暂予监外执行时应当确定社区矫正执行地。

社区矫正决定机关根据需要,可以委托社区矫正机构或者有关社会组织对被告人或者罪犯的社会危险性和对所居住社区的影响,进行调查评估,提出意见,供决定社区矫正时参考。居民委员会、村民委员会等组织应当提供必要的协助。

社区矫正决定机关应当对社区矫正对象进行教育,告知其在社区矫正期间应当遵守的规定以及违反规定的法律后果,责令其按时报到。

人民法院判处管制、宣告缓刑、裁定假释的社区矫正对象,应当自判决、裁定生效之日起

10 日内到执行地社区矫正机构报到。人民法院决定暂予监外执行的社区矫正对象,由看守所或者执行取保候审、监视居住的公安机关自收到决定之日起 10 日内将社区矫正对象移送社区矫正机构。社区矫正决定机关批准暂予监外执行的社区矫正对象,由监狱或者看守所自收到批准决定之日起 10 日内将社区矫正对象移送社区矫正机构。

社区矫正机构应当依法接收社区矫正对象,核对法律文书、核实身份、办理接收登记、建立档案,并宣告社区矫正对象的犯罪事实、执行社区矫正的期限以及应当遵守的规定。

(二)社区矫正的监督管理

社区矫正对象在社区矫正期间应当遵守法律、行政法规,履行判决、裁定、暂予监外执行决定等法律文书确定的义务,遵守国务院司法行政部门关于报告、会客、外出、迁居、保外就医等监督管理规定,服从社区矫正机构的管理。

社区矫正机构应当根据裁判内容和社区矫正对象的性别、年龄、心理特点、健康状况、犯罪原因、犯罪类型、犯罪情节、悔罪表现等情况,制定有针对性的矫正方案,实现分类管理、个别化矫正。矫正方案应当根据社区矫正对象的表现等情况相应调整。

社区矫正机构应当根据社区矫正对象的情况,为其确定矫正小组,负责落实相应的矫正方案。根据需要,矫正小组可以由司法所、居民委员会、村民委员会的人员,社区矫正对象的监护人、家庭成员,所在单位或者就读学校的人员以及社会工作者、志愿者等组成。社区矫正对象为女性的,矫正小组中应有女性成员。

社区矫正机构应当了解掌握社区矫正对象的活动情况和行为表现。社区矫正机构可以通过通信联络、信息化核查、实地查访等方式核实有关情况,有关单位和个人应当予以配合。社区矫正机构开展实地查访等工作时,应当保护社区矫正对象的身份信息和个人隐私。

社区矫正对象离开所居住的市、县或者迁居,应当报经社区矫正机构批准。社区矫正机构对于有正当理由的,应当批准;对于因正常工作和生活需要经常性跨市、县活动的,可以根据情况,简化批准程序和方式。因社区矫正对象迁居等原因需要变更执行地的,社区矫正机构应当按照有关规定做出变更决定。社区矫正机构做出变更决定后,应当通知社区矫正决定机关和变更后的社区矫正机构,并将有关法律文书抄送变更后的社区矫正机构。变更后的社区矫正机构应当将法律文书转送所在地的人民检察院、公安机关。

(三)社区矫正的教育帮扶

县级以上地方人民政府及其有关部门应当通过多种形式为教育帮扶社区矫正对象提供必要的场所和条件,组织动员社会力量参与教育帮扶工作。有关人民团体应当依法协助社区矫正机构做好教育帮扶工作。

社区矫正机构根据需要,对社区矫正对象进行法治、道德等教育,增强其法治观念,提高其道德素质和悔罪意识。对社区矫正对象的教育应当根据其个体特征、日常表现等实际情况,充分考虑其工作和生活情况,因人施教。

社区矫正机构可以协调有关部门和单位,依法对就业困难的社区矫正对象开展职业技能培训、就业指导,帮助社区矫正对象中的在校学生完成学业。

居民委员会、村民委员会可以引导志愿者和社区群众,利用社区资源,采取多种形式,对有特殊困难的社区矫正对象进行必要的教育帮扶。社区矫正对象的监护人、家庭成员,所在单位或者就读学校应当协助社区矫正机构做好对社区矫正对象的教育。

社区矫正机构可以通过公开择优购买社区矫正社会工作服务或者其他社会服务,为社区矫正对象在教育、心理辅导、职业技能培训、社会关系改善等方面提供必要的帮扶。社区矫正机构也可以通过项目委托社会组织等方式开展上述帮扶活动。国家鼓励有经验和资源的社会组织跨地区开展帮扶交流和示范活动。

(四)社区矫正的解除与终止

社区矫正的解除是指社区矫正对象矫正期满或者被赦免。社区矫正的终止,则有两类情况:一类是社区矫正对象因存在违法违规行为被裁定撤销缓刑、假释,被决定收监执行,或者暂予监外执行的社区矫正对象具有《刑事诉讼法》规定的应当予以收监情形的,社区矫正终止;另一类是社区矫正对象死亡的,社区矫正终止。

社区矫正对象矫正期满或者被赦免的,社区矫正机构应当向社区矫正对象发放解除社区矫正证明书,并通知社区矫正决定机关,所在地的人民检察院、公安机关。

社区矫正对象具有《刑法》规定的撤销缓刑、假释情形的,应当由人民法院撤销缓刑、假释。暂予监外执行的社区矫正对象具有《刑事诉讼法》规定的应当予以收监情形的,社区矫正机构应当向执行地或者原社区矫正决定机关提出收监执行建议,并将建议书抄送人民检察院。

社区矫正对象在社区矫正期间死亡的,其监护人、家庭成员应当及时向社区矫正机构报告。社区矫正机构应当及时通知社区矫正决定机关,所在地的人民检察院、公安机关。

社会组织也积极参与了社区矫正工作,全国共有超过100家专门负责社区矫正工作的社会组织,分布遍及全国各省、市、自治区,有效得保证了全国社区矫正工作的落实和推广。

思考题

你认为还有哪些公共法律服务需要我们引起重视?

本章重点概念

(1)法律救助,指由司法救助和法律援助构成的我国法律公益体系。

(2)司法救助,指诉讼过程中,对经济确有困难的当事人基于减、免、缓交诉讼费用的救济。

（3）法律援助，指政府组织律师服务机构，专门为本市需要通过法律途径保障自身合法权益而又无力负担聘请律师费用的公民，指派律师为其提供法律帮助的社会保障措施。

（4）值班律师制度，指律师根据法律援助机构的安排在人民法院、看守所轮流值班，免费为没有辩护人的犯罪嫌疑人、被告人提供法律帮助的一项法律制度。

（5）律师值班，指民事、行政诉讼中，当事人前往当地法律援助机构并由在当地法律援助机构值班的律师为其提供法律咨询服务的法律援助方式。

（6）人民调解，指人民调解委员会通过说服、疏导等方法，促使当事人在平等协商基础上自愿达成调解协议，解决民间纠纷的活动。

（7）社区矫正，指将符合社区矫正条件的罪犯置于社区内，由专门的国家机关在相关社会团体和民间组织以及社会志愿者的协助下，在判决、裁决或决定确定的期限内，矫正其犯罪心理和行为恶习，并促进其顺利回归社会的非监禁刑罚执行活动。

拓展阅读

[1]马栅生.当代中国法律援助:制度与理论的深层分析[M].北京:人民出版社,2010.

[2]郭婕.法律援助制度研究[M].北京:红旗出版社,2018.

[3]司法部法律援助中心.法律援助案例研究[M].北京:中国民主法治出版社,2015.

[4]尹伊君,马滔.《人民检察院国家司法救助工作细则（施行）》理解与适用[M]//国家赔偿办案指南.北京:法律出版社,2016.

第十四章　企业社会责任与社会创新

本章内容概要

　　企业社会责任是当今企业发展过程中不可忽视的重要部分,不仅与公益慈善事业有着密切的关系,也是公益慈善事业的一部分。本章将通过介绍企业社会责任和社会企业的起源发展以及对比国内及国外的情况,来界定二者的概念和意义。同时,本章会结合上述内容,从法律视角对社会影响力投资的概念及运作方式做出分析。

第一节　企业社会责任

一、企业社会责任概述

　　关于什么是企业社会责任(corporate social responsibility),国内外的政府组织或社会组织均试图对其进行定义,但并未得出一个统一的和普遍适用的定义,但是我们可以从企业社会责任定义的演变和发展来对其进行理解。

　　企业社会责任的定义经历了三个不同阶段的发展。

　　第一阶段,即20世纪30年代到70年代,以及这个阶段之前,有人认为追求利润是企业的唯一社会责任。提出这一观点的是自由经济主义的代表人物弗里德曼,这位诺贝尔经济学奖获得者在1970年指出,企业的社会责任是在法律和基本道德的规则下,利用它的资源从事旨在增加它的利润的活动,而抑制通胀、慈善捐助、减少污染、消除社会贫困、增加就业等方面则不属于企业社会责任的范围。这一观点带有明显的自由主义经济的色彩,将企业的创造利润的属性和反馈社会的属性置于对立的位置,因此这个观点也遭到了不少质疑和批判。

　　第二阶段,即20世纪80年代至90年代,人们普遍认为企业应履行其社会责任,其中最有名的理论为美国佐治亚大学教授卡罗尔提出的"金字塔"概念。卡罗尔认为,企业社会责任是指特定时期,社会对企业所寄托的经济、法律、伦理和企业自行裁量(慈善)的期望。其中,经济责任是企业最基本也是最重要的社会责任,但不是唯一的责任;法律责任要求企业在法律框架内实现经济目标;伦理责任是指虽未成为法律,但是社会公众仍期待企业遵循的社会公众的伦理规范;企业自行裁量的责任是指个人或企业自行判断和选择的价值和期望。企业的经济责任、法律责任、伦理责任和企业自行裁量的责任从前往后依次递减,呈金字塔形结构①。这一理论很大程度地丰富了企业社会责任的概念,受到了社会和学术界广泛的认可。

第三阶段,即 20 世纪末至今,欧美陆续出现关于企业社会责任的多边组织,并且逐步形成了一些评价体系和认证制度。社会责任国际(Social Accountability International,SAI)是一家总部设在美国的组织,其在 1997 年联合欧美部分跨国企业和其他国际组织,制定了 SA8000 国际标准(Social Accountability 8000 International Standard)。它是全球首个道德规范国际标准,涉及童工、强迫劳动、健康与安全、歧视、惩戒性措施、工作时间、工资报酬、管理体系等内容。SA8000 国际标准的制定为企业社会责任的认证提供了统一、可供核查的参考标准。

世界银行把企业社会责任定义为企业与关键利益相关者的关系、价值观、遵纪守法以及尊重人、社区和环境有关的政策和实践的集合,它是企业为改善利益相关者的生活质量而贡献于可持续发展的一种承诺②。国际标准化组织将其定义为通过透明和道德行为,组织为其决策和活动给社会、环境带来的影响和应承担的责任,这些透明和道德行为有助于可持续发展,包括促进可持续发展、健康和社会福祉,考虑利益相关方的期望,符合适用法律并与国际行为规范一致,融入整个组织并践行于其各种关系之中。世界经济论坛将企业社会责任划分为四个方面:①良好的公司治理和道德价值;②对人的责任;③对环境的责任;④对社会发展的广义贡献。

尽管各界对企业社会责任的定义不一而足,且每个定义都有各自的出发点和强调点,但是我们可以将这些企业社会责任的概念内核归纳为:①企业不仅是为股东创造利润的工具和手段,更是承担社会责任的重要主体;②企业所承担的社会责任包括对员工、对公众、对社会、对环境的四方面责任;③承担企业社会责任需要企业采取超出法律强制要求的有利于社会公益的责任与行为。

二、我国企业社会责任的现状

尽管我国引入关于企业社会责任的理论的时间较晚,但随着我国改革开放以及经济的快速发展,企业社会责任理论同实践一起经历了高速发展的阶段。

与国际上企业社会责任的发展历程类似,中国企业社会责任经历了以下几个发展阶段。

第一阶段,在 20 世纪 90 年代之前,我国政府和企业仍未意识到企业的社会责任及其重要性,虽出现了国营企业和农村合作社等经济模式,但它们的社会责任仅局限于为职工或成员提供福利和保障。私营企业则以赚取利益为首要目标,在从事生产活动时并未考虑职工、

---

① 企业社会责任概念的演变[EB/OL]. (2020 - 02 - 20). https://www.csr-china.net/a/zixun/guandian/zhongguo/2015/0324/2599.html.

② 席宁.企业社会责任研究回顾与展望[EB/OL]. (2010 - 11 - 30). https://www.sinoss.net/qikan/uploadfile/2010/1130/9402.pdf.

环境、社会等责任因素。

第二阶段,20世纪90年代后,随着中国步入社会主义市场经济模式,私营经济逐渐获得更多关注和发展,企业的盈利属性被进一步强化,同时国际的企业社会责任运动也逐渐影响我国,但影响主要体现在注重执行用工标准和生产守则方面,因而具有相当大的局限。

第三阶段,21世纪至今,企业社会责任的概念逐步普及,且随着国内经济改革和国际经济参与的不断深入,中国企业为适应经济全球化,增强企业在国际上的竞争力,也开始有意识地重视并且实践其社会责任。

为提升企业履行企业社会责任的意识,我国通过立法手段对企业提出了包括对社会、环境、人文等方面的要求。譬如《中华人民共和国公司法》(以下简称《公司法》)第五条规定:"公司从事经营活动,必须遵守法律、行政法规,遵守社会公德、商业道德,诚实守信,接受政府和社会公众的监督,承担社会责任。"又如《中华人民共和国劳动法》(以下简称《劳动法》)第四条规定:"用人单位应当依法建立和完善规章制度,保障劳动者享有劳动权利和履行劳动义务。"再如《环境保护法》第四十二条规定:"排放污染物的企业事业单位和其他生产经营者,应当采取措施,防治在生产建设或者其他活动中产生的废气、废水、废渣、医疗废物、粉尘、恶臭气体、放射性物质以及噪声、振动、光辐射、电磁辐射等对环境的污染和危害。"《上市公司治理准则》也规定上市公司在保证股东利益的同时,必须承担起社会公益事业、资源和环境保护、所在社区及所属员工的福利等社会责任等。党的十八届四中全会报告中也明确强调"企业社会责任立法"是重大领域的立法事项之一。

尽管企业社会责任的立法林林总总,我国一些企业仍存在社会责任严重缺失的情形。首先,许多企业未能尽到为社会提供健康、安全的产品和服务的基本责任。2009年曝光的三鹿奶粉违规添加三聚氰胺导致婴幼儿饮用后患病甚至致死的案例,体现了我国某些企业缺乏最基本的责任意识,即便像三鹿集团这样的大型机构也不例外。我国企业亟需改变以追求利润作为生产经营的唯一标准的信条,承担起对社会公众的食品安全和食品健康责任,才能够获得长期的品牌和经济利益。

在企业员工劳动权益和安全保护方面,我国企业还需要继续保障员工安全、舒适的工作环境,提供完善的社会保障体系,以降低职业病和工作意外事件的发生;此外,员工的心理健康也需要得到关注。工作压力大和工作时间过长已经成为现代人心理疾病的重要原因之一。

资源和环境保护仍是我国企业需要关注和加强保护意识的方面,一些企业违法排污,或者对排污监测数据造假逃避监管,或者以拆除设备之名行生产运行之实。我国企业还需加强节能减排的意识,加快清洁生产或清洁化改造,积极通过技术革新达到减少污染、降低能耗和成本的目标。

上述几种企业社会责任缺失情形的形成可归因于以下几点。

(1)尽管前述《公司法》《环境保护法》等法律法规对企业社会责任提出了一定要求,但总体而言,我国的相关立法相对零散、宽泛,缺少一部专门的效力等级较高的企业社会责任法,这不利于企业参考,亦不利于政府执法。具体来说,在缺乏统一的企业社会责任法律制度的情况下,法律制度还需完善。同时,现有相关法规大部分都属于原则上的规定,缺乏具有可操作性的条款,使得企业在遵循相关规定的时候没有统一的标准。在政府执法层面,部分立法由于没有规定罚则或者处罚较轻,可能导致执法机关无法可依或者企业违法成本较低,无法有力打击违法现象。另外,部分地方政府发展经济的政绩压力大,对于一些高能耗、高污染但却能够促进经济的企业的违规行为睁一只眼闭一只眼,并未严格执法。

(2)以经济效益为企业首要目的的思想仍根深蒂固。在我国经济改革和经济高速发展的背景下,我国企业确实实现了非常可观的高速发展和扩大,但该种发展在前期很大程度上是以浪费劳动力资源和自然资源作为代价的,是对企业社会责任的忽视,而现在我们对企业提出了新的要求,经济既要追求量,也要追求质,在获取经济利益的同时,还要实现社会效益,但很多企业和企业家的思维仍没有从传统的粗放式思维转变过来,因此企业忽略其社会责任的情况仍然存在。

(3)公众作为企业的利益相关者、舆论的生产者与受众,对企业社会责任的认知还需加强,要有效地监督、指引和奖惩企业履行其社会责任[1]。不少社会公众对于企业社会责任的认识处于懵懂或者完全没有接触的状态,相关概念不够普及。对于积极履行社会责任的企业,我们还缺少统一的认证标准,从而无法在其产品和服务中制作统一明显的标志,消费者也没有办法在消费的时候优先选用其产品和服务;对于怠于履行社会责任的企业,人们可能没有意识到这些企业的责任,也不清楚如何去行使公众的监督权利。

思考题

(1)如何理解企业的社会责任及其意义?

(2)你认为基于中国的国情,如何加强企业社会责任立法?

第二节　ESG 在中国的发展

一、ESG 与企业社会责任的关系

在上一节中,我们明确了企业具有社会责任,是承担社会责任的重要主体,需要承担有利于社会公益的责任。那么一个企业如何承担社会责任,承担的责任该如何衡量,市场如何有效奖励积极承担社会责任的企业? ESG 概念的出现推动了企业社会责任在市场上的落实。宏观层面上,ESG 是一种企业意识,是指导企业承担社会责任的策略,促使企业在追求

---

[1]　马润生,焦丽娟.舆论对企业社会责任的影响研究[J].企业家天地,2009(8):64-65.

利益的同时,关注自身对于环境、社会责任和企业治理的影响。微观层面上,ESG 通常作为一种企业社会责任的评价绩效,投资者可以用其观察和评估企业的社会贡献,包括助力经济可持续发展、履行社会责任等诸多方面,而不再是单一关注企业的财务绩效。

二、什么是 ESG

ESG 是英文 environmental、social responsibility 和 corporate governance 的缩写,是指企业在环境(environmental)、社会责任(social responsibility)和企业治理(corporate governance)方面的表现。

ESG 的概念出现时间较晚,早在其出现前,便存在与它极为相似的投资理念。20 世纪初期西方国家的投资者,基于自身信仰或社会价值观念等目的产生的投资理念,即"伦理投资",便是 ESG 的雏形。其中,宗教基金是这类早期伦理投资的典型代表。宗教基金中的投资者会基于宗教教义中的伦理观念,筛选掉他们认为"不道德"的投资对象。由于一些企业会对环境、和平、人身健康等方面造成负面影响,宗教基金拒绝投资包括石油工程、武器制造、烟草在内的相关企业。

此后,由于全球经济的高速增长,地球面临愈加严峻的环境挑战,由此带来了环保运动的兴起。20 世纪中期,欧美地区开始流行公众环保运动,大力抵制企业对于环境的破坏以及对于资源的浪费。由此,国际组织开始逐渐关注环境保护问题。到了 20 世纪末期,联合国开始定期举行环境与发展会议,在 1992 年的会议上提出了《21 世纪议程》。《21 世纪议程》倡导各个国家和地区不仅要促进经济发展,也要注重环境保护,标志着经济可持续发展理念在全球范围内的开端。

同期,各个国家的立法者、消费者、投资者的环保意识均在逐步增强。消费者通过自主选择利好环境的产品和服务,可以在市场竞争中帮助在运营过程中更多地关注环境保护的企业获得竞争优势,由此有效地将环保理念传递给企业。世界各国不断完善与环境相关的各层次法律法规。投资者开始认识到企业的环境绩效也会影响企业的财务绩效。在这样的多方促进下,责任投资和 ESG 的概念开始正式进入学术研究者、政策制定者和投资人的视线。

2006 年,联合国首次发布了责任投资原则(UN PRI),随后美国高盛集团发布了 ESG 研究报告,将分散的环境保护、社会责任和企业治理的三方概念整理合并,提出了明确的 ESG 概念。不少国际组织和投资机构不断完善 ESG 的概念,提出了完整的信息披露与绩效评估方法,许多投资公司也逐步推出 ESG 投资产品。

目前,国际主流的 ESG 概念包括以下三个方面:国际组织和各大交易所颁布的 ESG 信息披露规范,民间权威评级机构对于企业 ESG 能力的评估、分级、打分,以及主流投资机构所发布的 ESG 投资理念。其中,对 ESG 信息的披露是前提条件,ESG 评估提供了评价和比较的方法,而 ESG 投资是基于两者的实践[1]。

---

① 中国证券投资基金业协会《中国上市公司 ESG 评价体系研究报告》。

三、我国的 ESG 现状

我国 ESG 发展起步较晚,却同时得到了政府、监管机构以及市场本身的重视①。近些年的一些重要里程碑部分列举如下:2012 年,香港联合交易所出台了《环境、社会及管治报告指引》,并于 2015 年将披露准则从自愿遵守提升至"不遵守就解释"。2015 年,在中国人民银行支持下,中国金融学会成立绿色金融专业委员会,系统性地提出构建中国绿色金融政策体系的建议。2016 年 G20 杭州峰会首次将"绿色金融"纳入议题并写入峰会公报。"十三五"规划纲要明确提出"建立绿色金融体系,发展绿色信贷、绿色债券,设立绿色发展基金"。2018 年,摩根士丹利资本国际(Morgan Stanley Capital International,MSCI)指数纳入中国A 股的企业,并对其 ESG 表现进行评级。

1. ESG 信息披露的立法及监管要求

在中国,企业发布企业社会责任(CSR)报告越来越常见。作为 CSR 报告的一种,ESG 报告虽然出现较晚,但势头迅猛。按照中国目前的法律规定,除了中央企业和上市企业有发布企业CSR 报告的强制义务,其他企业都没有发布 CSR 报告的义务。CSR 报告的标题多种多样,包括但不限于企业社会责任报告,企业可持续发展报告,企业环境报告,企业综合报告,企业环境、社会和治理报告(ESG 报告),企业影响力报告等。

在法律层面上,国资委于 2008 年发布了《关于中央企业履行社会责任的指导意见》,其中要求所有央企在 10 年之内,必须做到定期发布企业社会责任报告或者可持续发展报告。之后,国资委在 2012 年又发布了一个非正式通知,要求所有央企从 2012 年开始必须发布企业社会责任报告,发布企业社会责任报告成为中央企业履行社会责任的重要措施。中央企业目前是发布企业社会责任报告的主流。

上海证券交易所在 2008 年发布了《上海证券交易所上市公司环境信息披露指引》,在2009 年发布了《公司履行社会责任的报告》编制指引。深圳证券交易所 2006 年出台了《深圳证券交易所上市公司社会责任指引》,要求上市公司发布社会责任报告;香港联合交易所发布的《环境、社会及管治报告指引》,要求所有香港联合交易所上市公司每年发布 ESG 报告。

2016 年 7 月,中国人民银行、证监会等七部委联合印发《构建绿色金融体系的指导意见》,正式要求建立强制性上市公司披露环境信息的制度。后续分工方案明确了如下时间表:第一步为 2017 年起,被原环境保护部列入重点排放企业名单的上市公司强制披露环境信息;第二步为在 2018 年实行"半强制"环境信息披露,企业若不披露相关信息,必须解释为何不披露;第三步为到 2020 年,所有上市公司强制披露环境信息。

监管层面上,ESG 信息披露接受不同监管机构和多个法律法规的监督,分为非金融监管和金融监管。这些监管机构要求报告披露公司在员工安全、产品责任、环境保护等方面承担

---

① 中国证券投资基金业协会《中国上市公司 ESG 评价体系研究报告》。

社会责任的做法和成绩。证监会颁布《公开发行证券的公司信息披露内容与格式准则第 2 号——年度报告的内容与格式（2021 年修订）》,重点排污单位之外的公司应当披露报告期内因环境问题受到行政处罚的情况,并可以参照上述要求披露其他环境信息,若不披露其他环境信息,应当充分说明原因。鼓励公司自愿披露有利于保护生态、防治污染、履行环境责任的相关信息。

2. ESG 投资的财政鼓励与社会支持

中国人民银行、财政部等七部委联合发布的《关于构建绿色金融体系的指导意见》,规定了一系列鼓励机构投资者和金融中介机构将 ESG 和其他非金融因素纳入其投资决策的措施,包括:鼓励地方政府放宽市场准入、完善公共服务定价、实施特许经营模式、落实财税和土地政策等措施,完善收益和成本风险共担机制,支持绿色发展基金所投资的项目;鼓励在总结现有试点地区银行开展环境权益抵质押融资经验的基础上,确定抵质押物价值测算方法及抵质押率参考范围,完善市场化的环境权益定价机制,建立高效的抵质押登记及公示系统,探索环境权益回购等模式解决抵质押物处置问题,推动环境权益及其未来收益权切实成为合格抵质押物,进一步降低环境权益抵质押物业务办理的合规风险;发展环境权益回购、保理、托管等金融产品;鼓励和支持有条件的地方通过专业化绿色担保机制、设立绿色发展基金等手段撬动更多的社会资本投资于绿色产业;支持地方充分利用绿色债券市场为中长期、有稳定现金流的绿色项目提供融资;支持地方将环境效益显著的项目纳入绿色项目库,并在全国性的资产交易中心挂牌,为利用多种渠道融资提供条件;支持国际金融机构和外资机构与地方合作,开展绿色投资。

社会中一些组织也会出具一些标准,作为机构选择投资策略的参考。例如,友成企业家扶贫基金会在 2013 年将公益理念推广到商业投资领域,研发了一套多维度的社会价值评估体系——三 A 三力投资标准与评价体系,为不同的投资策略和成果提供评估标准,并以这套体系为标准发布了"义利 99"A 股上市公司的社会价值评估报告。还有很多致力于不同投资领域的社会影响力投资机构从不同侧面为投资策略提供参考。

3. ESG 测评标准的制定

摩根士丹利是全球第一大指数公司,自 A 股首次被纳入 MSCI 后,摩根士丹利将持续搜集 A 股上市公司的公开资料,并对所有纳入 MSCI 的 A 股公司进行 ESG 研究和评级,为有社会责任投资要求的投资者提供参考,且摩根士丹利可能在此基础上另外构建 ESG 指数。2018 年 6 月 1 日,A 股首批 226 只股票已被正式纳入 MSCI 新兴市场指数,此次纳入比例为2.5%。

国内 ESG 相关指数主要包括中证 180 ESG 指数、中证 ECPI ESG 40 指数、中证 ECPI ESG 80 指数、中证 ECPI ESG 100 指数、中证中财沪深 100 ESG 领先指数、深证责任指数、央视 50 责任指数、中小板企业社会责任指数、国证责任指数、上证社会责任指数、上证 180公司治理指数、上证公司治理指数。

国内的 ESG 评级机构主要包括商道融绿、社投盟（社会价值投资联盟）、中财绿金院（中央财经大学绿色金融国际研究院）、和讯 CSR 测评体系、商道纵横 MQI 指引。商道纵横编制的《企业社会责任报告关键定量指标指引》针对企业社会责任报告编写过程中的信息披露问题，提供了适用于不同行业的关键定量指标体系。每个行业的关键定量指标体系包括 20 个关键定量指标，根据行业属性的不同，指标体系中每个类别的指标内容与数量也不相同，但每个类别至少包括一个关键定量指标。

四、ESG 的积极意义和发展前景

ESG 投资是一种新兴的投资理念，很大程度上契合了长期价值投资持续收益的资产管理理念。这是因为当投资人对于一个投资标的进行 ESG 指标衡量时，那些注重环境保护、社会积极贡献和内部治理的企业，其风险在中长期的投资周期内较低，可以持续、稳定地创造价值，从而实现经济效益。不仅企业财务层面上可以实现收益，企业也可以为社会和生态环境带来积极效益、正向循环，从而实现共赢。

在中国，ESG 领域仍为一片蓝海，发展前景十分广阔。投资逻辑层面上，许多国内外研究已经证明 ESG 投资可以带来积极、长期且稳定的收益[1]。投资实践层面上，越来越多的公募基金已经开始考虑将 ESG 因素纳入资产管理当中。投资监管层面上，在国内的政府机关、监管机构、行业协会、行业龙头的带领下，ESG 的发展拥有非常良好的大环境基础。

ESG 作为一个新兴概念，在未来的发展过程中，市场的认知程度仍需提高。尽管当前市场上已有许多与 ESG 概念相关的金融产品，但大部分产品对于 ESG 概念仍处于初步探索阶段。环境、社会责任、内部治理三个方面的有机整合与统一考量仍需持续在理论与实践层面上探索。同时，ESG 概念在整体投资决策的制定中，所占比重也仍需不断提高。

与此同时，企业在 ESG 的信息披露上仍需加强。在投资机构考量被投企业、产品时，ESG 信息是重要的参考依据。因此，中国的 ESG 发展仍然需要加强统一、高效的 ESG 信息披露规则，有力、规范的信息披露监管机制，可信、全面的第三方验证能力。

思考题

(1)你对于通过立法或政策强制企业进行 ESG 报告披露持何观点？

(2)有人认为 ESG 只是企业用来对冲负面影响的工具，然而实践中 ESG 评价较低似乎对企业的经营状况并没有显著的影响。你对此怎么看？

---

① 马骏：未来中国 ESG 责任投资的发展前景广阔[EB/OL].[2017 - 12 - 31]. http://www.ocn.com. cn/jinrong/201712/pevfg06150403.shtml.

第三节　社会企业

如果说企业社会责任是指各种企业对社会所承担的责任,那么社会企业是指介于慈善组织和传统企业之间的一种企业。两者的概念有所交叉,但又不尽相同。

一、传统企业与社会企业

企业,作为一种诞生于资本主义浪潮中的商事组织形式,似乎自其出生就被赋予了其不可避免的使命,那就是为企业主创造价值和利润。传统企业将创造利润放在首位,专注于进行可以实现盈利的活动。

在20世纪初,借助着工业化和现代技术的东风,一大批公司进入了高速发展的阶段,巨额的财富迅速往个人手上集中,而对于社会上的大多数人,也即为资本家们打工的人们来说,他们并没有享受到工业化和现代化带来的巨大红利,相反人们发现城市居住和工作的环境被严重污染,人们的工作强度和工作环境也越发难以忍受。企业主享有财富而无须为社会大多数人的幸福买单,利益的天秤似乎严重偏向了企业主的一边。因此,社会上关于企业是否需要承担更多社会责任的讨论和呼声也越发热烈。同时,随着经济和社会的动态演进,非营利组织和公共部门开始逐步引入商业化的运作方式,而以营利为宗旨的公司也开始向公共产品市场开放。

在这一背景下,社会企业的概念以及企业社会责任运动在20世纪70年代之后逐渐兴起。1978年,Freer Spreckley 首次提出了"社会企业"的概念①。1976年经济合作与发展组织制定《跨国公司行为准则》(*Guidelines for Multinational Enterprises*),该准则的制定推动了全球范围内企业准则运动的开展,企业被赋予更多的社会责任,这些责任包括环保、劳工和人权等方面的内容,这意味着人们意识到企业不只是个人的企业,不只是为少数人攫取财富的工具,企业还是社会的企业,企业有能力也有义务为大多数人谋取福利。

一般来说,社会企业被定义为具有服务其主要宗旨的特定社会目标的企业。社会企业寻求最大化利润,同时最大化对社会和环境的效益。理论上,无论是营利组织,还是非营利组织,只有同时具备经济目标和社会(或环境)目标,才可以被界定为社会企业。

社会企业是介于慈善组织和传统商业企业之间的组织形态,社会企业并不像传统的慈善组织一样主要依赖外部提供其所需要的资源来从事公益活动,而是通过积极参加市场、自身的商业化操作获取利润,并将企业利润投入对社会有益的活动之中。广义而言,我们可以将社会企业理解为利用商业模式来解决某一个社会或环境问题的组织。

二、社会组织与社会企业的联系与区别

社会组织和社会企业都是以创造社会价值为目的的,都具有一定的社会性,但也存在一定的区别。社会企业与社会组织相比,最大的特点是运用商业运营模式和由社会企业家领导。

从资金来源看,社会组织的资金主要来源于社会捐赠和政府拨款,而社会企业的资金主要

---

① 沙勇.社会企业:理论审视、发展困境与创新路径[J].经济学动态,2014(5):49.

来源于企业运营中的利润和收益。从运营方式看,社会企业不同于社会组织,其运营方式主要是采用类似于企业的商业运营方式,但不同于一般的商业企业,社会企业的运营目的是以社会或环境事业为首要目标,但同时也追求企业盈利,而一般的商业企业是以获得经济效益最大化为首要目标。从领导者看,社会组织的领导者较为多样化,而社会企业的领导者一般为社会企业家。

在中国,由于出台了与社会组织有关的法律规定,使得三类社会组织(社会团体、社会服务机构与基金会)被法律定义为属于非营利法人,这也是一个主要的区别,即社会组织是法定概念,而社会企业目前尚不是法定概念,这直接体现在利润分配要求上的差别。然而关于收益是否分配这一点,并不是社会组织与社会企业的最本质的区别。例如,孟加拉国的格莱珉银行作为一个具有国际知名度的社会企业,就是一个非营利组织,不向出资人分配利润。运用商业模式的、由社会企业家领导的社会组织,也可能属于社会企业,二者之间存在交叉重合关系。这也是为何在我国,部分地区(比如北京市)的社会企业的认证会包括社会组织。

三、我国的社会企业状况

社会企业的概念进入我国的时间并不算长,但是类似社会企业的组织在我国早已存在,比如农民专业合作社、民办非企业单位、社会福利企业等。在 2006 年社会企业的概念被引入中国之后,更多的社会企业设立起来,尽管在数量上呈上升的趋势,但整体来说中国社会企业还处于起步阶段。

从数量上看,根据南都公益基金会撰写的《中国社会企业与社会投资行业扫描调研报告2019》,具有"自觉意识"[①]的社会企业数量为 1684 家,员工总数为 79148 人,2017 年总收入约为 93 亿元;而"无意识"[②]的社会企业则高达约 175 万家,员工总数约为 1923 万人,相当于2017 年全国就业人数的 2.48%,总收入约为 22143 亿元。因此,根据不同的定义和标准,对中国的社会企业数量及其现状的判断将会出现很大的差异。考虑到我国辽阔的面积和庞大的市场,我国的社会企业的数量并不算多,仍有很大的上升空间。

就企业价值功能而言,我国社会企业具有以下特点。

第一,大部分社会企业都希望弘扬公共价值与精神,促进社会公益目标的实现。有些社会企业的目的是为了实现某种公共利益、社区利益或会员利益,有些是为了从事养老、环保、创新等产业,也有些是为了支持设立该社会企业的组织,实现其社会或环境价值。

第二,我国社会企业既有服务社会弱势群体(如残障人士、贫困人士等人群)的职能,也有促进弱势群体就业的职能。

第三,我国相当一部分社会企业专注于或者服务于教育、就业、环境与能源等领域,为这些社会领域的发展注入了能量。

就面临的问题而言,我国的社会企业还存在一些问题。

首先,社会企业的概念有待进一步普及和明确。目前国内尚无国家层面的法律文件对

---

① 自觉意识是指企业通过参与业内活动,认同自己的社会企业身份,同时同行也接纳并认同其社会企业身份。

② 无意识是指企业尚未认识到自己社会企业的身份,并不被业内所了解或接纳。

社会企业的概念进行统一规定,但部分地方政府已经有了比较成熟的相关规定,以北京市的《北京市社会企业认证办法(试行)》、四川省成都市的《成都市社会企业培育发展管理办法》和广东省佛山市顺德区的《顺德区社会企业发展支持计划》为代表。三个文件对于社会企业的定义如表 14-1 所示。

表 14-1 三个文件对社会企业的定义

成都	北京	顺德
经企业登记机关登记注册,以协助解决社会问题、改善社会治理、服务特定群体或社区利益为宗旨和首要目标,以创新商业模式、市场化运作为主要手段,所得部分盈利按照其社会目标再投入自身业务、所在社区或公益事业,且社会目标持续稳定的公司制企业(股份有限公司、有限责任公司)、农民专业合作社	以优先追求社会效益为根本目标,持续用商业手段提供产品或服务,解决社会问题、创新公共服务供给,并取得可测量的社会成果的所有法人单位	以协助解决社会问题、改进社会治理、服务于弱势及特殊群体或者社区利益为宗旨和首要目标,以创新商业模式、市场化运作为主要手段,所得盈余主要用于或逐步加大用于再投入其社会目标、所在社区、公益事业的公司制企业(股份有限公司、有限责任公司)、个人独资企业、合伙企业、个体工商户、农民专业合作社

从表 14-1 可以看出,三个文件在对社会企业的定义中均使用了目标和手段这两个维度,而且对于这两个维度的要求内容也高度相似,即目标上都侧重于社会属性而非经济属性,手段上则都强调对商业或市场手段的使用。一个重要的差异则体现在是否对社会企业如何使用所得盈利设置了一定限制。成都市和顺德区均在定义中特别强调了社会企业所得的部分盈利需要再次投入以实现其社会目标,不能全部用于分配,但北京市则没有此类要求。

其次,尽管大部分社会企业可以依赖源于市场运营所得的收入,但是其收入水平较低,在 GDP 中占比几乎可以忽略不计,对经济的促进有限,同时也暴露了我国对社会企业的资金投入,特别是来自民间的资金投入不足。

再次,社会企业缺乏融资和融资渠道,但另一方面社会投资机构又较难找到合适的投资对象,存在供求关系不匹配的状况,整体的行业生态建设还有待提高。

四、我国社会企业认证的发展

世界上已有 32 个国家开展了社会企业服务与支持,其中有 22 个国家具备较完整的社会企业认证体系,一些欧美国家则有多个认证模式。目前,国内还没有一个国家级的政策文件对社会企业的概念加以界定。

目前全国开展社会企业认证实践的,主要是以下城市或机构。

中国公益慈善项目交流展示会是中国第一个出台全国性、民间性社会企业认证办法的组织,开展了 2015—2018 年四届认证,认证社会企业 238 家。目前,中国公益慈善项目交流展示会已不再认证社会企业。

北京市、成都市、顺德区的文件中也对当地社会企业的认证标准、程序和退出/取消机制做了明确规定,具体如表14-2、表14-3所示。

表 14-2 认证标准/条件

成都	北京	顺德
宗旨:章程里清晰载明了具体社会目标(使命)、拟解决的社会问题、商业模式等。 注册情况:公司制企业(经成都市各级企业登记机关登记且办理社会企业章程备案)和农民专业合作社。经认定且在有效期内的外地社会企业可以适当简化申请成都市社会企业的认定流程。 经营情况:连续从事经营活动一年以上,且专职受薪人数一般不低于3人。 信用状况:机构及其法定代表人均有良好的信用记录,按时缴纳社会保险,正常申报纳税	使命任务:以优先追求社会效益为根本目标,有具体明确的社会目标,以社会问题和民生需求为导向,以解决社会问题、创新社会治理、提升公共服务水平为首要目标或宗旨。 注册情况:①在北京依法登记注册成立一年以上,并有相应的合格纳税记录。②获得其他社会企业认证(尚在认证有效期内),并在北京依法登记注册,无成立年限限制。 经营管理:有不少于3人的全职受薪团队,具有健全的财务制度,实行独立核算,申请机构内部经营管理科学规范。 信用情况:法人单位及其机构负责人近三年没有不良信用记录。 社会参与:以申请机构自身力量为基础,积极整合社会资源,广泛动员各类社会力量参与解决社会问题,开展各类党建活动,形成社会合力。 社会效益:有可测量的证据显示其创造的市场成果及社会价值。 可持续发展能力:提供有价值的产品或服务,有清晰的商业模式,能实现财务可持续性和盈利性。 创新性:运用市场机制、现代信息技术等创新手段和方法,有效推动社会痛点、热点、难点以及基层社会治理"最后一公里"问题的解决,提高保障和改善民生水平。 行业影响:对本领域产生一定的社会影响,得到行业认可;推动本行业发展,开展行业赋能,对接本行业出台政策,发挥行业影响作用,聚焦并解决社会问题	使命目标:有明确的社会使命和社会目标,能够创造出普通商业企业社会责任之外的附加社会价值。社会使命和社会目标需满足以下两个条件之一:①章程载明清晰的社会使命和社会目标,包括但不限于养老服务、残疾人保障、社区教育、乡村文化振兴及文旅融合发展等特定社会问题的解决;②作为普通商业企业存在,但其经营生产是以赚取利润回馈社会为首要目标,并且在章程或社会目标承诺书中约定,企业在弥补经营成本、债务后的税后利润用于投入社会效益的比例不得低于30%。 注册情况:在中国范围内登记注册并运营时间满一年的企业或满六个月的由社会组织转型或发起的企业。 经营管理:具备3人或以上的全职授薪团队,具有健全的财务制度,实行独立核算,内部经营管理科学规范。 可持续发展能力:有合理、清晰的商业模式,能实现财务可持续性和盈利性的商业计划,具备有价值的产品和服务,有稳定的收入来源,可保障其社会目标的实现

除了宗旨/使命、注册情况、经营情况和信用情况这几个三地共用的考察维度之外,北京市在此基础上还设置了社会参与、社会效益、可持续发展能力、创新性及行业影响等五个额外维度的考察要求。除了能了解到三地对于社会企业考察维度的设计,这一部分还能体现出三地政策对于社会企业两个重要问题的态度:一个是社会企业能否分配利润,二是对其他

地方或地区社会企业的兼容性。首先,针对第一个问题,三地政策都没有禁止社会企业进行利润分配,但成都市在对社会企业的定义中强调了社会企业不能将全部利润用于分配,而顺德区在此基础上更是明确规定了再投入用于实现社会目标的比例不得低于30%。针对第二个问题,三地政策均体现了一定的兼容性,但兼容程度有所区别。成都市鼓励外地社会企业参与本市的认证并在程序或条件上给予一定的优待;北京市也鼓励外地社会企业参与本市的认证,但该主体需先在北京完成注册;顺德区则完全不对申请主体的注册地设限,只要符合认证条件均可被认证为社会企业。这种兼容性可能吸引全国各地的申请主体在顺德区申请注册,从某种程度上说,或许有利于地方标准在更大地域范围内的宣传和推广。

表 14-3　退出/取消机制

成都	北京	顺德
社会企业存在下列情形之一的,取消其社会企业资格并向社会公示。 (1)在申请认定或评估过程中提供虚假信息或徇私舞弊。 (2)有违法、违规行为,受到有关部门行政处罚。 (3)被列入经营异常名录且未移出。 (4)被纳入严重违法失信企业名单。 (5)自愿放弃社会企业资格。 (6)未申请复审或复审不合格。 (7)未按照规定公开披露信息达2次以上。 (8)存在以下任一社会目标发生漂移的情形:①发生较大安全、质量和环境污染事故;②严重损害利益相关方利益,该利益相关方包括但不限于员工、客户、供应商、社区等;③连续两年用于社会企业章程所载社会目标的投入,占当年弥补亏损和提取公积金后所余税后利润的比例低于社会企业章程所载的比例;④存在违背社会主义核心价值观的行为;⑤经评估发现其他不符合成都市社会企业评审认定标准,需要取消社会企业资格的情形	社会企业存在下列情形之一的,取消其社会企业资格并向社会公示,且三年内不再受理该主体的认定申请。 (1)在申请认证过程中提供虚假信息和徇私舞弊的。 (2)在规定时间内未及时提供备案资料,并在30日内向其提出要求并且未获进一步解释与补送资料的。 (3)不配合提供其他相关信息,测评不达标的。 (4)有较大违法、违规行为,受到有关部门行政处罚的。 (5)发生较大安全、质量事故的。 (6)有效期截止未重新申请认证的。 《2021年北京市社会企业认证手册》中增加了以下内容。在经营过程中出现以下情况,应按照规定在15个工作日内提交相关证明材料进行备案:①变更法人单位名称、法定代表人、住所(经营场所)、投资人、经营期限,或增减分支机构的;②进行并购、重组、经营范围发生重大变化的;③企业法人资格被吊销、撤销和注销的;④自愿放弃社会企业资格的;⑤社会目标或使命发生变化或消失的;⑥社会企业章程失效的;⑦社会企业治理结构、股东结构、理事会结构发生变化影响其社会使命达成或取消的;⑧其他有可能影响到社会企业认定资格的情况	社会企业存在下列情形之一的,取消其社会企业资格并向社会公示,且四年内不再受理该主体的认定申请。 (1)在申请认证过程中提供虚假信息的。 (2)在规定时间内未及时提供备案资料的。 (3)不配合提供其他相关信息、测评不达标的。 (4)有较大违法、违规行为,受到有关部门行政处罚的。 (5)发生较大安全、质量事故的。 (6)有效期截止未重新申请认证的。 (7)经营业务、生产活动发生并购、重组、转业等重大变化且经审查后不再符合认证条件的。 (8)经社会企业认证委员会每隔两年开展的成效评估认定不合格的

三个文件中的取消机制设计都采用了否定式标准,即一旦存在某种情形便会导致社会企业的资格被取消。整体来看,成都市和北京市的相关要求更多且更严格,也就意味着成都市和北京市社会企业的"踩雷点"会更多一些。而且不得不提的是,成都市和经过更新后的北京市政策中均涉及了"社会目标发生漂移"的行为界定,不仅强调了社会企业维持其社会目标的重要性,也为后续监管执法工作的开展提供了可以参考的标准,具有借鉴意义。

总体而言,国内目前地方有关社会企业的政策中无论是对社会企业的界定,还是对认定标准和监管维度的设计,均体现了社会企业通过商业手段解决社会问题的本质特征,也都认为社会企业是可以分配利润的。但对于社会组织等非营利法人以及个人独资企业、合伙企业、个体工商户等非法人组织是否可以作为社会企业的组织形式,各地的态度仍有所差异。同时根据地方政策近几年不断更新的内容来看,各地逐渐放开或放低了对来自其他地方或地区的社会企业的认定门槛,对各地社会企业的兼容程度是逐渐提高的,这对于中国社会企业之间的发展与交流、社会企业理念的跨区域传播、通过认证导向凝聚更多的有影响力的社会企业,从而探索有代表性的中国社会企业制度是具有很大推动作用的。在监管方面,北京市和成都市均尝试通过界定"社会目标发生漂移"来实现对社会企业社会目标的监管,虽然可能仍需经过实践来进行完善,但这一方式是十分具有借鉴意义的。在政策支持方面,各地都力图为社会企业建造一个多维度的支持网络,但如何逐步细化和落实这些支持政策,确保其能真正发挥作用是在未来需要不断思考和探索的问题。

思考题

D. light 是一家由斯坦福大学商学院毕业生 Ned Tozun 和 Sam Goldman 于 2007 年创办的企业,其关注的社会问题是不发达地区人民的电力需求。据统计,全球有 15 亿人未能得到电力供应,此外有 10 亿人所获得的电力供应非常不稳定,他们都需要价格低廉且安全有效的照明产品以提高其生活质量。于是,D. light 由此得到启发并切入这个市场,当时仍是学生的创始人 Ned Tozun 和 Sam Goldma 设计了一个基于太阳能的发光二极管光源设备,并将其命名为 D. light。

D. light 运用最新的太阳能与 LED 技术设计出可携带、能源利用率高,且为穷人可负担得起的照明设备。目前,D. light 共有四款产品 D20、S300、S20、S2。其中,D20 是针对家庭的系统产品,S300 是太阳能灯和手机充电器产品,S20 是单次充电产生 8 小时光的产品,S2 则是经济实惠的高品质太阳能灯。在开发产品的同时,D. light 还通过适应全球不同市场的灵活的"Pay as You Go"金融支付手段把产品以低廉的价格带向有需求的低收入家庭,比如在肯尼亚采用移动支付,在印度采用充值卡、小额贷款、雇主资助计划等。对 D. light 的推广极大地降低了煤油在贫困地区的使用,而煤油在当地则是一种低效、昂贵且会造成二氧化碳污染的照明燃料。

D. light 改善了发展中国家的用电问题,截至 2014 年 12 月 31 日,有超过 4000 万人因此获得照明,1000万孩童晚上有电可读书,也为低收入家庭省下超过15亿美元的电力费用,且因为有电力,间接帮助民众增加了180亿小时的工作时数,大幅提升了生产力。因此,D. light被评为全球社会企业创业大赛(Global Social Venture Competition,GSVC)2007年全球第二及最佳社会影响力(Social Impact Assessment,SIA)项目,两位创始人也入选了福布斯最具影响力30人排行榜。

阅读完上述D. light案例后,请思考:

(1)D. light是一家营利性质的企业,但它是社会企业吗? 请结合社会企业的定义进行分析和思考。

(2)D. light与传统企业的区别在哪里?

第四节 社会影响力投资

一、社会影响力投资的概念

与企业社会责任和社会企业类似,社会影响力投资目前尚无统一的定义,并且相对来说,社会影响力投资概念更加新颖。牛津大学斯科尔中心对影响力投资的定义是介于传统的慈善捐赠和单纯的财务回报之间、兼顾社会影响力和财务回报的投资,如图14-1所示。

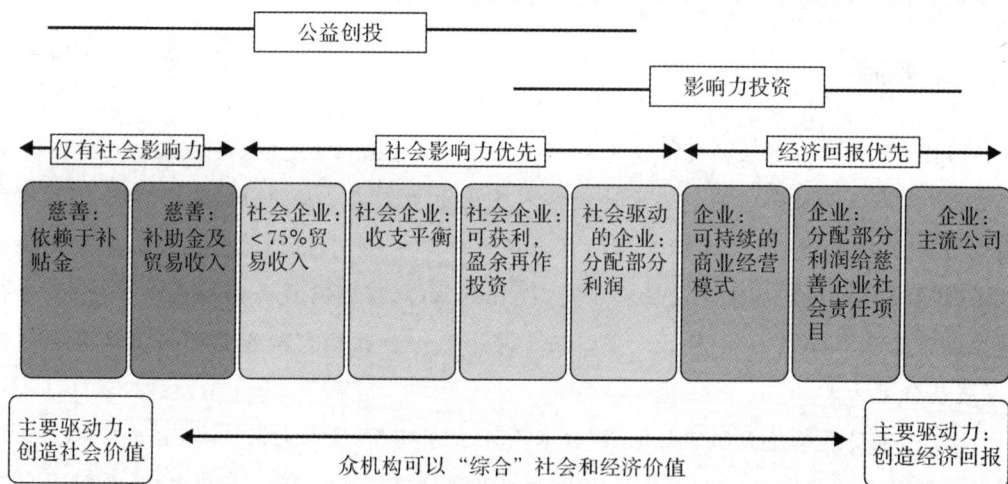

图14-1 公益创投机构对社会目的型组织投资谱系图

全球影响力投资网络(Global Impact Investing Network)提出社会影响力投资是指旨在产生正面和可测量的社会和环境影响的同时,亦可产生一定的经济回报的投资。其他金融机构及学者也提出了不少对社会影响力投资的定义,但总而言之,社会影响力投资离不开两个核心:

(1)影响力投资是新兴的投资概念,是可以对社会和环境产生正面影响的投资;

(2)影响力投资本质上仍然是投资的一种,故而能够带来一定财务上的回报。

与风险投资相比,影响力投资依然追求财务回报,但和主流的风险投资相比,对回报的方式和收益率的要求更为灵活,投资回收期也更长,所以也有"耐心资本"(patient capital)一说。

二、界定影响力投资的基本条件

在 2010 年摩根大通和洛克菲勒基金会共同发布的报告《影响力投资:一种新兴的投资类别》中,首次定义了影响力投资。该报告认为,较传统投资而言,影响力投资是指主动寻求积极的环境和社会影响,并伴随一定的财务回报的投资方式,强调社会影响的精确测量和投资回报的可持续性,动员多元主体共同参与解决社会问题。

如前文所述,影响力投资至少要包括两部分内容:①积极的社会和环境影响;②一定的财务回报。但什么是"积极的社会和环境影响"? 这可能是目前争议最大的部分。

例如,一个制造箱包的企业只聘用残障人士为其手工制作者,这是不是属于积极的社会影响? 有观点认为,如果只是为残障人士提供就业机会,那么在这个企业工作或是在别的企业工作,并不会对残障人士的境遇产生任何实质性的差别,甚至,雇佣残障人士,也许是这个企业为了可以获得更低廉的劳动力成本。在这种情况下,怎么可以被称为是积极的社会影响呢? 争议的焦点在于,残障人士的就业是不是一个亟待解决的社会问题。如果残障人士的就业率与其他人士没有差别,那么这样的企业也许不能称为解决了一个社会问题。但如果残障人士的就业率显著低下的话,且该企业已经提供了市场标准或更高的薪酬的情况下,否定这样的企业在积极解决社会问题方面的价值,是不公平的。

另一个案例是比较热议的共享单车类的公司,有人认为投资共享单车是影响力投资,因为其在提倡绿色出行,同时解决了公共交通"最后一公里"的痛点。但依然有人持反对意见,共享单车的投放、维护、弃置等问题显著增加了城市环境管理的成本,甚至对环境保护有反作用①。从"共益"的角度来说,一个社会企业既要以实现一定的公共利益为企业目标,同时也要关注整个业务生态中的其他利益相关方(stakeholders),包括员工、客户、供应商、合作方、环境等。但与需要利益相关方都获益的这种较为严格的观点不同,我们更倾向于一个影响力投资应当聚焦至少一个公共利益,且同时不会有其他的利益相关方受损。

不是每一个需求,都可以被称为一个待解决的符合公共利益要求的社会问题,例如,"我需要一个更为轻薄的手机",这是需求,用商业解决需求可以产生财务回报,但这不是一个社会问题。

因此,影响力投资的核心两部分内容,稍作扩展,增加两个条件,包括四个条件:

①积极的环境和社会影响;

②一定的财务回报;

③聚焦社会公共利益而非仅仅是满足特定的市场需求;

④没有利益相关方受损。

衡量一项投资是否为影响力投资,上述四个基本条件必不可少。

---

① 张敦福.共享就环保吗? 共享单车的社会环境与问题[J].社会发展研究,2019(4):201-218.

三、如何进行影响力投资

对于任何投资而言,弄清楚投资的主体以及投资的对象对理解投资行为来说都是关键的一步。由于影响力投资属于投资的一种,因此亦可从影响力投资的投资主体和投资对象来对其进行理解和解读。

影响力投资的主体包括以下方面。

(1)基金会。基金会是影响力投资概念的最先提出者。洛克菲勒基金会在 2007 年提出将影响力投资作为资产配置的一个类别,并与摩根大通在 2010 年正式将影响力投资列为投资市场的一个类别,这一举措迅速得到其他知名基金会,如比尔及梅琳达·盖茨基金会、福特基金会、麦克阿瑟基金会等的响应。基金会纷纷将影响力投资加入其资产配置并有意识地退出和避免与其使命不相符的资产投资,例如以能源行业为投资目标的基金会会减持传统能源行业如石油、煤炭等公司的股票和债券,转而配置研究或使用新型能源的企业的资产。

在中国,2019 年实施的《慈善组织保值增值投资活动管理暂行办法》允许包括基金会在内的慈善组织进行一定的投资活动,包括:

①直接购买银行、信托、证券、基金、期货、保险资产管理机构、金融资产投资公司等金融机构发行的资产管理产品;

②通过发起设立、并购、参股等方式直接进行与其业务范围相关的股权投资;

③将财产委托给受金融监督管理部门监管的机构进行投资。

目前看来,基金会参与影响力投资,机遇与挑战并存,需要基金会继续尝试与探索,以及政策指导更为明确。

(2)社会创新基金和主权投资基金。这些基金通常由政府主导,通过发行社会影响力债券(social impact bond)来吸引社会上的投资人投资。社会影响力债券尽管叫作债券,但它并不是我们理解的传统意义上的债券。社会影响力债券不需要到期还本付息,而是与项目成果挂钩,只有在达到既定目标时才支付回报给投资者,且达到的社会成效越高,投资人得到的回报也越高,如项目未达到目标,则投入的钱就无法回收。

社会影响力债券作为一种金融创新模式,有其独特的优点和运作方式,故部分社会影响力债券发展较快的国家出台了相应的法律进行规范,如美国参议院 2015 年通过的《社会影响合作法案》,英国 2014 年颁布的《社会投资税收减免政策》,加拿大 2012 年颁布的《经济行动计划》等。而在尚未明确社会影响力债券的法律地位的情况下,中国目前的"社会效应债券"发行实践均适用《银行间债券市场非金融企业债务融资工具管理办法》及相关配套规则,纳入银行间债券市场管理体系,在这种发行结构下,发行人与投资人之间构成债权债务关系。

社会影响力债券的核心是公私合作,政府利用私人投资来支付社会服务的前期成本,通过绩效合同为高质量的社会服务提供资金,与高水平的服务提供者合作[1]。国际上通行的

---

① 郝志斌.社会效益债券法制化的他国镜鉴[J].证券市场导报,2019(6):69-78.

社会影响力债券运作模式与中国的社会效应债券在法律结构上存在明显区别：前者并非实质意义上的债券，而更偏向于"为结果付费"的一系列对赌协议安排；后者则属于一种法定债券。中国的社会效应债券仅在评估环节纳入了社会效益指标，作为确定利率浮动的参考值，但本质上仍是传统的还本付息模式。

实际上，社会影响力债券在英国发端之初具有特定的社会背景，即基于政府、市场、公益在社会服务领域"三重失灵"，政府财政吃紧，公共财政难以为一些早期预防干预项目进行较大投入，即使该等项目具有良好的经济和社会效益，同时公益组织因为面临长期资助短缺的问题导致无法规模化发展，有意参与社会公益项目的投资人又苦于缺乏可供客观评估投资效益的投资标的。于是为满足这些需求，社会影响力债券作为一种新型的合约性融资方式，将社会服务支付与可衡量的社会效果联系起来，达到利用社会资本转移政府风险，同时提供高质量有效社会服务的目标。

而对于中国来说，目前的社会服务领域发展现状与上述背景存在显著差异。接受服务购买的主体往往是中国的社会组织。目前实践中，社会影响力债券的设计目的是否能在我国真正发挥预期效果，仍需要对各个环节，包括涉及的主体、运作的规范、评估的工作等基础设施进一步研究和探讨。

（3）投资机构。投资机构种类繁多，例如银行、保险公司、信托公司、公募或私募基金等，它们支配着全球最多的资产，并且决定着这些资产的投向，因此投资机构在影响力投资中担任着重要的角色。投资机构可以自行决定或者建议客户将其资产配置到公共教育、医疗、环境和新能源等领域中，来进行影响力投资。

另一方面，接受影响力投资的主体主要包括以下方面。

（1）社会企业。如上所述，社会企业是采取市场化的运作，主要以解决社会问题为目标的企业。社会企业是接受影响力投资的主要对象。有些观点认为，影响力投资应采取狭义的定义，即认为只有向社会企业投资才可以称之为影响力投资。

（2）社会型企业。社会型企业是指采用既能增强企业的竞争力，还能改善企业所在的社区经济与社会环境的运营策略的企业，其含义比社会企业要宽泛得多。但投资人对于这些社会型企业的投资是否能够称得上是影响力投资，需要经过影响力测评工具的认证。简言之，在中国对社会企业没有明确法律界定的情况下，向一个公司进行投资是否能够构成影响力投资，取决于被投资的公司是否经过有效的影响力测评工具的测评。如果没有通过测评的话，严格来说，该投资不能作为一项影响力投资的样本。

总而言之，以各种类型的投资为手段和纽带，将前述的投资主体和投资对象一一联系起来，便是社会影响力投资。

那么影响力投资与社会责任投资（ESG 投资）存在什么区别呢？相比社会责任投资，影响力投资的定性，即某一投资是否构成影响力投资，仍没有统一的标准；同时，影响力投资的可量化程度暂时也不如 ESG 投资。从市场视角来说，市场似乎已经接近证明 ESG 评级方面的表现,可能与收益回报存在某种正向的相关关系①。但对于影响力投资来说,由于被投资的公司的财务信息并不能强制公开,许多甚至涉及商业秘密,在有限的样本中,很难计算影响力投资测评的结果与其财务表现是否在短期或长期存在某种程度的正相关。在这种情况下,要扩大理性投资人和投资机构的投资规模,是存在一定困难的。对于影响力评估来说,市场调研、数据收集和工具开发依赖于专业机构的发展。

尽管如此,影响力投资仍然有其魅力,例如专注于影响力投资的投资基金在传播其投资收益的同时,往往还会展示其投资所产生的社会价值。而事实上其财务投入对于特定社会问题的解决、社会价值的实现,确实起到了至关重要的作用。

思考题

投资的方式和策略有很多,为什么影响力投资会成为新兴投资方式?可以从政策、经济、社会理念等角度出发进行思考。

本章重点概念

(1)企业社会责任,指企业所承担的社会责任,其尚无统一的定义,一般认为企业社会责任包括四个方面:①良好的公司治理和道德价值;②对人的责任;③对环境的责任;④对社会发展的广义贡献。

(2)社会企业,指以解决社会问题为首要目标且不漂移、以符合社会企业家精神的方式创新性解决社会问题的企业或社会组织,同时成果是清晰的、可测量的。

(3)社会影响力投资,指主动寻求积极的环境和社会影响,并伴随一定的财务回报的投资方式,强调社会影响的精确测量和投资回报的可持续性,动员多元主体共同参与解决社会问题。

(4)社会影响力债券,也称作社会效应债券,是一种以社会成果为目的的新兴融资工具,为解决社会问题的预防性干预措施提供资金,从而减轻应对社会突发或更严重问题的压力。

拓展阅读

[1]孙志远.论弗里德曼的企业社会责任观[J].管理与财富,2008(12):128-129.
[2]陈英.企业社会责任理论和实践[M].北京:经济管理出版社,2009.
[3]冯宗智.社会责任不等式:社会责任不等于认证[J].科技智囊,2004(11):40-46.
[4]沙勇.社会企业:理论审视、发展困境与创新路径[J].经济学动态,2014(5):49.

---

① 2019年10月24日中证指数公司发布"中证可持续发展100指数";11月15日,由社投盟提供数据、博时基金定制、中证指数公司发布的"中证可持续100指数"在上海证券交易所挂牌。从2014年6月30日到2020年9月30日,中证可持续发展100全收益指数总收益为167.34%,超沪深300全收益指数24.30个百分点;年化收益为17.46%,比沪深300全收益指数高1.82个百分点。

第十五章　境外非政府组织

本章内容概要

本章内容从境外非政府组织的概念出发,介绍了境外非政府组织在国际社会中的双面性作用及其在中国境内活动的发展历程。第二节和第三节则详细地阐述了我国及其他国家对境外非政府组织的监管政策与制度,并分析了我国现有管理模式取得的成就以及面临的挑战。

第一节　境外非政府组织概述

一、境外非政府组织的概念及作用

一般认为,境外非政府组织是和主权国家境内非政府组织(即我国语境下的社会组织)相对的概念,指的是在一国境内活动的非境内的非政府组织,即境外非政府组织跨越国(边)境开展活动。《中华人民共和国境外非政府组织境内活动管理法》(以下简称《境外非政府组织境内活动管理法》)第二条规定,"本法所称境外非政府组织,是指在境外合法成立的基金会、社会团体、智库机构等非营利、非政府的社会组织"。

综合上述定义来看,境外非政府组织具备以下几个特征。

第一,在境外合法成立。该组织必须是在其他国家和地区成立且具有合法身份。目前按照我国法律规定,《境外非政府组织境内活动管理法》适用于在香港、澳门和台湾地区成立的非政府组织。

第二,非营利性。该组织开展活动不以营利为目的,所得收入应用于公益或其他非营利事业。《境外非政府组织境内活动管理法》亦明确禁止境外非政府组织在中国境内开展营利性活动。这与我国法律对社会组织的要求是一样的。

第三,属于非政府组织。"非政府组织"一词最初是在 1945 年 6 月 26 日在美国旧金山签署的《联合国宪章》第 71 款中使用的。根据联合国的定义,非政府组织是指"在地方、国家或国际级别上组织起来的非营利性、志愿性的公民组织"。当时非政府组织主要指那些在国际事务中发挥中立作用的非官方机构,如国际红十字会、救助儿童会等,后来成为一个官方用语被广泛使用,泛指那些独立于政府体系之外具有一定公共职能的社会组织。与"非营利组织"相比,它更强调组织的非官方性及民间性,但一般情况下两者都代指同一类主体。

境外非政府组织是各国非政府组织全球化的产物。19世纪70年代以来,在经济发展日益全球化的背景下,世界范围内兴起了被称之为"全球社团革命"的非政府组织及民间社会的发展浪潮。部分非政府组织逐渐将工作重心转移到全球性问题上。为便于国际交流与合作,走出国门、建立分部成为非政府组织必然的发展趋势,境外非政府组织由此出现。即使处于境外,非政府组织自身作为"第三部门"来弥补政府和市场局限以灵活解决社会问题的优势依然存在。不过,与本土的非政府组织相比,这些境外的组织还具有一些特殊的优势。能够在境外发展的非政府组织,往往都是已经在国内发展较为成熟并具有一定规模的组织,因此这些组织带来的不仅仅是它们的业务内容,随之而来的还有充足的国际资金、先进的技术和丰富的管理理念和经验。有了这些境外非政府组织的帮助,不仅可以推动相关国家本土相应领域的公益事业发展和社会问题的解决,对于自身实力相对薄弱的本土组织而言,这也是它们学习经验和获取资助,从而更好地实现自身使命愿景的好机会。

然而境外非政府组织的这些优势一旦利用不当,便很容易出现严重的问题和矛盾。前面提到境外非政府组织会带来它们的业务、资金、技术和经验,但隐藏在这些事物背后的是这个组织的文化和价值观,往往与组织所属国家的文化和价值观相联系。在全球化的进程中,文化交流与冲突确实难以避免,如何找到共同语言和能被各方所接受的价值观往往是最难以解决的问题。历史实践证明,利用境外非政府组织制造舆论、混淆视听以达到恶意文化输出和意识形态渗透等行为,可能会危及国家安全,甚至引起国际性矛盾。

二、境外非政府组织在中国发展的历史演变

境外非政府组织在中国的活动最早可以追溯到18世纪初期,但其实在此之前的一个世纪,欧美的基督教会就已经开始派遣传教士前往中国开展传教活动了。虽然这种以宗教扩张为动力的文化攻势受到了中国日益上升的民族情绪的抵抗,但传教士在通过其建立的教会学校和诊所进行传教的过程中,还是获取了许多有关中国的信息。传教士们的实践经验以及他们获取的信息为随后进入中国的洛克菲勒基金会打通了道路。1921年,洛克菲勒基金会扛着"科学医学"的旗帜,斥资828.3万美元在北京建立起中国历史上第一座高端医学教育与研究中心——北京协和医学院,并在后续的三十年中陆续投入了4500万美元来维持医学院的运作。在洛克菲勒基金会历史上,迄今这是一个单独项目所得到的最大一笔捐款①。北京协和医学院凭借其高标准的设备配置、严格的医学教育和一流的教育资源,为中国培育了众多的医学人才,推动了中国医学教育和科学医学的发展。在这之后,洛克菲勒基金会还参与和促进了中国社会科学、乡村建设以及公共卫生等领域的工作②。作为最早进入中国的境外非政府组织,洛克菲勒基金会在中国的曲折经历和成果,对于所有境外非政府组织而言都具有借鉴意义。

---

① 马秋莎.中国改变:洛克菲勒基金会在华百年[M].桂林:广西师范大学出版社,2013:185.
② 马秋莎.中国改变:洛克菲勒基金会在华百年[M].桂林:广西师范大学出版社,2013:12.

新中国成立后,中国政府对当时的民间社团组织进行了大规模清理整顿,包括境外非政府组织。改革开放后,境外非政府组织迎来了在中国发展的新时期。1979年中国与联合国开发计划署正式签订了合作协定,从此掀开了中国接受国际多边组织提供经济技术援助的序幕①,并逐步允许部分境外非政府组织进入中国,如洛克菲勒基金会、福特基金会和英国乐施会等。但允许涉及的领域比较狭窄,多集中在扶贫、教育和救灾等方面。政府相应的监管政策和措施也比较少,且未成系统。1980年颁布的《国务院关于管理外国企业常驻代表机构的暂行规定》,为政府管理外国公司、企业和其他经济类组织驻华的代表机构提供了一定的法律依据。

中国加入世界贸易组织(WTO)之后,境外非政府组织在中国的活动进一步发展,拓宽了活动领域。除了传统慈善领域,环境保护、妇女儿童、艾滋病防治、反家庭暴力等新领域也开始有所涉及。但国际局势的动荡,以及中亚、东欧国家爆发的一系列和平非暴力事件也引起了政府对境外非政府组织的警惕,进而加强了监管力度。1989年制定的《外国商会管理暂行规定》加强了对外国商会的管理;2004年颁布的《基金会管理条例》规范了在华境外基金会的组织和活动;同年,我国为规范外国专家的申请、受理、批准办理等事项,还发布了《外国专家来华工作许可办理规定》。2013年,《关于全面深化改革若干重大问题的决定》提出"加强对社会组织和在华境外非政府组织的管理,引导它们依法开展活动"。地方政府如云南省、四川省、西藏自治区等结合本地区实际情况,运用创新思维,相继推出了管理规定。直至2016年4月28日通过的《境外非政府组织境内活动管理法》,以法律的形式对境外非政府组织在中国境内的活动予以统一规范,使其在境内开展活动有了统一的法律依据,从此我国正式进入境外非政府组织的法治时代。

2016年底之前,公安部接连发布了《境外非政府组织代表机构登记和临时活动备案办事指南》和《境外非政府组织在中国境内活动领域和项目目录、业务主管单位名录(2017)》。2017年1月1日《境外非政府组织境内活动管理法》正式实施后,公安部、国家税务总局、中国人民银行、国家外国专家局及财政部等又分别单独或联合发布了相应的配套法律文件,包括《境外非政府组织设立登记代表机构网上操作手册(V 1.0)》《境外非政府组织临时活动备案网上操作手册(V 1.0)》《关于做好境外非政府组织代表机构税务登记办理有关工作的通知》《关于做好境外非政府组织代表机构人民币银行账户管理有关工作的通知》《关于为境外非政府组织外籍工作人员办理工作许可等有关问题的通知》和《民间非营利组织会计制度解释第1号(征求意见稿)》等。各省级人民政府公安机关也陆续发布了"境外非政府组织活动领域和项目目录、业务主管单位名录"。2019年3月,公安部对《境外非政府组织在中国境内活动领域和项目目录、业务主管单位名录》进行了更新。在此之后,除了地方有新的相关规定出台之外,重要的法规政策文件基本没有再发生变化。

目前境外非政府组织在中国的活动有以下几个特点。

---

① 王丽娟,慕良泽.在华境外非政府组织管理研究[J].河北学刊,2015(1):165.

第一,代表机构登记注册的数量上升缓慢,趋于平稳;而临时活动备案的数量持续高频增加(具体见图 15-1、图 15-2、图 15-3①)。截至 2021 年 12 月 31 日,在全国范围内登记注册代表机构的境外非政府组织共有 631 个,临时活动备案的共有 4018 项②。

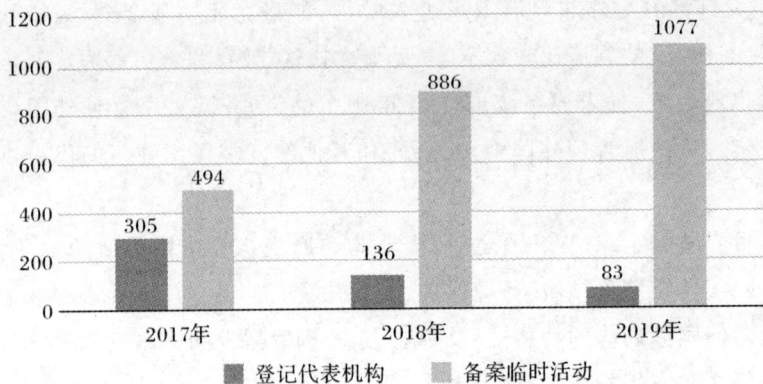

图 15-1 境外非政府组织 2017—2019 年登记备案年度增长情况

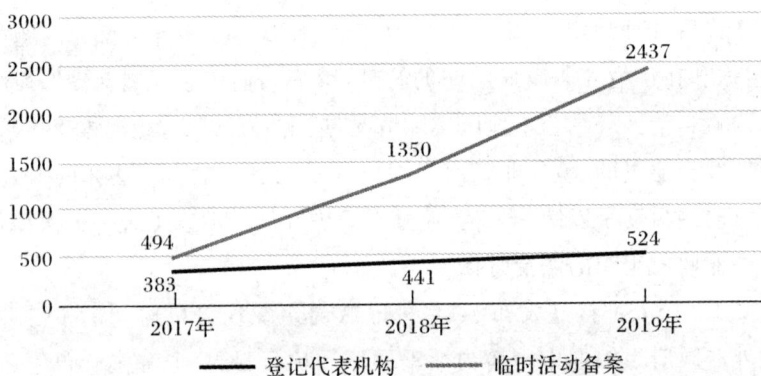

图 15-2 境外非政府组织 2017—2019 年登记备案总量

第二,常驻代表机构的登记注册地域具有集中性。登记注册较多的地区是北京、上海、广东、云南和四川。截至 2021 年底,五个地方的登记数量分别是北京 178 个,上海 145 个,广东 48 个,云南 30 个,四川 26 个,共占总数的 67.67%③。

第三,进行登记或者备案的境外非政府组织具有行业集中性。截至 2021 年底,排名前五的领域分别为经济、教育、济困救灾、卫生和环保。其中经济领域拥有高达 320 家代表机

① 贾西津.《境外非政府组织境内活动管理法》实施三年来的成就与挑战[EB/OL].[2020-01-02]. http://www.chinadevelopmentbrief.org.cn/news-23575.html.
② 境外非政府组织在中国|年度报告发布![EB/OL].[2022-03-27].http://ngo.mps.gov.cn/ngo/portal/view.do?p_articleId=531422&p_topmenu=1.
③ 境外非政府组织在中国|年度报告发布![EB/OL].[2022-03-27].http://ngo.mps.gov.cn/ngo/portal/view.do?p_articleId=531422&p_topmenu=1.

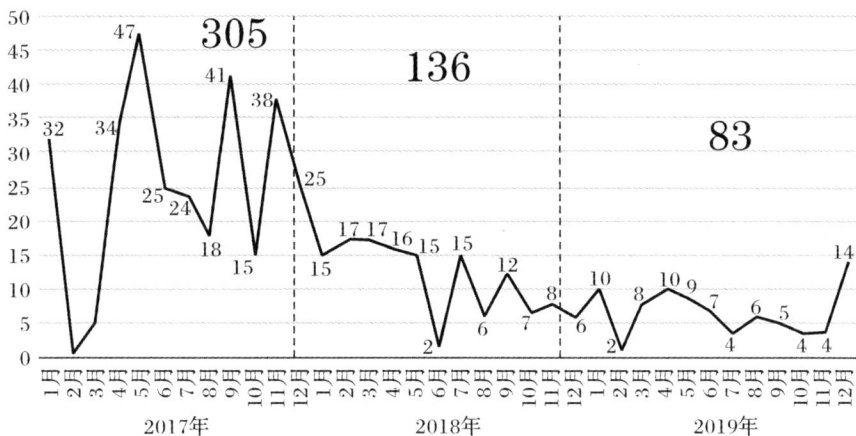

图 15-3 境外非政府组织代表机构 2017—2019 年登记数量趋势

构,占总数的 50.71%。而与此相对应,担任业务主管单位的各部门中以各地商务部门为最多,共计 255 家①。

思考题

(1)如何看待境外非政府组织与其开展活动的本土国家之间的关系?

(2)列举几个你所知道的境外非政府组织。

第二节　对境外非政府组织的监督和管理

一、监管主体

境外非政府组织在中国的活动涉及多个行政部门的监管,包括登记管理机关、业务主管单位,以及国家安全、外交外事、财政、金融监督管理、海关、税务、外国专家等部门。其中登记管理机关和业务主管单位是境外非政府组织的主要管理机构。

(一)业务主管单位和登记管理机关的双重管理

从法理的角度上看,业务主管单位的监管在总体上是一种辅助性监管,法律没有赋予业务主管单位对境外非政府组织活动的行政许可权,但法律规定业务主管单位可以对境外非政府组织的注册资格进行审查,并将业务主管单位的同意规定为境外非政府组织设立代表机构的前提条件,这相当于赋予了业务主管单位前置审批的权限。具体来说,业务主管单位负责对境外非政府组织设立代表机构、变更登记事项、年度工作报告提出意见,指导、监督境

---

① 境外非政府组织在中国 | 年度报告发布![EB/OL].[2022-03-27]. http://ngo. mps. gov. cn/ngo/portal/view. do? p_articleld=531422&p_topmenu=1.

外非政府组织及其代表机构依法开展活动,协助公安机关等部门查处境外非政府组织及其代表机构的违法行为①。

公安机关是境外非政府组织在中国境内活动时的主要监管机关,其监管行为覆盖到境外非政府组织活动的诸多方面。具体来说,负责登记管理的省级公安机关负责境外非政府组织代表机构的登记、年度检查,以及境外非政府组织临时活动的备案,设区以上的市级公安机关都可以对境外非政府组织及其代表机构的违法行为进行查处。

《境外非政府组织境内活动管理法》赋予公安机关一系列权力以保证其监管行为的顺利进行。公安机关可以采取的措施包括:约谈境外非政府组织代表机构的首席代表以及其他负责人;进入境外非政府组织在中国境内的住所、活动场所进行现场检查;询问与被调查事件有关的单位和个人,要求其对与被调查事件有关的事项作出说明;查阅、复制与被调查事件有关的文件、资料,对可能被转移、销毁、隐匿或者篡改的文件、资料予以封存;查封或者扣押涉嫌违法活动的场所、设施或者财物。公安机关还可以查询与被调查事件有关的单位和个人的银行账户,对涉嫌违法活动的银行账户资金,经设区的市级以上人民政府公安机关负责人批准,可以提请人民法院依法冻结,对涉嫌犯罪的银行账户资金,依法采取冻结措施等。

监管措施方面,《境外非政府组织境内活动管理法》规定了年度活动计划备案和年度报告两项制度。按规定,境外非政府组织代表机构应当于每年12月31日前将包含项目实施、资金使用等内容的下一年度活动计划报业务主管单位,业务主管单位同意后十日内报登记管理机关备案。特殊情况下需要调整活动计划的,应当及时向登记管理机关备案②。年度活动计划备案制度是对境外非政府组织代表机构的一个重要监管措施。

根据《境外非政府组织境内活动管理法》,境外非政府组织代表机构应当于每年1月31日前向业务主管单位报送上一年度工作报告,经业务主管单位出具意见后,于3月31日前报送登记管理机关,接受年度检查。年度工作报告应当包括经审计的财务会计报告、开展活动的情况以及人员和机构变动的情况等内容。同时还要求将年度报告在登记管理机关统一的网站上向社会公开。通过年度报告的内容,监管机关能够掌握非营利组织代表机构的具体活动情况,并通过这些情况来决定是否要求境外非政府组织及其代表机构承担相应的法律责任。

(二)其他部门的监管

按照《境外非政府组织境内活动管理法》的规定,其他有关部门的监督管理,即国家安全、外交外事、财政、金融监督管理、海关、税务、外国专家等部门按照各自职责对境外非政府组织及其代表机构依法实施监督管理。

例如,《境外非政府组织境内活动管理法》特别对反洗钱做出规定,即国务院反洗钱行政主管部门依法对境外非政府组织代表机构、中方合作单位以及接受境外非政府组织资金的

---

① 《境外非政府组织境内活动管理法》第四十条。
② 《境外非政府组织境内活动管理法》第十九条。

中国境内单位和个人开立、使用银行账户过程中遵守反洗钱和反恐怖主义融资法律规定的情况进行监督管理①,将境外非政府组织代表机构、中方合作单位,以及接受境外非政府组织资金的中国境内单位和个人明确纳入反洗钱的监管对象。然而《中华人民共和国反洗钱法》并未将境外非政府组织境内代表机构和开展临时活动的境外非政府组织中方合作单位等列为反洗钱义务主体。《境外非政府组织境内活动管理法》的特别规定,是考虑到境外非政府组织可能被恐怖组织等利用,损害中国国家安全、利益,因此将境外非政府组织境内代表机构等列为反洗钱监管部门的重点监管对象。

二、监管措施

(一)境外非政府组织的登记和备案

登记和备案规定的是境外非政府组织的准入制度,是境外非政府组织合法进行活动的前提。《境外非政府组织境内活动管理法》实施之前,境外非政府组织没有统一的、合法的准入制度,在中国境内的存在方式多种多样,主要有:在工商行政部门登记为外国企业代表机构;就具体项目和政府部门或其他组织合作;挂靠在政府部门下;作为在华其他外国组织的附属部门,如外国使领馆或跨国公司;设立常驻或临时项目办公机构,但不注册正式实体;不注册正式实体,仅派遣专家、志愿者等,或同境内合作者签署协议,通过注入资金的支持项目的形式来开展活动等。《境外非政府组织境内活动管理法》实施后,将境外非政府组织在中国境内开展活动的合法途径限定为两种,即登记设立代表机构或者进行临时活动备案。无论哪种形式,境外非政府组织均不具有中国境内的法人地位。

根据《境外非政府组织境内活动管理法》,登记和备案是境外非政府组织和行政机关之间建立行政法律关系,作为行政相对人的两种行为。其中,登记是申请行政许可行为,行政法律关系的主体是境外非政府组织和行政机关,采取的是行政许可主义,即该行为除了应符合法律规定的条件外,还应经过相关行政部门的批准,是一种事前监督管理;备案在性质上则不属于行政许可行为,该行为符合法律规定的条件即可,不需要经过行政部门的批准,但行政机关可依据备案的情况对备案的事项采取一定的行为,是一种事后监督管理。《境外非政府组织境内活动管理法》实施后,境外非政府组织在中国境内开展活动,应当依法登记设立代表机构;未登记设立代表机构需要在中国境内开展临时活动的,应当依法备案。

1.境外非政府组织的登记

(1)设立登记。境外非政府组织的设立登记是指境外非政府组织为在中国境内开展活动,根据业务范围、活动地域和开展活动的需要,在符合法律规定的条件下,经业务主管单位同意,向登记管理机关,即公安部和省级人民政府公安机关申请设立代表机构。据此,我国法律对境外非政府组织设立的管理采取的是业务主管单位和登记管理机关的双重管理模式。《境外非

---

① 《境外非政府组织境内活动管理法》第四十四条。

政府组织境内活动管理法》明确将公安机关作为境外非政府组织的登记管理机关。

境外非政府组织符合下列条件,根据业务范围、活动地域和开展活动的需要,可以申请在中国境内登记设立代表机构:在境外合法成立,能够独立承担民事责任,该组织章程规定的宗旨和业务范围有利于公益事业发展且该组织在境外存续二年以上并实质性开展活动,以及法律、行政法规规定的其他条件等①。

根据法律规定,境外非政府组织在中国境内设立登记应首先选择一个业务主管单位。依照《境外非政府组织境内活动管理法》的要求,公安部颁布了《境外非政府组织在中国境内活动领域和项目目录、业务主管单位名录》,根据境外非政府组织的活动领域制定了业务主管单位名录,并授权各省级人民政府公安机关可以参照该名录制定省级名录。因此,境外非政府组织设立代表机构选择业务主管单位首先应依照各省已颁布的该类名录。如果境外非政府组织设立代表机构涉及多个活动领域的,应以其主要活动领域和主要业务范围确定一个业务主管单位。选定业务主管单位并获得该单位同意之后,由登记管理机关对境外非政府组织提交的包括申请书、证明材料、拟设代表机构的首席代表、住所、资金来源等在内的一系列材料进行审查,《境外非政府组织境内活动管理法》规定登记管理机关根据需要可以组织专家进行评估,而且应当自受理之日起 60 日内做出决定。

此外,《境外非政府组织境内活动管理法》没有对境外非政府组织可以设立的代表机构的数量和驻在期限进行限制,设立代表机构的地域、数量,可由登记管理机关根据具体情况审核。因此,境外非政府组织可以根据业务范围、活动地域及开展活动的需要设立多个代表机构,例如美中贸易委员会设有北京代表处和上海代表处,但应该注意,同一境外非政府组织在中国的多个代表机构之间不得存在活动地域的重合;同时,无论设立一个还是数个代表机构,境外非政府组织代表机构均不具有法人资格,涉及相关法律责任的,由该境外非政府组织承担②。

(2)变更登记。变更登记是指境外非政府组织代表机构的登记事项需要变更时,向法律规定的行政机关申请许可的行为,是行政机关对境外非政府组织代表机构进行日常管理的途径之一。根据《境外非政府组织境内活动管理法》,需要申请变更登记的事项包括名称、住所、业务范围、活动地域、首席代表、业务主管单位等事项。在程序上,变更登记和设立登记相同,都需要首先获得业务主管单位同意,在业务主管单位同意之日起三十日内,再向登记管理机关申请变更登记③。

(3)注销登记。注销登记是指已经设立的境外非政府组织代表机构因特定原因需要注销而向登记管理机关所做的登记,其情形包括境外非政府组织撤销代表机构、境外非政府组织终止、境外非政府组织代表机构依法被撤销登记或者吊销登记证书,以及因其他原因终

---

① 《境外非政府组织境内活动管理法》第十条。
② 《境外非政府组织境内活动管理法》第十五条。
③ 《境外非政府组织境内活动管理法》第十四条。

止。境外非政府组织代表机构注销登记后,善后事宜由境外非政府组织妥善办理,相关法律责任由境外非政府组织承担。

2. 境外非政府组织的备案

境外非政府组织的备案是指未在中国境内登记设立代表机构的境外非政府组织,在中国境内开展临时活动,由其中方合作单位向其业务主管单位申请批准并向登记管理机关备案。和登记相比,一些境外非政府组织在中国活动相对没有那么固定和频繁,偶发性活动更为常见,而且备案所需资料和程序相对登记较为简单,因此,备案是一个更常规、便捷的在中国境内开展活动的途径。

《境外非政府组织境内活动管理法》通过列举方式明确规定了中方合作单位仅包括中国的国家机关、人民团体、事业单位、社会组织。在备案时间要求上,中方合作单位应按规定在开展临时活动 15 日前向其所在地的登记管理机关备案,但在赈灾、救援等紧急情况下,需要开展临时活动的,备案时间不受前述限制。同时,经备案的临时活动开展期限不得超过一年,超过一年确实需要延长期限的,应当重新备案。法律规定了临时活动的资金应按照与中方单位的合作协议,通过中方合作单位的账户进行活动资金的收付。

从性质上看,备案本身虽然不是行政许可行为,但依照《境外非政府组织境内活动管理法》,境外非政府组织开展临时活动,中方合作单位仍应当按照国家规定办理审批手续,并在开展临时活动十五日前向其所在地的登记管理机关备案①。

登记管理机关对备案的管理体现在,如果该机关认为备案的临时活动不符合《境外非政府组织境内活动管理法》第五条规定,即"境外非政府组织在中国境内开展活动应当遵守中国法律,不得危害中国的国家统一、安全和民族团结,不得损害中国国家利益、社会公共利益和公民、法人以及其他组织的合法权益。境外非政府组织在中国境内不得从事或者资助营利性活动、政治活动,不得非法从事或者资助宗教活动",否则登记管理机关可以通知中方合作单位停止临时活动。

(二)境外非政府组织的活动规范

《境外非政府组织境内活动管理法》以及其他相关法律法规对境外非政府组织在中国境内的活动从各个方面都给予了比较细致的规范。

1. 业务范围

境外非政府组织可以在经济、教育、科技、文化、卫生、体育、环保等领域和济困、救灾等方面开展有利于公益事业发展的活动。《境外非政府组织境内活动管理法》将境外非政府组织活动领域限定在有利于"公益事业"发展的领域,那么该条款对于一些互益性境外非政府组织(比如境外行业协会的行为)的适用性可能存在一定问题。但实践中,已经设立代表机构的境外非政府组织一半以上是商业、贸易协会性质的互益性组织,比如美国国际商会、中

_____

① 《境外非政府组织境内活动管理法》第十七条。

国-非洲总商会等。《境外非政府组织境内活动管理法》同时授权公安部和省级人民政府公安机关会同有关部门制定境外非政府组织活动领域和项目目录,公布业务主管单位名录,为境外非政府组织开展活动提供指引①,据此,公安部发布《境外非政府组织在中国境内活动领域和项目目录、业务主管单位名录》,对经济、教育、科技、文化、卫生、体育、环保和济困、救灾等领域活动的子领域进行了详细的列举,并列出了其他境外非政府组织可以活动的领域,但禁止政治活动和非法的宗教活动。

此外,《境外非政府组织境内活动管理法》规定境外学校、医院、自然科学和工程技术的研究机构或者学术组织与境内学校、医院、自然科学和工程技术的研究机构或者学术组织开展交流合作,按照国家有关规定办理②。

2. 活动地域

活动地域是境外非政府组织代表机构设立登记的内容之一,境外非政府组织代表机构应在其获得批准的地域范围内开展活动。《境外非政府组织境内活动管理法》同时授权公安部和省级公安厅作为境外非政府组织在中国境内开展活动的登记管理机关,但选择公安部和省级公安厅作为登记管理机关和其活动范围是否为全国并没有必然联系。开展临时活动的境外非政府组织,其活动地域应与其中方合作单位就活动备案的地域范围相一致。

3. 活动资金

根据《境外非政府组织境内活动管理法》,境外非政府组织在中国境内开展活动,可以使用的合法活动资金有境外合法来源的资金,即境外非政府组织的拨款,中国境内的银行存款利息,以及其在中国境内合法取得的其他资金。同时,还规定活动资金仅能通过代表机构在登记管理机关备案的银行账户和临时活动的中方合作单位的银行账户进行收付,并明确禁止境外非政府组织及其代表机构在中国境内进行募捐。

公安部 2017 年 5 月联合中国人民银行印发《关于做好境外非政府组织代表机构人民币银行账户管理有关工作的通知》,明确境外非政府组织办理人民币银行账户开立、变更等业务应出具的证明,银行业金融机构应进行的相应审查及其他具体事项。

4. 会员发展

会员制是互益性非营利组织普遍采取的形式,中国已大量参与国际交往,各类学者、专业技术人员、科技工作者加入国外或国际学会、协会,成为其会员,是一种比较普遍的现象。根据《境外非政府组织境内活动管理法》,"除国务院另有规定外,境外非政府组织代表机构、开展临时活动的境外非政府组织不得在中国境内发展会员"。

据此,在坚持境外非政府组织代表机构、在境内开展临时活动的境外非政府组织不得发展会员的原则下,允许经国务院批准设立的境外非政府组织分支机构在我国境内发展会员。

---

① 《境外非政府组织境内活动管理法》第三十四条。
② 《境外非政府组织境内活动管理法》第五十三条。

5.工作人员和志愿者

境外非政府组织代表机构的工作人员包括境外人员和境内人员。境外人员来华需要按规定办理手续,境外非政府组织聘用中国境内员工应按照法律法规的规定办理,而且还应将聘用的工作人员信息报业务主管单位和登记管理机关备案。

《境外非政府组织境内活动管理法》以及其他法规尚未对境外非政府组织志愿者招募做出规定,进行临时活动的境外非政府组织可以由中方合作单位招募志愿者,根据国务院在2017年颁布的《志愿服务条例》,公益活动举办单位开展公益活动,需要志愿者提供志愿服务的,可以与志愿服务组织合作,由志愿服务组织招募志愿者,也可以自行招募志愿者①。据此,境外非政府组织代表机构举办公益活动,应该被允许按规定招募志愿者。

6.税务

一般来说,非营利组织享有国家规定的税收优惠,包括对组织本身赋予免税资格,即免除所得税,以及对向非政府组织捐赠的纳税人给予税前抵扣。根据《境外非政府组织境内活动管理法》的规定,境外非政府组织登记设立代表机构后,应当凭登记证书办理税务登记,并依法享有税收优惠。

此外,境外向公益性社会团体和公益性非营利的事业单位捐赠的用于公益事业的物资,依照法律、行政法规的规定减征或者免征进口关税和进口环节的增值税②。

(三)法律责任及处罚措施

境外非政府组织在中国境内活动时违反法律规定的监管措施将受到行政机关的行政处罚,严重的情形还将由特定人员承担刑事责任。

行政处罚措施一般是由设区的市级以上人民政府公安部门给予警告或者限期停止活动、没收非法财物和违法所得,以及对直接责任人员给予警告和情节严重情况下的拘留,或由登记管理机关吊销登记证书、取缔临时活动③。

此外,《境外非政府组织境内活动管理法》规定,被撤销登记、吊销登记证书或者临时活动被取缔的境外非政府组织或境外非政府组织代表机构,自被撤销、吊销、取缔之日起五年内不得在中国境内再设立代表机构或者开展临时活动。未登记代表机构或者临时活动未备案开展活动的境外非政府组织,自被取缔之日起五年内,不得在中国境内设立代表机构或者开展临时活动④。

国务院公安部门还可以将危害中国国家利益的境外非政府组织列入不受欢迎名单,不再允许其在中国境内设立代表机构或者开展临时活动⑤,或将违反监管规定的境外人员依法限期出境、遣送出境或者驱逐出境⑥。

---

① 《志愿服务条例》第四十一条。
② 《公益事业捐赠法》第二十六条。
③ 《境外非政府组织境内活动管理法》第四十五条、第四十六条、第四十七条。
④ 《境外非政府组织境内活动管理法》第四十八条。
⑤ 《境外非政府组织境内活动管理法》第四十八条。
⑥ 《境外非政府组织境内活动管理法》第五十条。

思考题

(1)你认为《境外非政府组织境内活动管理法》所规定的设立登记程序的优点是什么？

(2)简述我国对境外非政府组织的税收政策。

第三节　对境外非政府组织管理的实践

作为中国第一部专门规制管理境外非政府组织的法律,《境外非政府组织境内活动管理法》的制定与实施对于境外非政府组织在境内活动的活跃度以及合法性无疑发挥了积极的促进作用,具体体现在以下方面。

首先,《境外非政府组织境内活动管理法》为境外非政府组织在境内开展活动提供了合法性依据。在《境外非政府组织境内活动管理法》出台之前,有关境外非政府组织活动的相关规定很少,而且多分散在《基金会管理条例》等其他非专门法律文件中。国务院曾在 2014 年发布过《国务院关于授权国务院民政部门负责境外非政府组织在中国境内活动登记管理工作的通知》(国发〔2014〕36 号),授权国务院民政部门负责境外非政府组织在中国境内活动的机构登记和许可工作,并负责监督管理执法。机构登记、活动许可和监督管理的具体办法由国务院民政部门制定。但是统一的法律法规一直都没有出台,直到《境外非政府组织境内活动管理法》的颁布,使境外非政府组织在境内的所有活动和行为有法可循、有法可依。在此之后,以《境外非政府组织境内活动管理法》为中心的境外非政府组织法律体系在不断的完善过程之中。

其次,在《境外非政府组织境内活动管理法》的引导之下,业务主管单位与登记管理机关相配合,为境外非政府组织境内代表机构登记注册及临时活动开展提供了大量的帮助和服务。其中以商务部门对经济类境外非政府组织登记工作的支持最为显著。为便于境外非政府组织寻找合适的业务主管单位,《境外非政府组织境内活动管理法》特意规定了公安部和省级人民政府公安机关会同有关部门制定境外非政府组织活动领域和项目目录,公布了业务主管单位名录,为境外非政府组织开展活动提供指引的内容。

公安部颁布的《境外非政府组织在中国境内活动领域和项目目录、业务主管单位名录》于 2017 年发布后又于 2019 年初更新了一次,增加了为境外非政府组织提供服务的业务主管单位的数量。《境外非政府组织在中国境内活动领域和项目目录、业务主管单位名录(2019)》包括 8 个领域、65 个子领域、237 个主要项目及部、省两级业务主管单位名录。其中,子领域相比 2017 年增加 13 个,主要项目相比 2017 年增加 45 个,新增业务主管单位包括中共中央对外联络部、中国民用航空局、中国人民对外友好协会、国家民族事务委员会、国家粮食和物资储备局、中国国际贸易促进会及省级人民政府主管部门、中国侨联及省级侨联。同时,根据党和国家机构改革情况,对有关业务主管单位名称、相关子领域和主要项目内容进行了调整。

部分配套法律文件的跟进,使得《境外非政府组织境内活动管理法》中的各项权利义务得以落实。除了前文提到的国家税务总局、中国人民银行及国家外国专家局等部门出台的有关税务、银行账户和外籍人员工作许可等文件,部分业务主管单位积极出台的有关登记备案的审批,以及年度计划和年度工作报告的审查等方面的规范性文件,也为境外非政府组织提供了许多便利。目前出台了此类文件的业务主管单位包括民政部、国务院扶贫办、国家林业和草原局、教育部(国际合作与交流司)以及国家体育总局等。

但作为一部新法,《境外非政府组织境内活动管理法》在实施过程中仍然存在一些挑战,有待完善。例如,作为一部规范境外非政府组织在中国境内活动的法律,《境外非政府组织境内活动管理法》的实施会不可避免地涉及涉外法律适用的问题。这一法律适用冲突的问题在境外非政府组织登记备案及开展业务活动时均有所体现。《境外非政府组织境内活动管理法》第二条规定,"境外非政府组织是指在境外合法成立的基金会、社会团体、智库机构等非营利、非政府的社会组织"。同时,根据《中华人民共和国涉外民事关系法律适用法》规定,"法人及其分支机构的民事权利能力、民事行为能力、组织机构、股东权利义务等事项,适用登记地法律"。如果某境外非政府组织登记地法律与《境外非政府组织境内活动管理法》对于非政府组织的定义不同,如何适用该境外法律便成了一个问题。而在开展业务活动时,境外非政府组织也面临着其签订的捐赠协议是适用其登记地的法律还是中国法律的问题。

《境外非政府组织境内活动管理法》的配套文件和措施仍有待补充和完善,例如,前文中提到的"非政府组织"的定义问题。《境外非政府组织境内活动管理法》中多次出现"境内活动"这个词语,什么样的活动属于"境内活动",法律没有进行明确。类似的问题还有第二十七条中"聘用工作人员应当备案"的"工作人员"范围,以及第二十八条中"不得发展会员"的"会员"定义等。

此外,境内合法收入的范围有待明确。根据《境外非政府组织境内活动管理法》第二十一条规定,境外非政府组织在中国境内活动的合法资金来源主要为境外合法来源的资金,即来自境外非政府组织境外总部的拨款,还有其在境内的银行存款利息。除此之外,第二十一条还规定了第三种资金来源——中国境内合法取得的其他资金。但实践中,第三种资金来源很难实现,究其原因是因为法律没有对此种来源的范围和方式进行明确,最终以无法给境外非政府组织代表机构提供增值税发票与捐赠票据为障碍,使得境外非政府组织无法在中国境内获得合法的服务性收入以及捐赠收入。

从税收角度来说,缺少税收优惠的配套法律文件。《境外非政府组织境内活动管理法》第三十六条明确规定了"境外非政府组织代表机构依法享有税收优惠",但是与此相关的具体实施文件却没有出台。就非营利组织免税资格而言,境内的非营利组织可以依据财政部和税务总局于2018年发布的《关于非营利组织免税资格认定管理有关问题的通知》(财税〔2018〕13号)办理申请。目前对于境外非政府组织代表机构如何享受税收优惠的法律文件几乎处于空白状态,导致税务机关在操作时缺少法律依据和指引。

境外非政府组织在注册地之外的项目办公室的合法性问题存在争议。《境外非政府组织境内活动管理法》虽明确禁止了境外非政府组织代表机构不得在境内设立其分支机构。但是实践中,尤其是规模较大或者项目实施地较为分散的代表机构由于业务的需要,往往会在不同地点形成"项目办公室"性质的异地办公地点。对于这种因实践发展而出现,但立法阶段未预估到的问题,需要法律和相关部门对其合法性及管理规则进行明确。

思考题

你认为我国境外非政府组织的管理中还需要在哪些方面进行完善?

本章重点概念

(1)境外非政府组织,指在境外合法成立的基金会、社会团体、智库机构等非营利、非政府的社会组织。其中,境外指的是中国大陆以外地区,包括港澳台地区在内;非营利指的是该组织不以营利为目的,不向其成员分配利润;非政府指的是该组织的决策和运行不受政府影响。

(2)境外非政府组织代表机构,指境外非政府组织为了在中国境内开展活动,按照《境外非政府组织境内活动管理法》及其他相关法律规定的条件和程序所设立的代表境外非政府组织的机构。境外非政府组织代表机构不具有法人资格,由该境外非政府组织承担相关法律责任。

(3)境外非政府组织临时活动备案,指境外非政府组织未在中国境内设立代表机构,但在中国境内开展活动时,就该临时活动依照《境外非政府组织境内活动管理法》及其他相关法律规定的条件和程序所进行的备案。

(4)中方合作单位,指境外非政府组织在中国境内开展临时活动时的合作单位,包括中国的国家机关、人民团体、事业单位、社会组织。境外非政府组织开展临时活动应当与法律规定的中方单位合作进行。

拓展阅读

[1]韩俊魁.境外在华 NGO:与开放的中国同行[M].北京:社会科学文献出版社,2011.
[2]马秋莎.中国改变:洛克菲勒基金会在华百年[M].桂林:广西师范大学出版社,2013.

后 记

又一本著作完成了。自上海复恩社会组织法律研究与服务中心成立以来,研究、写文章、写书已经成为复恩的日常工作。

上海复恩社会组织法律研究与服务中心,英文名 Legal Centre for NGO(For NGO),简称"复恩"或"复恩法律"。复恩是国内第一家社会力量发起的非营利组织法研究社会智库,也是一个为社会组织提供专业法律能力建设的支持型平台。复恩的宗旨是促进社会组织依法合规运营,推动中国公益事业及非营利事业发展。自 2012 年成立以来,复恩积极参与立法,承接民政部、上海市民政局等政府研究课题 20 件,其中《上海市志愿服务条例修订研究》获得 2018 年度上海市民政科研成果转化奖一等奖,《社会组织信息公开研究》获得 2017 年度上海市民政科研成果转化奖二等奖;2020 年和 2021 年,复恩相继获得了由上海市民政局作为指导单位的荣誉:"公益之申"十佳公益机构、上海市品牌社会组织。"懂法律,也懂公益"是复恩人的标签。

多年来,复恩在自身不断成长的同时,也见证了中国公益慈善法治的发展。在中国慈善事业蓬勃发展的今天,如雨后春笋般出现的不只有大大小小的社会组织,还有各个国家机关与部门制订的各类相关政策法规。如何让更多的社会组织和公益人士学习和了解更多的公益慈善法律,是复恩一直在努力做的事情。在这一过程中,复恩已经撰写和出版了"中国非营利组织法律实务丛书"和"中国公益法研究丛书",内容上跨越了《中华人民共和国慈善法》出台前后相关法律的发展进程。

2016 年出台的《中华人民共和国慈善法》鼓励国家采取措施弘扬慈善文化,培育公民慈善意识,并强调学校等教育机构应当将慈善文化纳入教育教学,鼓励高等学校培养慈善专业人才。当时,对公益慈善法律进行理论研究的系统性专著很少,为培养公益慈善人才而撰写的公益慈善法律教程更是少见。在周如南教授力邀之下,我们便应允了利用复恩长期以来的研究和实务经验来撰写一本公益慈善法律教程,去支持相关学术研究与公益慈善人才的培养。这一想法很快便得到了上海水莲慈善基金会创始人之一刘育昌先生的支持,在他的推荐下,"公益慈善法律教程"项目得到了水莲基金会的资助。在这里我们也要真诚地感谢刘育昌先生、基金会理事长谢雨薇女士对复恩的信任与支持。

这本书从开始构思书本的框架和大纲至正式完稿,历经了两年多的时间,前后进行了四轮审阅和修订工作。在截稿前,为确保内容的准确性和实时性,我们在最后一轮审阅修订工作中将本书引用的民事法律规定全部替换为《中华人民共和国民法典》中的规定。在此要郑重感谢参与编写工作的复恩的每一位同事。没有你们的坚持和努力,便不会有如今这本《公益慈善法律教程》。本书作为法人作品编撰完成,参与本书资料收集、初稿撰写与初稿修改的人员名单如下:

第一章	应南琴	第二章	李健超
第三章	谭玥	第四章	戴雪韵、纪宁宁
第五章	孙艳、凌剑华	第六章	谭玥、孙艳
第七章	莫燕、毛怡雯	第八章	谭玥、阮雨清
第九章	谭玥	第十章	朱熠凝
第十一章	陈怡、肖春晖	第十二章	严梦蝶、肖春晖
第十三章	陆璇、蒋雪玮	第十四章	林文漪、钟龙锋
第十五章	李健超、李依霏		

我作为主编,确定了本书体例、大纲,通读了全部书稿并做了修改审订,对本书整体质量负责。林文漪、应南琴、谭玥三位作为本书的副主编,为本书的编撰完成做了大量工作,在此深表感谢。

感谢复恩的理事贾西津教授对本书的大纲提供的宝贵意见;感谢顾剑栋律师对本书第十二章提供的宝贵意见;感谢复恩的志愿者罗于媗和曹雨童对本书的协助统稿及检索和修订工作,为本书的及时完成作出了很大贡献。

感谢本书的出版单位西安交通大学出版社和赵怀瀛编辑,没有他们的支持,也不会有这本书的问世。

最后,感谢未来读到这本书的各位读者。作为国内第一本《公益慈善法律教程》,本书虽具有一定的标志性意义,但其内容也一定会有局限性,存在诸多不足之处,需要不断完善。在阅读这本书的时候,我也诚挚地邀请各位读者多多指正,如有任何意见或建议,也可以发给我们(office@forngo.org),以便再版时修订。

陆璇

2021 年于上海